Boris Grundl
Steh auf!

Boris Grundl

Steh auf!

Bekenntnisse eines Optimisten

Econ

3. Auflage 2009

Econ ist ein Verlag der Ullstein Buchverlage GmbH
ISBN 978-3-430-20041-7

© Ullstein Buchverlage GmbH, Berlin 2008
Alle Rechte vorbehalten

Umschlaggestaltung: Etwas Neues entsteht, Berlin
Umschlagmotiv: © Hans Scherhaufer, Berlin
Autorenfoto Umschlagklappe: © Hans Scherhaufer
Gesetzt aus der Slimbach bei LVD GmbH, Berlin
Druck und Bindung: CPI – Clausen & Bosse, Leck
Printed in Germany

Für Stefan. Er handelte, ohne zu zögern.
Nur deshalb gibt es dieses Buch.

Inhalt

Vorwort: Mein Durchbruch — 9

Konzentriere dich –
   auf das, was da ist — 13

Interpretiere dein Leben –
   selbst — 27

Ziele führen zu Ergebnissen –
   aber was traust du dir zu? — 41

Pass auf, was du in deinen Kopf hineinlässt –
   und von wem du was lernst — 55

Kennst du das? –
   Oder kannst du das? — 67

Lieber Querschnitt –
   als Durchschnitt — 81

Disziplin ist Freiheit –
   und was ist Flow? — 95

Die pure Lust an Entwicklung –
   Ziele erreichst du nebenbei — 107

Schlechte Bedingungen –
  und was ist deine Ausrede? 119

Motivation? –
  Ich erlaube dir nicht, mich zu demotivieren 131

Wer sagt denn, dass du musst? –
  Orientierung kommt von innen 141

Glücklich bin ich sowieso –
  meine Frage ist: Was kann ich geben? 153

Überall Mimosen –
  leiden können bringt Erfolg 165

Ich erfülle meine Pflicht –
  und bin voller Freude 177

Werde dir deiner Größe bewusst –
  und bewege dadurch andere 185

Mach dich überflüssig –
  während die Ergebnisse besser und besser werden 195

Die Ergebnisse von heute –
  sind die Gedanken von gestern 205

Der Erfolg ist da –
  was jetzt? 215

Nachwort: Mein Aufprall ins Leben 227

Danke! 228

Vorwort:
Mein Durchbruch

So ist es also, wenn du stirbst.

Ich bin im Wasser und habe nur diesen einen Gedanken: Ja, so muss es sein, wenn du stirbst. Ich versuche zu schwimmen. Aber ich kann nicht. Irgendwas stimmt nicht mit mir. Was ist los? Ich will mich an der Wasseroberfläche halten. Aber ich gehe langsam unter. Ich gebe einen Befehl an meine Beine wie schon tausende Male zuvor: schwimmen. Aber sie führen die gewohnten Bewegungen, die mich zurück an die Wasseroberfläche bringen würden, mit denen ich mich einfach treiben lassen könnte, nicht aus. Es funktioniert nicht. Ich sinke weiter. Ich versuche es erneut. Nichts. Etwas ist anders als vorher. Was, begreife ich nicht. Verstehe ich nicht. Wie bei einer optischen Täuschung. Das Gehirn ist total irritiert. Ich sinke weiter. Mein Kopf ist knapp unterhalb der Wasseroberfläche. Ich mache hektische Bewegungen, schlucke Wasser. Wie in einem schlechten Katastrophenfilm, denke ich. Ganz instinktiv fangen meine Arme an, mehr zu machen. Aha, da ist noch was. Aber es ist verdammt anstrengend. Ich habe keinen Auftrieb, weil mir die Körperspannung fehlt. Aber das weiß ich zu diesem Zeitpunkt noch nicht. Ich hänge im Wasser wie ein Sack, nehme nichts um mich herum wahr. Ich rufe auch nicht um Hilfe, so beschäftigt bin ich damit, nicht unterzugehen. Jetzt kommt die Angst. Nackte Todesangst. Je mehr ich paddele, je hektischer meine Armbewegungen werden, desto schneller scheine ich unterzugehen. Die Momente, in denen mein Kopf oberhalb der Wasseroberfläche ist, werden weniger. Ich sinke zum Grund der Lagune ...

Es ist, als würde ich schizophren, als sei mein Bewusstsein gespalten. Ich befinde mich im Todeskampf. Zugleich merke ich, wie sich mein Geist weitet. Ich empfinde Ruhe, Klarheit und bin total entspannt. Mein Geist dehnt sich immer weiter aus. Wellenförmig, in konzentrischen Kreisen. Horizontal. Und auch vertikal. Mein Geist steigt auf, immer höher, bis ich mich von oberhalb der Baumkrone sehen kann, wie ich im Wasser mit den Armen rudere. Von oben sehe ich den Dschungel. Die Lagune. Die Menschen am Wasser. Ich kämpfe weiter ums Überleben. Aber die Angst ist nicht mehr so stark. Dafür breitet sich die Ruhe immer weiter aus in mir. Wär' das schön, wenn das für immer so bleiben könnte ...

Noch aus dieser Perspektive nehme ich wahr, wie mein Freund Stefan ins Wasser läuft. Er schwimmt auf mich zu. Stefan ist ein guter Schwimmer, denke ich. Er wird mich retten. Im selben Moment bin ich zurück in meinem Körper. Es ist vorbei mit Ruhe und Klarheit, die Bewusstseinsspaltung löst sich auf. Ich kämpfe nur noch. Ich habe Angst. Dann wird mir langsam klar, dass Hilfe kommt. Ich muss nicht mehr lange durchhalten. Und ich beruhige mich einigermaßen. Insgesamt dauert es noch eine ganze Weile, bis Stefan es schafft, mich aus dem Wasser zu holen. Mein Körper ist zu schwer, und ich kann ihm nicht helfen. Er drückt mich gegen einen Felsen am Ufer. Mithilfe der anderen Leute schafft er es schließlich. Ich liege im Sand und schaue hinauf in die Baumwipfel. Ich atme. Ich lebe.

Naturwissenschaftler erklären das, was mir damals passiert ist, mit Endorphinen, die ausgeschüttet werden, und mit jeder Menge freigesetztem Adrenalin. Diese Mischung soll uns Menschen das Sterben versüßen und uns wohl vor allem beruhigen. Aber das wusste ich zu jenem Zeitpunkt noch nicht. Heute ist es mir völlig egal, was andere dazu sagen, und auch wie Sie interpretieren, was mir damals geschehen ist, bleibt

Ihre Sache. Für mich wird dieses Nahtoderlebnis immer eine höhere Bedeutung haben. Es hat mir einen Zustand gezeigt, an den ich mich auch im Leben immer wieder anzunähern versuche: die Ruhe, die Klarheit, die Empfindung, das große Ganze sehen und Zusammenhänge verstehen zu können. Diese Einheit mit der Welt. Was für ein Geschenk!

Nachdem mein Freund Stefan mich damals aus dem Wasser gezogen hatte, wusste mein Kopf, ich war querschnittgelähmt – auch wenn ich es noch nicht richtig begreifen konnte. Wofür war das jetzt gut, fragte ich mich damals. Und: Was geht jetzt noch? Was ist überhaupt noch möglich? Hat dein Leben noch einen Sinn? Komischerweise hatte ich darauf ziemlich schnell eine Antwort: Du könntest mit deinem Leben ein Beispiel geben. Ein Beispiel dafür, was alles in uns Menschen steckt, besser und wahrhaftiger als bisher. Diese konkrete Vorstellung, dieses Bild gab mir all die Jahre die Kraft durchzuhalten. Immer wieder habe ich gedacht, ich müsste etwas aufschreiben, und noch im Krankenhaus in Mexiko nahm ich mir vor, alles zu dokumentieren und festzuhalten. Aber es ging nicht. Erst heute bin ich dazu in der Lage. Erst jetzt verstehe ich meine Geschichte selbst gut genug. Es sollte 18 Jahre dauern, bis ich sie erzählen konnte.

Boris Grundl   *Trossingen, im Februar 2008*

Konzentriere dich –
auf das, was da ist

> *Tu, was du kannst, mit dem,*
> *was du hast, und dort, wo du bist.*
> Franklin D. Roosevelt

Es war wie eine Szene aus der Bounty-Werbung: Mein Körper lag im weißen Sand, über mir der blaue Himmel Mexikos. Die Sonne schien mir ins Gesicht. Ich konnte hören, wie der nahe gelegene Wasserfall in die Lagune stürzte, ein türkisblauer Spiegel umgeben vom satten Grün des Urwalds. Aber etwas stimmte nicht mit dem Hauptdarsteller dieses Spots. In dem Moment, in dem ich versuchte, meine Beine zu bewegen, wusste ich es: Ich war gelähmt. Querschnitt. Damals konnte ich die Lähmungshöhe nicht einschätzen, alle Details, die ich heute über mich weiß, waren mir nicht bekannt. Trotzdem war mir die Sache an sich sofort klar: So muss es sich anfühlen, dachte ich, während ich nach meinen Beinen tastete. Ja, so musste sich anfühlen, was ich während des Sportstudiums im Physiologie-Kurs über die sogenannte Querschnittläsion gelernt hatte. Um mich zu beruhigen, überprüfte ich den Rest meines Körpers: Was war noch da, was konnte ich noch bewegen? Weitere Fragen schossen mir durch den Kopf: Was blieb mir jetzt noch? Was machte mein Leben jetzt noch für einen Sinn? Doch obwohl ich wusste, dass ich lediglich meine Hände bewegen konnte, war ich völlig klar. Ich war ruhig, funktionierte wie ein Roboter, als ginge es gar nicht um mich. Heute weiß ich: Das war der Schock, das Adrenalin. Ich hatte keine Schmerzen, zu dem Zeitpunkt jedenfalls noch nicht. Ich konnte mich nur nicht bewegen.

»Boris, kannst du mich hören?« Das Gesicht meines Kumpels und Reisegefährten Stefan tauchte über mir auf. Mit ihm hatte ich den ganzen Trip geplant; gemeinsam hatten wir zwei Studenten noch einmal ausbrechen wollen, bevor der Ernst des Lebens beginnen sollte. Er hatte mich aus dem Wasser gezogen und mir das Leben gerettet. Ja, ich konnte ihn hören. Nur bewegen konnte ich mich immer noch nicht. Dann waren da noch andere Stimmen. »Was ist mit ihm?« Unsere Reisegruppe scharte sich um mich. Zusammen mit ihr waren wir vom Hotel aus aufgebrochen, um dieses paradiesische Fleckchen Erde zu besuchen. Ich hörte sie klar und deutlich und gleichzeitig wie aus weiter Ferne. Ich sah erschrockene Gesichter mit aufgerissenen Augen und offenen Mündern, die sich über mich beugten, aber ich nahm die Menschen dahinter gar nicht wahr. Dafür brachen ihre Empfindungen umso stärker über mich herein, alle emotionalen Zustände von Angst über Ohnmacht bis hin zu Verzweiflung und Panik spürte ich so intensiv, dass *ich* das Bedürfnis hatte, *ihnen* zu helfen. Verrückt, wenn man sich meine Situation vor Augen hält! Das sollte mir ab jetzt noch häufiger passieren. Doch ich verbot es mir. Genauso wie ich mir verbot, die Gefühle der Gruppe an mich heranzulassen. Ich erlaubte mir nicht, Angst zu haben. Du musst funktionieren, um aus diesem verdammten Dschungel herauszukommen, dachte ich.

Ich wusste, dass etwas Furchtbares passiert war. Ich war mir sogar sicher, dass ich querschnittgelähmt war. Aber in Panik zu geraten, meinen Kopf zu verlieren, wortwörtlich außer mir zu sein statt bei mir, das gestattete ich mir nicht. Und das beantwortete auch meine Frage danach, was noch funktionierte: Mein Geist funktionierte klarer denn je, mein Überlebenswille war stark. Ich konzentrierte mich auf das, was da war, in diesem Fall auf meinen Verstand und meine Willensstärke – natürlich unbewusst. Heute denke ich, dass mir diese Philosophie das Leben gerettet hat. Stefan hatte mich gerettet, indem er meinen Körper aus dem Wasser geborgen hatte. Jetzt rettete mich mein Geist ein weiteres Mal, indem er sich gegen die

Angst der anderen zur Wehr setzte. Und was noch wichtiger war: Er wehrte sich gegen die unbeholfenen Versuche meiner Retter, mich wegzutragen.

»Nicht anfassen!«, waren meine ersten Worte. Ich wiederholte sie so oft, bis die Gruppe auf mich hörte. »Finger weg! Nicht anfassen!« Ich wusste, was passieren konnte, wenn sie versuchen würden, mich hochzuheben. Eine einzige falsche Bewegung konnte ausreichen, um mein Rückenmark – durch eine weitere Verschiebung der Wirbel – noch mehr zu beschädigen. »Holt eine Tür!«, rief ich stattdessen. »Besorgt eine Tür, auf die ihr mich legen könnt.« Keine Ahnung, woher diese Idee kam. Ich wusste nur, dass ich sie irgendwie dazu bringen musste, mich zu fixieren. Jede zusätzliche Bewegung konnte eine noch stärkere Lähmung bedeuten – oder sogar meinen Tod.

Unweit der Lagune öffnete sich der Urwald zum Meer hin. In einem Haus am Strand hatten einige aus der Reisegruppe eine Tür ausgehängt. Ich weiß noch genau, dass sie blau war. Auf dieser blauen Tür trugen sie mich zum Strand, um mich von dort aus auf einem Boot zum Krankenhaus zu bringen. Durch den Dschungel führten keine ausgebauten Wege, die Hauptverkehrsstraße war das Wasser. Die Strecke zum Boot kam mir vor wie zehn Kilometer – es werden in Wirklichkeit gerade mal 200 Meter gewesen sein. Dann lag ich auf meiner Tür im Boot, neben mir der wimmernde und schluchzende Reiseführer der Gruppe. Ich ließ nichts an mich heran, im Gegenteil: Ich verdrängte sogar die Gewissheit, querschnittgelähmt zu sein. Stattdessen dachte ich nur an den nächsten Schritt. Ich wollte es aus dem Dschungel heraus und ins Krankenhaus schaffen. Immerhin, du hast keine Schmerzen, dachte ich. Das stimmte. Ich stand noch immer unter Schock.

Ungefähr eine Stunde nach meinem Unfall war ich endlich im Krankenhaus, in dem das reinste Chaos herrschte. Ich lag irgendwo auf dem Gang, immer noch in Badehose, mein Körper voller Sand. Stefan telefonierte mit meinen Eltern, die vor Sorge fast durchdrehten. Auch das Finanzielle musste geregelt werden; um zu verhindern, dass sich mein Zustand verschlechterte, sollte ich schnell operiert werden. Wer würde die OP-Kosten übernehmen? Und wer würde für meinen Rücktransport aufkommen? Meine Eltern planten bereits, einen Kredit aufzunehmen. Eben noch Held der Bounty-Werbung, kam ich mir jetzt vor wie in einer schlechten Versicherungsreklame. Zum Glück fand sich dann eine Rot-Kreuz-Versicherung auf meinen Namen. Ich hatte mich vor Jahren an der Wohnungstür bequatschen lassen, es aber längst vergessen. Die Situation kennt wohl jeder; ich unterschrieb schließlich, weil es fast nichts kostete und weil mir der arme Wicht im Hausflur leidtat. Für fünf deutsche Mark im Monat konnte ich mich und meine Eltern von den 140 000 DM freikaufen, die ein Rücktransport nach Deutschland kostete. Sie können mir glauben, ich werde diese Versicherung niemals kündigen.

Natürlich mussten diese Dinge geregelt werden. Ich verstand das, aber es interessierte mich kein Stück, denn ich war in meinem eigenen Albtraum gefangen. Jetzt spürte ich die Schmerzen an der Halswirbelsäule. Auch meine Ängste ließen sich nicht weiter verdrängen. Der behandelnde Arzt hatte meine gebrochene Wirbelsäule im Bereich des sechsten und siebten Halswirbels mit einem Streckgerät fixiert, das über Klammern an meinem Kopf befestigt war. An den Stellen, an denen die Klammern saßen – am Hinterkopf und unterhalb des Kinns – wachsen bis heute keine Haare mehr. Ich sah aus wie der Hauptdarsteller aus »Clockwork Orange« und fühlte mich auch so. Mein Blickfeld war total eingeschränkt; alles, was ich sehen konnte, waren die Risse an der Zimmerdecke. Was mit meinem Körper geschah, ob ich einen Blasenkatheter bekam oder eine Infusion, ich fühlte und sah es nicht.

Die Schmerzen waren höllisch. Es fühlte sich an, als würden der sechste und der siebte Halswirbelknochen heraustehen und durch die Haut austreten. Tatsächlich schmerzten die gequetschten Nerven – oder besser gesagt: der Teil, der noch nicht zerstört war. Diesen Schmerz konnte ich noch genau lokalisieren. Die diffusen Schmerzen und die Nebenwirkungen, mit denen sich Körper und Geist gegen die neue Situation zu wehren versuchten – Phantomschmerzen, Fieberschübe, eine verschleimte Lunge –, sollten erst in Deutschland einsetzen.

Schaffte ich es, die Schmerzen zu ignorieren, kamen die Ängste. Und die immer gleichen Fragen quälten mich unaufhörlich: Was war mein Leben jetzt noch wert? Was sollte jetzt noch aus mir werden? Von den Konsequenzen, die der Unfall tatsächlich für mich haben würde, hatte ich keine genaue Vorstellung, und ich weigerte mich noch, darüber nachzudenken. So viel war klar: Vor dem Unfall war ich ein Spitzensportler gewesen. Jetzt, wo ich hier lag, wusste ich bereits, dass ich meine Karriere als Tennisspieler und Trainer vergessen konnte. Aber da war noch meine zweite große Passion neben dem Sport – die Musik. Dann studiere ich eben Saxophon und Klarinette, sagte ich mir, die Finger tun es ja noch. Doch auch das sollte sich bald ändern. Noch – ich wusste damals nicht, wie viel Gewicht dieses unscheinbare Wort haben würde.

In Mexiko wurde ich das erste Mal operiert. Ich hatte keine Angst. Mein Arzt war Neurologe und in den USA ausgebildet worden, hatte man mir gesagt. Nach der OP nahm die Beweglichkeit meiner Finger ab, aber ich machte mir keine Sorgen. Keine Panik, dachte ich, das gehört vielleicht dazu, die Beweglichkeit wird schon wiederkommen. Sie kam nicht wieder. Dafür kam ein Learjet aus Deutschland, um mich auszufliegen. Rot-Kreuz-Versicherung sei Dank. Der deutsche Notarzt war schockiert von dem Chaos im Krankenhaus und von meinem Zustand. Ich habe seine Worte noch im Ohr: »Um Gottes willen, nichts wie raus hier!« So verließ ich zwei oder drei Tage nach meinem Unfall das Land, in das ich vor dem sogenannten Ernst des Lebens geflohen war – und der mich hier mit voller Wucht wieder eingeholt hatte.

Ein Flug mit einem kleinen, zweistrahligen Learjet von Mittelamerika nach Deutschland verläuft nicht so schnell und unkompliziert wie mit einem Urlaubsflieger. Aus Sicherheitsgründen und zum Tanken werden zahlreiche Stopps gemacht. Als wir nach Lichtjahren endlich in Deutschland landeten, brachte man mich in ein spezielles Krankenhaus in Markgröningen bei Stuttgart. Endlich zu Hause. Gut? Nichts war gut! Jetzt war es vorbei mit meiner Ruhe, meiner Beherrschtheit, meiner Konzentration. Auf dem Weg vom Flughafen zum Krankenhaus fragte ich alle drei Sekunden: »Wie lange noch?« Plötzlich hatte mich die neue Realität in meiner alten Welt eingeholt. Ich wurde schier wahnsinnig. Verdrängung? Das funktionierte jetzt nicht mehr. Ich war total instabil – physisch und psychisch. Willkommen in der Wirklichkeit des Querschnitts.

Als ich im Krankenhaus in Deutschland ankam, klebte noch immer der mexikanische Sand an meinem Körper, der inzwischen furchtbar stank. Ich wurde erst mal lebend obduziert. Zumindest kam es mir so vor, denn die Personen in meinem Umfeld redeten in meiner Anwesenheit über mich, als sei ich nicht gelähmt, sondern tot – oder taub. Worte, die ich immer wieder hören sollte: »Da ist er ja, unser Klippenspringer von Mexiko.« – »Schade drum, soll mal ein super Tennisspieler gewesen sein.« – »Ja, sieht man auch. Guck mal, die Wahnsinnsbeine! Total durchtrainiert und so braungebrannt ...« – »Kann man sich gar nicht vorstellen, dass er da nichts mehr drin fühlt.« – »Also, ich könnte das nicht. Das ist doch kein Leben mehr. Auch so als Mann, ich meine, da läuft doch nichts mehr.« – »Ja, und so gar nichts alleine können. Ein Leben lang füttern, waschen, wickeln ... schöne Scheiße!«

»Ich bin gelähmt, ihr Idioten, nicht taub!«, wollte ich sie anbrüllen, aber ich war völlig wehrlos und unfähig, irgendetwas zu tun. Ich konnte mir ja nicht mal den Sand vom Körper waschen. Für alles brauchte ich ihre Hilfe, und sie redeten über mich, als wäre ich überhaupt nicht anwesend. Diese doppelte Wehrlosigkeit machte mich fertig. Gleichzeitig sprachen sie mir aus der Seele. Ich wusste selbst, dass ich nicht mehr der Alte war; den starken, attraktiven und erfolgreichen jungen Mann gab es nicht mehr. Und was war ich jetzt? Ein Krüppel. Das konnte ich nicht akzeptieren. Das war nicht ich. Nicht ich, Boris Grundl, das Tennis-Ass, der ewig gutgelaunte Sunnyboy, der Charmeur und Frauenheld. Ich hielt an meinem alten Ich fest, wollte es nicht aufgeben, nicht behindert sein. Behinderung, davon hatte ich mir als Nichtbehinderter ein Bild gemacht. So wie alle anderen. Ich war ein Fußgänger und dachte wie ein Fußgänger, auch wenn ich meine Zehen nicht mehr spüren konnte.

Das war nicht ich, das Tennis-Ass, der ewig gutgelaunte Sunnyboy.

In den folgenden Monaten im Krankenhaus änderte sich an dieser Einstellung erst einmal nichts. Im Gegenteil: Je mehr mir meine Lage bewusst wurde, desto stärker lehnte ich sie ab. Ich lehnte *mich* ab. Ich sah nur das Demütigende an meiner Situation und fühlte mich nutzloser als eine Zimmerpflanze, die sich wenigstens für das Wasser, das man ihr gibt, erkenntlich zeigt, indem sie ab und zu blüht. Ich verdorrte innerlich. Auf dem Drehbett, meiner ganz persönlichen Folterbank, das meinen Körper davon abhalten sollte, wund zu werden, drehte man mich, hin und her – wie ein Spanferkel. Stellen Sie sich eine Art Sandwich-Bett vor – und ich war das Fleisch mittendrin. Ich sah an die Decke, wurde gedreht, sah den Boden. Decke, Boden, Decke, Boden. Mein Blickfeld war das eines Babys. Wer sich nicht über mich beugte, den sah ich nicht, und auch mein Bewusstsein wurde zunehmend begrenzter. Meine kleine Welt beschränkte sich auf mein enges Krankenhauszimmer. Außerhalb gab es für mich nichts. Vor allem aber war ich abhängig wie ein Baby, genauso wie es die Pfleger prophezeit hatten. Ich wurde gefüttert, gewaschen – und wieder umgedreht.

In den langen Nächten, wenn es still wurde auf den Krankenhausfluren, kam die Einsamkeit. Ich war ungeheuer traurig, verzweifelt und hatte Zukunftsangst: Was würde aus mir werden? Selbst versorgen konnte ich mich nicht, ich war ein Sozialfall, der von seinen Eltern und vom Staat durchgefüttert werden musste. Wie es aussah, würde ich nicht alleine wohnen können. Was war mit meinem Sportstudium, was mit Autofahren? Würde ich je einen Beruf ausüben können? Dass ich nie wieder Tennis spielen, nie wieder mein Saxophon in die Hand nehmen würde, wusste ich. Eine Alternative dazu hatte ich nicht, nicht einmal die Ahnung einer Idee, nur dieses beklemmende Gefühl, absolut nutzlos zu sein. Und war ich nicht auch absolut bloßgestellt? Wer würde mich Häufchen Elend denn noch ernst nehmen? Da ich mir selbst nichts mehr zutraute, würde auch kein anderer mehr von mir erwarten, dass ich noch etwas bewegen könnte in meinem Leben. Und die Frauen? Die finden doch einen Krüppel nicht attraktiv, bemitleiden ihn höchstens. Später kamen noch Selbstvorwürfe dazu: Warum hatte ich mir so etwas angetan?

Als mir mein Leben abhanden kam, war ich gerade 25 Jahre alt.

Als mir mein Leben abhanden kam, war ich gerade 25 Jahre alt. Ich sah nur den Verlust, und meine Zukunft bestand für mich aus meiner Vergangenheit minus all jener Dinge, die ich nicht mehr tun konnte. Das war mein blinder Fleck. Ich sah nur, was ich verloren hatte, nicht, was noch da war. Ein paar Jahre später sollte ich erleben, wie es einem sehr prominenten Querschnittgelähmten, dem *Superman*-Darsteller Christopher Reeve, ähnlich erging. Reeve war einen Zentimeter höher gelähmt als ich und hatte bis zu seinem Tod 2004 darauf gehofft, irgendwann wieder laufen zu können. Auch er konnte seine Vergangenheit nicht loslassen, wollte zurück zur Normalität, zu dem, was uns die Gesellschaft als »normal« suggeriert. Die Fernsehbilder von einem gelähmten Reeve, der unter schrecklichsten Qualen versuchte, zwei Schritte zu laufen, der umjubelt von Hunderten von Fußgängern versuchte, selbst wieder Fußgänger zu werden, haben mich sehr nachdenklich gemacht. »Lass es sein!«, wollte ich ihm zurufen. »Warum willst du wieder zum Fußgänger werden? Warum konzentrierst du dich auf das, was du nicht mehr hast? Konzentriere dich lieber auf das, was da ist!«

Aber was ich ihm hätte sagen wollen, musste ich zuerst einmal selbst begreifen, und das sollte erst nach der zweiten Operation geschehen. Vielleicht lag es daran, dass ich auf einen Erfolg nicht eingestellt war. Auch meine Finger konnte ich inzwischen nicht mehr bewegen, und mit der Operation wollte man genau dies ändern. Die Ärzte versuchten, meinen Trizeps und Teile meiner Muskelkraft in den Händen zurückzuholen. Beim rechten Trizeps gelang ihnen das zu 60, links zu 40 Prozent. Bei den Händen erreichten sie links sieben und rechts 15 Prozent. Als ich beim Muskeltest nach der Operation den rechten Daumen wieder bewegen konnte, war ich verwundert darüber, dass die Ärzte förmlich in Jubel ausbrachen. Meine Freude war eher verhalten; es tat zwar unheimlich gut, die Ärzte so zu sehen, aber ich wollte den Tag nicht vor dem Abend loben.

Als ich dann langsam begriff, was das mit dem Daumen zu bedeuten hatte, flossen die Freudentränen. Was für ein Geschenk, dachte ich und begann mir auszumalen, was ich mit diesem Daumen noch alles anstellen würde. Ich konnte Buchseiten umblättern, die Knöpfe einer Fernbedienung drücken, eine Computermaus bedienen, einen Löffel halten. Vielleicht würde ich sogar Auto fahren können! Das war meine Welt – ein ganzes Universum in diesem einen Daumen. Ich hatte meine Finger völlig aufgegeben und nicht mehr mit einer Verbesserung gerechnet. Umso größer war meine Freude über den Daumen und auch über die Muskelkraft, die ich später noch in den Fingern zurückerlangen sollte.

An dieser Situation mache ich heute die wichtigste Erkenntnis meines Lebens fest. Hätte ich damals so sehr darauf gehofft, wieder »normal« zu werden, hätte ich mich nicht über die Beweglichkeit in meinem Daumen freuen können, sondern nur gedacht: Verdammt noch mal, ich will mein altes Leben zurück! Es war offensichtlich, dass ich – wie Reeve – einen Kampf mit meiner Umwelt gekämpft hatte, den ich nur verlieren konnte. Erst als ich dazu bereit war, den Kampf mit mir selbst aufzunehmen, änderte sich meine Perspektive. Es war nur ein kleiner Bruch, eine minimale Verschiebung in meiner Wahrnehmung, aber plötzlich war alles anders. Ich fühlte mich gut. Ich empfand eine tiefe Dankbarkeit. Ich freute mich über das, was da war, und ärgerte mich nicht über das, was nicht da war.

Konzentriere dich auf das, was da ist.

Diese Erkenntnis ist zu meiner Philosophie geworden. Und dadurch, dass ich mich auf meinen Daumen konzentrierte, war da plötzlich sogar noch viel mehr als vorher. Neue Wege taten sich auf, indem ich den Daumen als Chance erkannte. Ich bin heute immer noch zu 90 Prozent gelähmt, aber ich konzentriere mich auf die zehn Prozent Muskelkraft, die mir geblieben sind und die heute mehr bedeuten als die 100 Prozent vor meinem Unfall. Der Daumen steht nur für die erste von vielen Türen, die sich mir öffneten. Sicher, ich habe lange um diese Erkenntnis ringen müssen. Der Weg dahin war steinig, und ich kämpfe noch heute einen Kampf, der manchmal schmerzhaft und einsam ist.

Dabei ging es nicht nur darum, zu kämpfen, sondern noch mehr darum, loszulassen. Meine Freude über den Daumen war das erste Zeichen dafür, dass ich mich nicht nur schonungslos mit meiner Situation konfrontiert, sondern sie auch angenommen hatte. Und zwar nicht intellektuell – aus der Sicht eines Nichtbehinderten –, sondern emotional. Nur durch das Akzeptieren der Realität war ein solcher Perspektivwechsel möglich, und folgerichtig ergaben sich aus einer Krise ganz neue Chancen.

Diese Erfahrung ist das Erste, was ich vermittle, wenn ich als Coach arbeite. Ich halte keinen Vortrag, in dem ich nicht darauf zu sprechen komme. Die Konzentration auf Fähigkeiten, die da sind – das ist der erste Baustein einer einfachen, aber unglaublich starken Philosophie, die sich eins zu eins auf alle Unternehmensstrukturen übertragen lässt. Fragen Sie sich als Führungskraft einmal, was der Daumen Ihres Unternehmens, Ihres Vertriebs, Ihres Marketings oder Ihrer Produktion ist. Unter Umständen ist er gar nicht so einfach zu erkennen. Manche arbeiten jahrelang mit dem Zeigefinger, obwohl die Begabung im

Daumen steckt. Fragen Sie sich als Personaler, was der Daumen jedes einzelnen Mitarbeiters ist. Und verwechseln Sie Human Resources nicht mit Produktentwicklung. Hier gibt es riesige Unterschiede, die oft zu Missverständnissen führen; das zu erkennen heißt, Konflikte zu vermeiden. Als Ingenieur müssen Sie nach Fehlern suchen, weil ein Produkt eben fehlerfrei sein muss. Sie arbeiten nach einem Programm, das heißt: Suche, was nicht da ist, erkenne, was fehlt, beseitige die Fehler. Bei Menschen ist das etwas ganz anderes. Menschen sind nicht perfekt. Sie haben Schwächen – aber immer auch Stärken. Als Personalverantwortlicher sollte es Ihre vorrangige Aufgabe sein, diese Stärken zu stärken. Konzentrieren Sie sich darauf!

Da kommunikationsstarke Personen im Vertrieb eher das sehen, was da ist, wissen Sie jetzt, warum sich Produktion und Vertrieb so selten verstehen. Was weiterhilft, sind Verständnis und Respekt für die andere Sichtweise. Auch als Manager sollten Sie einmal ein wenig die Perspektive wechseln und auf die Ressourcen Ihres Unternehmens und auf die Talente Ihrer Mitarbeiter blicken. Haben Sie schon begonnen, sich darüber zu freuen? Oder finden Sie, dass deren Begabung etwas Selbstverständliches sein sollte? Nehmen Sie nur die scheinbaren Ungerechtigkeiten wahr, sehen gar nicht, was da ist, und fragen sich: Warum arbeite ich nur in einem so vertriebsschwachen Unternehmen? Und warum ist unser Marketingbudget so niedrig? Das ist so, als würde ich sagen: Sorry, ich kann grad' nicht, ich sitze im Rollstuhl. Immerhin *haben* Sie einen Vertrieb und ein Marketingbudget! Wenn Sie sich auf die Bereiche konzentrieren, die vorhanden sind, wird mehr aus ihnen und sie überstrahlen, was fehlt.

Das mit der Konzentration meine ich übrigens absolut wörtlich. Ich gebe Ihnen ein Beispiel: Ich war mit dem Auto einkaufen und bin unterwegs zum Parkplatz. Es regnet in Strömen. Ich stehe in meinem Rollstuhl neben meinem Wagen und will mich auf den Fahrersitz wuchten, normalerweise eine meiner leichtesten Übungen. Aber heute ist irgendwie der Wurm drin. Zehn

Minuten später stehe ich immer noch da. Ich beobachte andere Passanten, die zu ihrem Auto gehen und einfach einsteigen, ohne darüber nachzudenken. Wenn jetzt mein Geist abhaut und die anderen beneidet, habe ich verloren. Ich muss bei mir bleiben. Was hilft es, andere zu beneiden? Damit komme ich auch nicht schneller ins Trockene, im Gegenteil! Ich muss mich auf das konzentrieren, was da ist. Dann sehe ich plötzlich den richtigen Weg, verstehe in diesem Fall vielleicht, was ich bisher beim Einsteigen falsch gemacht habe.

Inzwischen ist mir klar: Neid ist nichts anderes als ein undisziplinierter Geist, der abhaut und sich mit dem beschäftigt, was andere haben. Der Neidfaktor findet sich überall in unserem Alltag und hemmt uns ungemein. Dabei hilft es uns nicht weiter, uns vor Augen zu halten, was andere können oder haben. Neid lenkt nur von unseren eigenen Fähigkeiten ab. Denken Sie mal an die Nachkriegsgeneration. Die Menschen damals hatten alles verloren, und nur für die, die ihre neue Situation irgendwann emotional angenommen haben, ergab sich wieder ein Mehr an Möglichkeiten.

Im Prinzip ist es heute ähnlich, nur auf einem extremen Wohlstandsniveau. Wir leben im Überfluss und nehmen alles als selbstverständlich – eine der größten Zivilisationskrankheiten unserer westlichen Welt. Glücklicherweise können Sie sich frei entscheiden. Quälen Sie sich mit dem Gedanken an die Vergangenheit und an das, was Sie nicht haben? Oder beschäftigen Sie sich damit, hier und heute etwas aus dem zu machen, was Sie sind?

Noch eine andere wichtige Einsicht geht mit dieser Erkenntnis einher: Wenn Sie sich auf Ihre eigenen Fähigkeiten konzentrieren, müssen Sie keinen »Kredit« aufnehmen. Sie gehen von Ihrer Person aus und bleiben mental bei sich. Und, was fast noch wichtiger ist: Sie übernehmen Verantwortung für sich selbst. Ein größeres Geschenk gibt es nicht. Ich will Ihnen dazu eine letzte Geschichte erzählen, die sich noch im Krankenhaus zugetragen hat: Seit einigen Wochen hatte ich in meinem Drehbett gelegen und wünschte mir nichts sehnlicher als mehr Mobilität. Die Ärzte hatten schon mit mir über einen Rollstuhl gesprochen, aber zu Anfang war ich nicht gerade heiß darauf. Mobilität ja, Rollstuhl nein. Im Geiste war ich eben doch noch immer Fußgänger. Dann wachte ich eines Morgens auf, und neben meinem Bett stand ein Rollstuhl. Ich konnte inzwischen auch auf der Seite liegen und blickte erst aus dem Fenster, dann auf den Rollstuhl. Auf seinem Sitz lag ein Fell, damit man weich darin sitzen konnte. Er war nicht mehr ganz neu, ein Krankenhausrollstuhl eben. Und trotzdem: Ich freute mich. Ja, Sie haben richtig gelesen: Ich freute mich. Ich sah in dem Rollstuhl kein metallenes Gefängnis auf zwei Rädern, an das ich mein Leben lang gekettet bleiben sollte, sondern ein Vehikel, mit dem ich meine Unabhängigkeit zurückgewinnen konnte. Wieder hatte eine klitzekleine Verschiebung in meiner Wahrnehmung stattgefunden. Aus dem Rollstuhl-Gefängnis wurde zuerst ein dankbares Fortbewegungsmittel – und heute ist es so etwas wie mein Flugzeug. Damals war das eine Offenbarung und ein bedeutender Schritt in Richtung Selbständigkeit. Noch heute vergeht kein Tag, an dem ich mich nicht über meinen Rollstuhl freue.

Ich habe eine Entscheidung getroffen, die jeder frei ist zu treffen – auch ohne sich den Hals gebrochen zu haben. Wenn Sie wollen, gebe ich Ihnen folgenden Tipp: Nehmen Sie neue Situationen an – voll und ganz. Das ist der erste Schritt zur Bewältigung einer Krise! Und beschäftigen Sie sich nicht permanent mit Dingen, die Sie nicht verändern können. Das ist reine Zeitverschwendung! Wie Sie das hinkriegen? Wenn Sie morgens aufwachen, überlegen Sie sich gleich drei Dinge, über die Sie sich richtig freuen können und für die Sie dankbar sind. Was für ein Start in den Tag!

Interpretiere dein Leben – selbst

An sich ist nichts weder gut noch schlecht,
das Denken macht es erst dazu.
William Shakespeare

Neulich am Flughafen. Ich habe bereits eingecheckt, stehe aber noch einen Moment in der Nähe des Counters, um mich zu sortieren. Plötzlich setzt sich mein Rollstuhl wie von Geisterhand in Bewegung. Ich bremse, blicke mich um und sehe eine Mitarbeiterin vom Behindertenservice des Flughafens. Für gewöhnlich bringen diese netten Kollegen die Rollstuhlfahrer zuallererst an Bord. »Gute Frau«, sage ich, »Sie sollten einen Rollstuhlfahrer niemals einfach so wegschieben. Vielleicht möchte er da noch stehen bleiben …« – »Ich habe es ja nur gut gemeint«, antwortet sie entschuldigend. Klar, sie hat es gut gemeint. Diese Menschen haben in ihrem Job ständig mit Behinderten zu tun und sind sehr sozial eingestellt. Aber hätte sie sich wirklich Gedanken gemacht, dann wäre sie darauf gekommen, erst einmal zu fragen, ob ich ihre Hilfe überhaupt benötige. »Wie darf ich Ihnen behilflich sein?«, ist die Zauberformel jeder Flugbegleiterin, und zwar *bevor* sie einen Passagier zum Gate geleitet. Diese Frau hatte einfach angenommen, dass ich nicht alleine klarkomme. Warum? Ganz einfach: Ihre Vorstellung von einem Rollstuhlfahrer ist nach all den Jahren, die sie diesen Job vielleicht schon macht, immer noch die eines Unmündigen. Und dieses Bild hat sie einfach auf mich übertragen. Wenn Sie mich fragen: Es ist anmaßend zu meinen, man wüsste, was der andere braucht, obwohl man ihn gar nicht gefragt hat. Immer.

Vor Jahren gingen meine Frau und ich einkaufen, ich brauchte ein paar neue Hemden. Als wir uns in einem Geschäft an eine

Verkäuferin wandten, schaute diese meine Frau an und fragte: »Welche Hemdgröße hat er denn?« Mann, war ich platt! Heute würde mir das nicht mehr passieren. Inzwischen trete ich ganz anders auf und bin sehr präsent. Diese Geschichte erinnert mich sehr an das Krankenhaus, als das Pflegepersonal in meiner Anwesenheit über mich redete, als sei ich überhaupt nicht da. Die Szene im Laden ist ein weiteres Beispiel dafür, wie meine Belange ignoriert wurden – solange ich es zuließ. Sicher hatte auch die Verkäuferin nur helfen wollen. Meine Frau gab ihr die einzig richtige Antwort: »Warum fragen Sie ihn nicht selbst?«

Im Umgang mit Menschen passiert uns allen das jeden Tag: Andere meinen, sie müssten uns und unser Leben interpretieren, und jeder von uns interpretiert ständig das Leben anderer. Als Behinderter landet man besonders schnell in einer Schublade. Sie können sicher sein: Weil ich gegen ihr Verhalten protestierte, war ich für die Frau am Flughafen ein armer Zyniker. »Ach, schon wieder so ein frustrierter Rollstuhlfahrer«, hat sie vielleicht gedacht. Indem ich mich verteidigte, entsprach ich nicht mehr ihrem Bild eines Behinderten – ich fiel aus dem Rahmen. Hätte ich mitgemacht und den Behinderten aus ihrer Vorstellungswelt gespielt, wäre für sie alles in Ordnung gewesen. Aber ich hätte mich selbst belogen.

Woher kommt dieser Drang, ständig alles und jeden bewerten zu müssen? Woher meinte die Frau am Flughafen zu wissen, wo ich hinwollte? Warum fällt es uns so schwer, den anderen einfach so sein zu lassen, wie er ist? Der Ursprung unserer Bewertungssucht liegt in unserer eigenen Unsicherheit. Es bedarf einer gewissen Stärke, den anderen so zu akzeptieren, wie er ist. Das kann nur jemand, der selbst in sich ruht. Je weniger Selbstbewusstsein wir haben, desto schwerer fällt es uns, zu akzeptieren, wenn jemand anders ist. In meinem Fall heißt das, auf zwei Beinen zu gehen ist normal. Im Rollstuhl zu sitzen ist es nicht. Da ich anders bin als die meisten, bin ich ein verunsichernder Faktor, etwas, das nicht passt und deshalb passend gemacht werden muss.

Gerade die Deutschen haben einen richtigen Normalitätsfimmel; das fällt mir immer wieder auf, wenn ich quer durch die Republik reise. Ausbildung, Beruf, Heirat, Doppelhaushälfte, zwei Kinder, zwei Haustiere, zwei Autos – und alle haben den gleichen drei Millimeter hohen Rasen vorm Haus. Abweichungen von der Norm sind nicht erwünscht, sie verunsichern uns. Wir sind Perfektionisten, die keine bösen Überraschungen mögen – ein Risiko, das Individualismus nun mal mit sich bringt. Hauptsache, wir erscheinen nach außen möglichst normal und sind wie alle anderen. Hauptsache, wir erhalten eine Fassade aufrecht, und es ist uns nicht klar, dass wir unser Selbstbewusstsein so nur äußerlich stärken und nicht von innen heraus. Das ist ja auch irgendwie menschlich; vor meinem Unfall funktionierte ich ganz genauso. Aber während meiner Krise im Krankenhaus habe ich herausgefunden, dass hinter dieser Fassade nur ödes Brachland lag – wie in einem Low-Budget-Western. Ich habe lange daran arbeiten müssen, mein Selbstbewusstsein zurückzuerlangen und zu ver-*innerlichen*. Wenn heute jemand zu mir sagt: »Dein Unfall war ja wohl die Tragödie deines Lebens!« oder auch: »Dein Unfall war doch eigentlich gut für dich!«, dann antworte ich: »Danke, ich interpretiere mein Leben selbst. Viel wichtiger ist, wie kraftvoll du dein Leben interpretierst!«

Die schlimmsten Erfahrungen damit, dass andere über mich urteilten und sogar darüber bestimmen wollten, wie ich zu leben hatte, habe ich im Krankenhaus gemacht. Sie erinnern sich: Ich hatte Schmerzen und furchtbare Angst davor, ein Sozialfall zu bleiben. Aber meine Probleme gingen eigentlich erst so richtig los, als mein Umfeld anfing, sich einzumischen und mich in die Schublade mit der Aufschrift »Behinderter« zu stecken. Von Anfang an waren mir zum Beispiel wichtige Dinge verschwiegen worden. Im Krankenhaus in Mexiko hatte man mir ohne mein Wissen Morphium verabreicht, mit dem Ergebnis, dass ich von schrecklichen Albträumen geplagt wurde. Monster krochen aus der Decke, und ich wurde fast wahnsinnig, weil ich nicht wusste, was die Ursache für diesen Horrorfilm war. Ich bin ein analytischer Mensch und hatte so etwas noch nie erlebt. Das Morphium sollte mich beruhigen, aber das Gegenteil war der Fall: Es benebelte meinen Geist und nahm mir die Fähigkeit, klar zu denken. Zu meiner körperlichen Abhängigkeit kam ein geistiger Kontrollverlust – schönen Dank auch! Noch heute verabscheue ich jede durch Drogen erzeugte Abhängigkeit genau aus diesem Grund. Ich werde die Freiheit eines klaren Geistes immer vorziehen.

Aber das wirklich Unerträgliche war, dass es niemand für angebracht hielt, mit mir darüber zu sprechen. Auch im deutschen Krankenhaus hatte man nicht vor, mich mit bestimmten Tatsachen zu konfrontieren. Erst als die zweite OP anstand, trauten sich die Ärzte endlich, mir zu sagen, dass ich nicht mehr würde Tennis spielen können. Diese Blitzmerker! Hatten sie tatsächlich gedacht, das wäre mir nicht klar? Bei allem, was ich tat, war ich auf Hilfe angewiesen. Noch nicht einmal die Zähne konnte ich mir alleine putzen, und die meinten, ich glaubte noch daran, jemals wieder einen Tennisschläger halten zu können? Die Ärzte und ich, wir kannten die Wahrheit: Würde die zweite Operation nicht erfolgreich verlaufen, könnte ich meine Hände nie wieder gebrauchen. Und selbst wenn die OP etwas bringen würde, mit dem Tennis war es vorbei. Die Wahrheit mag manchmal unbequem sein. Aber sie bringt uns weiter. Trotzdem hielten sie es nicht für nötig, mit mir darüber zu reden.

Die Wahrheit mag manchmal unbequem sein.

Auch für mein privates Umfeld schien es viel leichter zu sein, sich über meinen Willen hinwegzusetzen, anstatt sich danach zu erkundigen, was ich wollte. Alle fürchteten sich vor mir. Ich war die personifizierte Angst. »Dieser Krüppel könnte ich sein«, las ich in ihren Augen, oder: »Gut, dass mir das nicht passiert ist.« Und immer wieder auch: »Der Arme, wäre ich an seiner Stelle, würde ich das nicht aushalten. Das ist doch kein Leben mehr.« Genau das war der Grund dafür, dass sie meine Wünsche ignorierten: Weil sie an meiner Stelle vielleicht aufgegeben hätten, konnten sie sich nicht vorstellen, dass ich anders war. Sie sahen sich in mir. Ich bezeichne dieses Verhalten als Spiegelprinzip; gespiegelt wird die Fremdwahrnehmung der eigenen Person. Ein Raucher, der aufgehört hat zu rauchen, regt sich über andere Raucher auf. Die Nörgler beschweren sich über die negative Stimmung in Deutschland. Wir sehen mehr von uns im anderen, als uns bewusst ist. Nehmen Sie zum Beispiel einen Jungen, der furchtbare Angst vor Hunden hat. Beim Fußballspielen landet sein Ball auf dem benachbarten Grundstück – dem Revier eines großen, schwarzen Dobermanns. Dann steht das Kerlchen am Gartenzaun und sieht zu, wie sein bester Freund über den Zaun klettert, um den Ball zurückzuholen. Er ruft: »Nein, mach das nicht! Der ist gefährlich!« Tatsächlich aber denkt er: »Oh nein, das könnte ich nie! Dann kann er das doch auch nicht können.« Auch mein Umfeld spiegelte durch seine Reaktionen, wie es sich in mir sah. Und weil ich es verunsicherte, lehnte es mich ab. Egal, wie sehr Pfleger, Freunde und Bekannte auch versuchten, mich mit ihren aufmunternden Worten vom Gegenteil zu überzeugen, ihre Mimik und ihre Gesten verrieten sie.

Diese Diskrepanz zwischen Selbstwahrnehmung und Fremdwahrnehmung machte mir immens zu schaffen. Ich hatte nicht nur meinen eigenen Kampf zu kämpfen, ich musste mich auch ständig gegen die Bewertung meiner Lage von außen zur Wehr setzen. Ging es darum, was aus mir werden sollte, hieß es: »Wie versorgen wir den jetzt mal? Wo bringen wir ihn am besten unter?« Ich wurde wieder nicht gefragt. Und als ich Anstalten machte, meine Zukunft selbst zu planen, schenkte man mir nur mitleidige Blicke. Ob es um die Beendigung meines Studiums ging, den Führerschein oder meine beruflichen Vorstellungen – immer empfing ich ganz eindeutige Signale, die mir bedeuteten, dass man mich für einen ausgemachten Träumer hielt. »Den Führerschein? Er hat wohl noch nicht verstanden, dass es Jahre dauert, bis er wieder fahren kann.« – »Warten wir mal ab, er wird schon dahinterkommen, dass er sich seine Ziele jetzt nicht mehr so hoch stecken kann.« – »Es ist doch unmöglich für ihn, sein Studium zu beenden. Und was sollte ihm als Rollstuhlfahrer auch ein Abschluss in Sportwissenschaft nutzen? Er kann froh sein, wenn er mal einen Telefonjob bekommt. Das wird er schon noch begreifen ...«

Es ging so weit, dass man mich überredete, mit meiner Freundin zusammenzubleiben. Eigentlich hatte ich mich kurz nach dem Unfall von ihr getrennt. Ich kam mit ihrem Wunsch nicht klar, dass alles wieder so werden sollte wie früher. Der Kommentar meines Umfelds dazu: »Bleib bei ihr. Du kannst es dir jetzt nicht mehr erlauben, so anspruchsvoll zu sein!«

Heute frage ich mich: Wenn es doch alle so gut meinten mit mir, woraus resultierte dann dieses destruktive Verhalten? Aus dem Spiegelprinzip! »Wenn wir an seiner Stelle wären, würden wir uns das nicht zutrauen.« Also trauten sie mir auch nichts mehr zu. Sie glaubten nicht an mich, weil sie nicht an sich selbst glaubten. Das ist kein Vorwurf, sondern eine Feststellung. Aber deswegen gibt es auch so wenig herausragende Coachs. Ein guter Coach muss sich selbst vergessen können, um den anderen wahrzunehmen. Erst dann gelingt es ihm, die passende Antwort – als Voraussetzung für einen erfolgreichen Veränderungsansatz – zu finden. Damals wollten sie es mir nicht zeigen, aber ich spürte ihren Zweifel. Er zerstörte meine Hoffnungen. So wie jemand, der nicht mehr an eine Beziehung glaubt und Schluss machen, aber nicht das gemeine Schwein sein will, glaubten die Menschen um mich herum nicht an meinen Kampf, hatten aber gleichzeitig Angst davor, mich mit ihren Bedenken zu konfrontieren. Aber nicht um meinetwillen, nicht um mich zu schonen, sondern weil sie die Konsequenzen scheuten. »Nachher sind wir noch schuld«, dachten sie.

Meine Reaktion darauf? Leider kann ich Ihnen an dieser Stelle keine Heldengeschichte bieten. Gegen diese Art der Gehirnwä-

Sie glaubten nicht an mich, weil sie nicht an sich selbst glaubten.

sche konnte ich mich damals nicht erfolgreich zur Wehr setzen. Damals. Heute würde ich sagen: »Danke, ich interpretiere mein Leben schon selbst.« Sie kennen den Satz schon. Damals aber kaufte ich meinem Umfeld fast alles ab – und hatte im selben Moment verloren. Was konnte ich gegen die Signale tun, die täglich in meinen Kopf eindrangen? Es war die gleiche Situation wie neulich am Flughafen: Kämpfte ich, war ich ungehorsam. Gab ich klein bei, belog ich mich selbst. Damals kämpfte ich nicht, denn ich war noch zu schwach, um mich richtig wehren zu können. Ich hatte keine Filter, um mich gegen die negativen Schwingungen zu schützen. Es mangelte mir an Selbstbewusstsein. Wenn Sie sich selbst alles andere als attraktiv fühlen, ist es nicht so einfach, zu kämpfen. Stattdessen war ich dabei, mich abzufinden. Ich fing an, mich zu fügen. Es hat mich fast kaputt gemacht.

Und noch etwas anderes machte mich fertig: Immer wenn ein Besucher das erste Mal ins Krankenhaus kam – besonders wenn es jemand war, der mich nicht so gut kannte –, verkehrten sich unsere Rollen: Sosehr sich der andere auch vorgenommen hatte, mich zu trösten, es sollte ihm nicht gelingen. Da war zum Beispiel Frank, ein Studienkollege von mir. In dem Moment, als er die Tür zu meinem Zimmer öffnete und mich sah, war er so geschockt, dass ihm alles aus dem Gesicht fiel. Die vorsorglich aufgesetzte Maske aus Zuversicht, das mühsam aufrechterhaltene Gute-Laune-Lächeln, die bereitgelegten aufmunternden Sätze – alles weg. Stattdessen sah ich in seine weit aufgerissenen, erschrockenen Augen. Und gleichzeitig versuchte er, sich sein Entsetzen nicht anmerken zu lassen. Eine klarere Körpersprache gibt es nicht: Sein Oberkörper wich zurück, als hätte ich eine ansteckende Krankheit. Auch seine Füße machten zwei Schritte nach hinten. Währenddessen umklammerte seine Hand immer noch die Türklinke. Einerseits sagte ihm sein Kopf: Nichts wie weg hier! Sieh zu, dass du aus dieser unangenehmen Situation rauskommst! Andererseits wusste Frank, dass eine Flucht aus Gründen der *political correctness* unmöglich war. Schließlich ging es mir ja viel, viel schlechter als ihm. Also gab er sich einen Ruck. Mit hängenden Schultern und einem unglücklich schiefen Lächeln kam er auf mich zu, ließ sich erschöpft in den Stuhl neben meinem Bett fallen und sank in sich zusammen. Er hatte mich bereits aufgegeben, bevor er noch ein Wort mit mir gesprochen hatte.

Dabei hatte er mich aufheitern wollen, aber bei meinem Anblick streikte sein Verstand. Das war zu viel Abweichung von der Norm. Und wer konnte es ihm verdenken? Seine Augen suchten nach dem Boris der Vergangenheit. Wo war der vor Kraft strotzende, durchtrainierte Tennisprofi, wo der gutgelaunte, immer zu Späßen aufgelegte Sunnyboy? In dieser und manchen anderen Situationen war ich es dann, der versuchte, den Besucher wieder aufzubauen, wenn er betroffen oder schluchzend an meinem Bett saß. »Ist nicht so schlimm«, sagte ich zu Frank. »Wird schon wieder werden.« Es waren die Worte, die eigentlich er sich für mich zurechtgelegt hatte. Er wollte mir glauben, aber er konnte nicht. Auch in seine Vorstellung eines Behinderten passte keine Erfolgsstory, keine Selbständigkeit, nicht mal ein bisschen Lebensfreude. Hatten mich die Ärzte zu selten mit meinem Zustand konfrontiert, zeigte mir jetzt die Reaktion dieser Besucher, wie ich mir meine Zukunft vorzustellen hatte. So wie später die Hemdenverkäuferin konfrontierten sie mich mit *ihrem* Bild eines Krüppels.

Trotzdem tröstete ich sie. Ich tröstete sie alle. Anderen helfen zu wollen, obwohl ich selbst am Boden lag, war mir nicht neu. Schon im Urwald von Mexiko hatte ich das Gefühl, die Gruppe und den wimmernden Reiseleiter beruhigen zu müssen. Damals hatte ich es nicht getan, sondern meine letzten Kräfte für mich selbst aufgespart. Im Nachhinein war das der erste Augenblick, an dem ich mir sagte: Konzentriere dich auf dich selbst. Du willst den anderen helfen, aber du hast jetzt nicht die Kraft dazu. Also lass es sein. Und: Konzentriere dich auf das, was da ist. Du bist ruhig. Lass die Angst der anderen nicht zu deiner Angst werden. Diese Entscheidungen liefen damals natürlich unbewusst ab. Erst später wurde mir klar, dass der Wunsch, anderen dabei zu helfen, sich selbst zu helfen, zu meiner eigentlichen Berufung werden sollte, und genauso bewusst ist mir heute, wenn ich meiner Arbeit als Coach nachgehe, dass ich andere immer nur dann unterstützen kann, wenn ich selbst stark genug dafür bin. Bin ich es nicht, zwinge ich mich, so lange die Klappe zu halten und an mir zu arbeiten, bis ich die nötigen Fähigkeiten erworben habe. Sie glauben gar nicht, wie oft ich schon Berater erlebt habe, die noch nicht so weit waren. Sie lehren, was sie selbst noch lernen müssen. Dabei ist es eine ganz einfache Weisheit: Jemand, der nicht schwimmen kann, wird niemals dazu in der Lage sein, einen Ertrinkenden zu retten. Zum Glück war mein Freund damals ein guter Schwimmer.

Auf dem Weg ins Krankenhaus war mir dieser Schutzmechanismus irgendwie abhanden gekommen. Bald tröstete ich andere, bis ich selbst völlig leer war. Ich therapierte meine Besucher geradezu. Sie kamen heulend herein und verließen das Krankenzimmer erst, wenn ich sie wieder zum Lachen gebracht hatte. Das schlaucht, sage ich Ihnen! Irgendwann fühlte ich mich ausgesaugt wie von einem Vampir. Es ging gar nichts mehr. Zum Glück habe ich es bemerkt und die Notbremse gezogen. Ich hatte die Schnauze voll und habe jeglichen Besuch verboten. Nachdem die kraftraubenden Tröstungsaktionen ein Ende hatten, lud sich mein Akku langsam wieder auf, und irgendwann war wieder genug Energie da, um mir endlich selbst zu helfen. Mein Geist befreite sich zunehmend und entwickelte einen gesunden Trotz gegen die Bevormundung, die ich so lange hatte über mich ergehen lassen.

Von nun an ließ ich nicht mehr zu, dass andere mir sagten, wozu ich in der Lage war und wozu nicht. Die Devise lautete jetzt: »Denen zeig ich's.« Meine auf diese Weise katalysierte Wut wurde zu einem starken Motor, aber ich hatte nicht vor, mich zu isolieren und ein Einzelkämpfer zu werden. Andere Menschen waren und sind mir überaus wichtig, und ich war tatsächlich dankbar für jede Hilfe. Aber zu helfen und zu bevormunden sind zwei Paar Schuhe. Damals im Krankenhaus lernte ich, meine Hilfsbedürftigkeit nicht als Schwäche zu empfinden, sondern die Hilfe, die mir angeboten wurde, zu lieben. Nachts waren meine Traurigkeit und die Verzweiflung manchmal so groß, dass ich nach der Schwester klingelte. Ich wollte nicht reden, sondern nur, dass jemand meine Hand hielt. Der alte Boris Grundl hätte darin wahrscheinlich eine Schwäche gesehen. Händchenhalten, das war etwas für Weicheier. Später verstand ich, dass die Fähigkeit, Hilfe annehmen zu können, eine Stärke ist.

Bis zu dieser Erkenntnis war es jedoch noch ein gutes Stück Weg. Erst einmal war ich trotzig und wollte alles alleine regeln. Immerhin hatte ich den Entschluss gefasst, mein Leben selbst in die Hand zu nehmen, und plötzlich waren da auch neue Wege, die ich gehen konnte und vorher gar nicht wahrgenommen hatte. Jemand sagte: »Für den Führerschein brauchst du mindestens noch zwei Jahre, wenn du raus bist aus dem Krankenhaus.« Ich machte den Führerschein innerhalb der ersten sieben Monate in der Klinik. Man riet mir, mein Studium abzubrechen – ich beendete als erster Rollstuhlfahrer Deutschlands das Studium der Sportwissenschaften. Und als man mich mit dem gängigen Klischee konfrontierte, Behinderte seien asexuell, fuhr ich mit meiner Freundin in ein schönes Hotel, um sie und mich vom Gegenteil zu überzeugen. Ihre Bestätigung für mich, ihren Liebhaber, war Balsam auf meiner erniedrigten Männerseele.

Für die anderen war diese Wandlung unvorstellbar. Dass ich widersprach und die Bedenken der anderen widerlegte, dass ich aus dem Rahmen fiel und die Rolle, die ich spielen sollte, nicht mehr akzeptierte, nahmen manche Menschen geradezu persönlich, sie hielten das für eine Frechheit. Ich empfand wiederum als Frechheit, dass man mir nichts zutraute. Ich befand mich in einer regelrechten Negativspirale, denn solange ich mich darüber ärgerte, war ich noch nicht frei. Solange ich wütend darüber war, wie man mich sah, ruhte ich nicht in mir.

Mein Entwicklungsprozess hatte zwar begonnen, aber zu weiten Teilen dachte ich noch immer so oberflächlich wie vor dem Unfall – Ausbildung, Beruf, Heirat, Doppelhaushälfte, zwei Kinder, zwei Haustiere, zwei Autos, Drei-Millimeter-Rasen. Aber eines Tages stieß ich auf eine Geschichte, die alles verändern sollte; mit ihrer Hilfe fand ich meine Mitte. Ich stand mit meinem Rollstuhl im Krankenhausgang, war gerade fertig mit der Ergotherapie, aber für die Sporthalle noch etwas früh dran, also vertrieb ich mir die Zeit mit Lesen, ich las viel in dieser Zeit. Ich weiß nicht mehr genau, woher die Geschichte stammte; aus einer Zeitschrift vielleicht oder aus einem Buch mit Kurzgeschichten? Jedenfalls hielt ich sie plötzlich in den Fingern, die *Chinesische Parabel*. Es war eine Offenbarung!

Ein alter Mann mit Namen Chunglang, das heißt »Meister Felsen«, besaß ein kleines Gut in den Bergen. Eines Tages begab es sich, dass er eines von seinen Pferden verlor. Da kamen die Nachbarn, um ihm zu diesem Unglück ihr Beileid zu bezeugen.

Der Alte aber fragte: »Woher wollt ihr wissen, dass das ein Unglück ist?« Und siehe da: Einige Tage darauf kam das Pferd wieder und brachte eine ganze Herde Wildpferde mit. Wiederum erschienen die Nachbarn und wollten ihm zu diesem Glücksfall ihre Glückwünsche überbringen.

Der Alte vom Berge aber versetzte: »Woher wollt ihr wissen, dass es ein Glücksfall ist?« Seit nun so viele Pferde zur Verfügung standen, begann der Sohn des Alten eine Neigung zum Reiten zu fassen. Und eines Tages brach er sich das Bein. Da kamen sie wieder, die Nachbarn, um ihr Beileid zum Ausdruck zu bringen. Und abermals sprach der Alte zu ihnen: »Woher wollt ihr wissen, dass dies ein Unglücksfall ist?«

Im Jahr darauf erschien die Kommission der »Langen Latten« in den Bergen, um kräftige Männer für den Stiefeldienst des Kaisers und als Sänftenträger zu holen. Den Sohn des Alten, der noch immer seinen Beinschaden hatte, nahmen sie nicht. Chunglang musste lächeln.

Und mir liefen nach der Geschichte erstmal die Tränen über das Gesicht. Ich hatte nicht gleich alles durchdrungen, aber das Wichtigste hatte ich verstanden: Es ging nicht darum, mich aus Trotz anzustrengen, nur um den anderen eins auszuwischen. Es ging um viel mehr, nämlich darum, mein Leben in die eigenen Hände zu nehmen und es aus mir heraus – aus meinem Daumen heraus – zu bestimmen, aber ohne Wut und Bitterkeit und ohne mich und mein Schicksal zu betrauern. Alles, auch mein Unfall, hatte seinen Sinn, auch wenn ich manches vielleicht noch nicht bis in die letzte Konsequenz begriffen hatte. Ich fasste einen Entschluss: Ich wollte genauso denken wie Chunglang. Weder würde ich bewerten, was geschehen war, noch mich bewerten lassen. Mein Vorsatz: Es geht nicht darum, was dir im Leben passiert, sondern was du daraus machst! Die Parabel war ein weiterer Durchbruch. Ohne diese Geschichte würde es auch dieses Buch nicht geben, sie ist zu einer Art Boris-Grundl-Leitbild geworden. Wenn mir heute Menschen sagen: »Herr Grundl, wie Sie das alles schaffen, ist super!«, muss ich lächeln und frage sie manchmal: »Woher wollen Sie das wissen?«

Es geht nicht darum, was dir im Leben passiert, sondern was du daraus machst!

Es ist nicht immer einfach, sich von der Bewertung anderer frei zu machen. Und noch schwieriger ist es, sich selbst dazu zu bringen, andere so sein zu lassen, wie sie sind. Wir meinen, sogar – oder gerade – unsere Freunde umerziehen zu müssen. Mit der Familie ist es oft noch extremer. Brüder, Schwestern, Eltern, Kinder und vor allem den Lebenspartner kennen wir so gut, dass wir manchmal vergessen, ihnen mit Respekt zu begegnen – und zwar so, wie sie sind. Auch am Arbeitsplatz herrscht Schubladendenken; je ähnlicher uns jemand ist, desto toleranter sind wir. Scheint jemand ganz anders zu sein, ist die Schublade schneller zu, als wir gucken können. Am liebsten wollen wir diesen Menschen dann nach unseren Vorstellungen verändern.

Ich will Ihnen dazu eine Geschichte erzählen: Nehmen wir an, ein Produktmanager namens Michael arbeitet für ein Unternehmen, das Espressovollautomaten nach Asien verkauft. Seine Karriere steht an erster Stelle, seine Familie kommt gleich danach – aber eben erst danach. Michael hat einen jungen, ehrgeizigen und auch kompetenten Mitarbeiter, nennen wir ihn Thomas. Thomas hat andere Wertmaßstäbe als Michael. Für ihn steht seine Familie – seine kleine Tochter Klara und sein Sohn Jonas – an erster Stelle, dann erst kommt der Beruf. Das heißt nicht, dass Thomas nicht genauso tüchtig ist wie die anderen guten Mitarbeiter. Er liebt seinen Job, und er ist sehr gut organisiert. Oft beginnt er morgens schon zwei Stunden früher mit der Arbeit, damit er abends noch seine Kinder sehen kann, und er schließt seine Projekte immer pünktlich ab.

Als es darum geht, mit Thomas zusammen eine Imagebroschüre für die neueste Espressomaschine zu entwickeln, stellt sich Michael nicht auf seinen Mitarbeiter ein. Ihm ist der Job wichtig, also arbeitet er in der heißen Phase auch schon mal am Wochenende. Man könnte es auch so ausdrücken: Er fängt erst so spät an, dass er die Wochenenden auf jeden Fall braucht, um fertig zu werden. Und Thomas? Der flucht innerlich: »Warum hat Michael die ganze Aktion nicht schon mal vorbereitet? Ich hätte mit der Broschüre doch schon anfangen können. Dann hätten wir jetzt beide an den Wochenenden frei. Klar, ich arbeite auch mal am Wochenende, wenn's sein muss. Aber das geht jetzt schon seit sechs Wochen so!« Michael wäre nie in den Sinn gekommen, etwas zu ändern, denn dazu hätte er sich in seinen Mitarbeiter hineinversetzen müssen. Wieso denn auch? Er ist der Chef, er setzt die Maßstäbe. Basta!

Drei Monate später: Michael findet Thomas' Kündigung auf seinem Schreibtisch und versteht nur Bahnhof. Thomas hätte natürlich bleiben, mit seinem Chef sprechen oder die Sache einfach aussitzen können. Michael ist schon 60, die paar Jährchen hätte Thomas doch auf der linken Pobacke abgesessen. Oder etwa nicht? Ich meine, es ist egal, wofür Thomas sich entscheidet. Es kommt nicht darauf an, ob er bleibt oder die Firma verlässt. Wichtiger ist: Was er auch tut, er sollte sich nicht von seiner Haltung abbringen lassen. Das gilt für Sie genauso. Halten Sie an Ihrem Weg fest. Konzentrieren Sie sich auf Werte, die Ihnen wichtig sind, so wie Thomas seine Kinder an die erste Stelle gesetzt hat. Ich weiß aus eigener Erfahrung, dass das nicht leicht ist. Oft stößt man auf Widerstände, aber sich für etwas anzustrengen, woran man glaubt, ist allemal besser, als mit einer Lüge zu leben. Wenn eine Situation auch zunächst schwer zu ertragen ist, sollten Sie sich wie Chunglang immer wieder vergegenwärtigen, dass das Ganze einen Sinn haben wird. Wer weiß, vielleicht will Michael seinen Top-Mitarbeiter gar nicht gehen lassen und gibt Thomas die Gelegenheit, seinen Standpunkt klarzumachen. Vielleicht trifft Thomas in seinem nächsten Job auf einen verständnisvolleren Chef. Vielleicht macht er sich selbständig und wird sein eigener Herr. Sicher ist nur, dass es ein langsamer Prozess ist; aber wenn Sie den Dingen selbst einen Sinn geben, wird man Ihnen irgendwann Ihre innere Freiheit zugestehen und Sie dafür sogar respektieren.

Und nun fragen Sie mich noch einmal: War es nun gut oder schlecht, was mir widerfahren ist? Stimmt, gut aufgepasst: Das ist *meine* Sache. Ich kann zwar nicht verhindern, dass andere sich ein Bild von mir machen, aber ich entscheide, ob ich diesem Bild entsprechen will. Was immer Ihnen im Leben passiert: Sie können dem Erlebten stets eine eigene Bedeutung verleihen. Was andere sagen, spielt keine Rolle! Die eigenständige Interpretation gibt Kraft, und das gilt jeden Tag aufs Neue – auch für Kleinigkeiten. Wenn Ihnen also das nächste Mal jemand sagt, etwas sei dumm gelaufen – versuchen Sie es einfach mal und fragen Sie: »Woher wollen Sie das wissen?«

Ziele führen zu Ergebnissen – aber was traust du dir zu?

*Tu erst das Notwendige, dann das Mögliche,
und plötzlich schaffst du das Unmögliche.*
Franz von Assisi

Haben Sie sich schon einmal etwas so sehr gewünscht, dass allein der Gedanke daran Ihrem Herzen einen Stich versetzt hat? Mein sehnlichster Wunsch und gleichzeitig mein größtes Ziel nach dem Unfall war es, selbstbestimmt und in einer eigenen Wohnung leben zu können. Meine Familie unterstütze mich dabei sehr, allen voran meine Mutter. Sie besuchte mich täglich in der Klinik, und mit einer schier unglaublichen Energie versuchte sie, mir bei meinen Plänen zu helfen, egal, wie unrealistisch meine Vorhaben ihr auch schienen. Dass nicht alle Personen aus meinem Umfeld mich in meinen Wünschen bestärkten, war eine andere Sache, ich habe Ihnen bereits davon erzählt. Mit meinem Ziel hatte ich die Latte ziemlich hoch gehängt. Klar, ich war ein Kämpfer und hatte im Krankenhaus schon massenhaft Hürden überwunden – äußere wie innere. Um mich auf ein selbständiges Leben vorzubereiten, musste ich täglich hart an mir arbeiten. Ich hatte meine Muskulatur fit gemacht, konnte meine Blase und meinen Verdauungstrakt kontrollieren, war psychisch stabil – und aus meiner Sicht bereit für ein »Leben in Freiheit«. Meine Trainer schienen mir das zu bestätigen. Dafür, dass der Unfall erst acht Monate zurücklag, sei ich schon sehr weit, sagten sie. »Das machst du toll, Boris«, riefen mir die Pfleger zu, wenn ich mit meinem Rollstuhl geschmeidig durch die Krankenhausgänge cruiste, als säße ich in einem Ferrari. Ich war wieder ein richtiger Sunnyboy, fühlte mich sicher und stark. Aber ich wusste: Um mein Leben in den Griff zu kriegen, musste ich die Krankenhausgegenwart gegen eine Zukunft außerhalb der Klinik eintauschen – und mich dem stellen, was mich da draußen erwartete.

Ich ging nach Köln zurück, wo ich mein Studium beenden wollte. Die Wohnungssuche war eine Odyssee, weil der Wohnungsmarkt damals total überlaufen war, aber darauf hatte ich mich eingestellt. Ganz und gar nicht vorbereitet war ich auf den himmelweiten Unterschied zwischen »drinnen« und »draußen«. Ich hatte die naive Vorstellung gehabt, nach der Klinik genauso weitermachen zu können wie zuvor. Während ich mich im Krankenhaus mit der gefühlten Schwerelosigkeit eines Astronauten im Weltall bewegt hatte, kam mir diese Leichtigkeit in der wirklichen Welt schnell abhanden. Mir fehlte die vertraute Umgebung. Drinnen kannte ich jeden Winkel, und außerdem gab es in der Klinik überall breite Flure, Fahrstühle, Rampen und elektrische Türen – und Hilfe auf Knopfdruck, wenn ich doch mal nicht allein zurechtkam. Auch die Menschen aus der Klinik fehlten mir. Mit ihnen war ich unbeschwert umgegangen, sie kannten mich und meine Geschichte, und ich musste nicht immer erst alles erklären.

Draußen fühlte ich mich wie ein Kaninchen auf einer weiten, baum- und strauchlosen Wiese, dem Raubvogel schutzlos ausgeliefert – immer bereit zur Flucht, horcht es ständig auf und macht hektische Bewegungen, um seine Umgebung zu prüfen. Das Kaninchen muss sich entscheiden: Wenn es den saftigen Klee will, muss es den sicheren Wald verlassen. Ich fühlte mich von der Außenwelt bedroht; nicht so sehr von den unzähligen Barrieren, die es für Rollstuhlfahrer in freier Wildbahn gab. Die nahm ich noch sportlich, schließlich war ich ein Spitzenathlet. Nein, es waren vor allem die fremden Menschen, die mir Angst machten und deren Gegenwart mich so sehr anstrengte. Plötzlich wurde ich wieder täglich mit dem Bild konfrontiert, das andere von mir hatten. Zwar kannte ich dieses Gefühl schon von den Krankenhausbesuchern, aber in der Klinik genoss ich in gewisser Weise Heimvorteil. Hier war ein Rollstuhlfahrer nichts

Ungewöhnliches, außerdem musste ich keinen Besuch empfangen, wenn ich nicht wollte. Und auf jede quälende Konfrontation folgte meist ein verständnisvolles Wort vom Pflegepersonal oder ein Trainingserfolg, der mich die Begegnungen nicht verdrängen, sondern verarbeiten ließ.

Das Leben draußen brachte mich an die Grenzen meiner psychischen Belastbarkeit. Eine Schlüsselszene: Kurz nachdem ich in meine neue Wohnung gezogen war, wollte ich einkaufen – theoretisch kein Problem. Die Infrastruktur um meinen Wohnblock herum war optimal, der nächste Supermarkt nur etwa 300 Meter entfernt. Mit Einkaufskorb und Geldbeutel bewaffnet machte ich mich auf den Weg. Ich nahm den Fahrstuhl nach unten, dann stand ich auf der Straße. So weit, so gut. Ich rollte los und – willkommen in der Welt der Fußgänger! Lassen wir die Huckel, Schlaglöcher und nicht abgesenkten Bordsteinkanten mal beiseite. Wie gesagt, ich nahm das Ganze sportlich. Eine echte Herausforderung stellte der Gehweg dar, der vollständig schräg angelegt war, damit das Regenwasser besser ablaufen konnte. Das bedeutete für mich, den ganzen Weg nur mit einer Hand zu fahren. Stellen Sie sich vor, Sie müssten auf einem Bein zum Supermarkt hüpfen. Als ich endlich ankam, war ich psychisch ziemlich angeschlagen und körperlich fast am Ende. Aber die größte Anstrengung stand mir erst noch bevor: Das Einkaufen sollte zu einer knallharten Bewährungsprobe werden. Meine größte Angst war es, dem Bild des unselbständigen Behinderten zu entsprechen, das wildfremde Menschen, die mir im Supermarkt begegneten, vielleicht von mir hatten. Jetzt also bloß keine Schwäche zeigen! Ich setzte mich wahnsinnig unter Druck, wollte stark wirken – und gleichzeitig lässig. Aber als ich vor den meterhohen Regalen stand, strahlte ich das komplette Gegenteil aus.

Natürlich würde ich heute in einer solchen Situation um Hilfe fragen. Auf dem Weg zum Rugby-Training habe ich mal in einer düsteren Seitenstraße in der Nähe der Kölnarena parken müssen, in der eine Gruppe Skinheads herumstand. Eine

Situation, in der man eigentlich eher die Autotür von innen verriegelt. Trotzdem überlegte ich nicht lange und bat sie einfach, mir zu helfen. Sie haben sich vor Hilfsbereitschaft überschlagen, luden meinen Rollstuhl aus, eskortierten mich zur Sporthalle und holten mich nach dem Training wieder ab, um mir beim Einsteigen zu helfen. Die Menschen denken, sie tun etwas für mich – und das tun sie auch. Aber gleichzeitig haben sie auch selbst ein gutes Gefühl dabei. Ja, es tut gut, gebraucht und geschätzt zu werden – auch wenn man ein Skinhead ist.

Damals, beim Einkaufen, wusste ich nichts von alledem, und es wäre mir wohl auch egal gewesen. Ich brachte es nicht über mich, um Hilfe zu bitten. Mir war hundeelend zumute, doch das sollte niemand mitbekommen. Die Genugtuung gönne ich euch nicht, dachte ich. Stattdessen kämpfte ich so verzweifelt gegen die Bilder an, die von außen auf mich projiziert wurden, dass genau das geschah, was in einer solchen Situation geschehen musste: Als ich an der Kasse stand und bezahlen wollte, fiel mein Portemonnaie herunter. Mit ohrenbetäubendem Klimpern – so kam es mir jedenfalls vor – sprangen die Geldstücke in alle Richtungen davon. Beim Versuch, nach dem Geldbeutel zu greifen, stieß ich auch noch meinen Einkaufskorb vom Schoß. Der gesamte Inhalt verteilte sich in einem Umkreis von drei Metern um mich herum auf dem Fußboden und mischte sich mit dem Kleingeld. Aus dem Augenwinkel sah ich nun aus allen Richtungen Leute auf mich zuströmen, um mir zu helfen – ein Albtraum! Genau das hatte ich vermeiden wollen: nur nicht im Mittelpunkt stehen, nur keine Extrahilfe in Anspruch nehmen. Ich wollte einfach nur einkaufen, unauffällig und normal wie alle anderen. So wie ich mir nichts mehr gewünscht hatte, als alleine zu leben, so wünschte ich mir an diesem Tag nichts sehnlicher als ein Loch im Boden, in dem ich verschwinden konnte.

Es dauerte eine Weile, bis ich verstand. Meine Trainer hatten Recht gehabt: Für meine Lähmungshöhe war ich in ausgesprochen guter Verfassung. Aber ich hatte nicht damit gerechnet, dass mich mein Selbstvertrauen in der neuen Umgebung im Stich lassen könnte. Weil das Krankenhaus Routine und Sicherheit bedeutete, hatte ich mich dort geborgen gefühlt wie ein Kind, das noch bei seinen Eltern wohnt und sich stark und selbstsicher vorkommt. Nun war ich quasi zum zweiten Mal »von zu Hause« ausgezogen und musste mich um all das kümmern, was mir in der Klinik auf einem Silbertablett präsentiert worden war. Dazu strömten Millionen Eindrücke auf mich ein, was ungeheuer anstrengend war. Ich kam mir vor wie ein Katzenjunges, das nur drei Minuten im Garten auf Entdeckungstour geht und danach ganze drei Stunden schläft, um sich von seinem Abenteuer zu erholen. So unbeschwert ich mich in der Klinik bewegt hatte, so müde machte mich meine neue Welt. Natürlich war nicht alles neu, bis zum Unfall hatte ich ja in eben dieser Welt gelebt. Aber jetzt war ich kein Fußgänger mehr; dass ich diesen Unterschied so sehr spüren würde, hatte ich nicht glauben wollen. Denn ich war ja immer noch Boris Grundl. Nur saß ich jetzt im Rollstuhl. Das hatte ich im Krankenhaus manchmal fast vergessen können.

Denn ich war ja immer noch Boris Grundl.

Ich hatte mir ein hohes Ziel gesetzt, was prinzipiell in Ordnung war, aber mit meinem Entschluss, von jetzt auf gleich allein zu leben, machte ich es mir auch nicht gerade leicht. Normalerweise wächst unser Selbstvertrauen mit jedem kleinen Schritt, den wir schaffen. Allerdings funktioniert das besser, wenn man sich anfangs ein Ziel sucht, das dem eigenen Selbstvertrauen entspricht. Ziele sind wichtig, aber nicht umsonst habe ich dieses Kapitel auch mit einer Frage überschrieben: Was traust du dir zu? Wer die Latte zu hoch hängt und nur noch darunter durchstolpert, kommt auf Dauer nicht weiter. Im Gegenteil, es schadet dem Selbstvertrauen eher. Mein Traumziel von einem selbstbestimmten Leben war machbar, aber ein riesiger Schritt. Es sollte noch ungefähr zwei Jahre dauern, bis ich mich draußen so sicher fühlen würde wie drinnen.

Es lag also nicht an meinem hochgesteckten Ziel, dass ich zu Anfang sehr angreifbar war, sondern an meinem mangelnden Selbstvertrauen. Ich musste lernen, dass man den Schwierigkeitsgrad eines Zieles durchaus unterschiedlich empfinden kann. Unser Selbstvertrauen ist von Situation zu Situation mal stärker und mal schwächer ausgeprägt. Sie wissen, was ich meine, oder? Ein Mathegenie beispielsweise kann komplexe Gleichungen herleiten, aber große Angst davor haben, im offenen Meer zu baden. Ein Dressurreiter kommuniziert mit seinem Tier wie der Pferdeflüsterer, aber im Kreise seiner Artgenossen kriegt er den Mund nicht auf. Und der Rollstuhlkönig aus dem Krankenhaus kriegt draußen seinen Einkauf nicht geregelt, weil ihn das neue Umfeld erst einmal total verunsichert.

Wenn Sie verstanden haben, dass man Ziele am wirkungsvollsten Schritt für Schritt und gemäß seinem Selbstvertrauen erreicht, dann haben Sie schon mehr begriffen als ich damals. Ihr Selbstvertrauen wächst mit jedem erreichten Ziel, und Ihre Ziele werden größer und größer. Das ist ein unerschöpflicher Prozess, den Sie gar nicht verhindern können und hinter dem eine sehr einfache und wirkungsvolle Formel steckt, die ich auch meinen Trainees beibringe, bevor sie sich ein Ziel vornehmen:

Ziele x Selbstvertrauen = Motivation

Klingt logisch, oder? Es ist die Grundformel der Motivation. Damit können Sie Ziele erreichen, ganz ohne über glühende Kohlen zu laufen oder »Tschaka Tschaka« zu schreien. Und einleuchtend ist auch Folgendes: Es ist durchaus möglich, ein starkes Selbstvertrauen, das Sie aufgrund einer bestimmten Fähigkeit haben, auf eine neue Situation zu übertragen. Für den Dressurreiter hieße das: »Ich kann mit jedem Gaul quatschen, da werde ich es auch fertigbringen, mich in der Sprache meiner eigenen Spezies zu äußern.« Sie können sich diese Transformation sogar bewusst machen und aktiv steuern. Ich fühlte mich anfangs in der Klinik alles andere als voller Selbstvertrauen. Aber was meinen Sie, was das für ein Gefühl war, als sich meine

Krankengymnastin in mich verliebte und meine damalige Freundin eifersüchtig war? Wenn auch nicht bewusst, dachte ich sicher in der einen oder anderen Situation: »Na, wenn es gleich zwei Frauen gibt, die mich sehen und darüber den Rollstuhl zu vergessen scheinen, dann schaffst du das hier auch!«

Ganz extrem spürte ich diese Art der Übertragung, als ich gerade meinen Abschluss in Sportwissenschaft machte und erfuhr, dass meine damalige Freundin – ja genau, die Krankengymnastin – schwanger war. Die Chance für mich, auf natürliche Weise Papa zu werden, lag bei einem Prozent. Zum Glück wusste ich das vorher nicht. Welches Geschenk die Geburt meiner Tochter war und was das für mein Selbstvertrauen als Mann bedeutete – unvorstellbar.

In Köln wurde ich damals mit einer völlig neuen Situation konfrontiert. Mein Klinik-Selbstvertrauen schien mir zunächst gar nicht mehr zu helfen. Was konnte ich tun? Wie sollte ich es jemals schaffen, mein Ziel zu erreichen? Kleine Schritte, klar, aber wenn erst mal gar nichts klappt, ist man schnell versucht zu sagen: »Das schaffe ich nie!« Da war ich keine Ausnahme. Wenn mir heute jemand damit kommt, rufe ich sofort: »Stopp! Nie gibt es nicht!« Never say never, wie es James Bond ausdrücken würde. Wenn Sie versuchen, ein Ziel zu erreichen, und scheitern, heißt das immer, dass etwas *noch* nicht oder *so* nicht klappt, wie Sie es gerade versuchen. Aber es bedeutet nie, dass es nie klappen wird. Machen Sie einen kleinen Schritt und reflektieren Sie, was geschieht. Fragen Sie sich, warum etwas funktioniert oder warum nicht. Für meine damalige Situation bedeutete das: Ich musste an mir arbeiten. Meine Kommunikation mit Fremden klappte entweder *so* nicht oder *noch* nicht – wahrscheinlich beides, also musste ich sie ganz neu erlernen. Und dafür war es notwendig, meine Reaktion im Supermarkt zu analysieren.

Um Hilfe zu bitten empfand ich als lästige Pflicht und als ein Eingeständnis von Schwäche. Ich musste damals erst wieder üben, auf fremde Menschen zu reagieren – und das so oft wie möglich. Supermarkt statt Pizza-Service! Ich fand heraus, dass es mein damaliger Zustand war, der ihre Blicke provoziert hatte. Je stärker ich zu sein vorgab, umso verzweifelter hatte ich gewirkt. Und so, wie meine alles andere als stimmige Ausstrahlung die Reaktion der Menschen negativ beeinflusst hatte, merkte ich nach und nach, dass ich auf das Ganze auch positiv einwirken konnte: »Guck mal, wie unabhängig der wirkt, und trotzdem hat er kein Problem damit, um Hilfe zu bitten, wenn er etwas aus dem obersten Regal haben möchte.« Durch mein Auftreten änderte sich die Einstellung der Menschen. Das kennen Sie sicher auch: Sie merken, dass die Verkäuferin beim Bäcker schlechte Laune hat, und lächeln sie deshalb erst recht an, und in 90 Prozent der Fälle wird sie zurücklächeln. Aber das Beste war damals, dass mir die Blicke irgendwann gar nicht mehr auffielen. Mein Leben im Rollstuhl war zur Routine geworden, und das half den anderen, ebenfalls routiniert mit mir umzugehen. Ich war in der Normalität angekommen.

Und noch etwas wurde mir im Nachhinein klar: Der erste Impuls, in einer Spalte im Erdboden verschwinden zu wollen, war damals eine von zwei möglichen, aber unnützen Reaktionen auf den Vorfall – Flucht! Das ist der erste Gedanke, wenn es brenzlig wird, und darin unterscheiden wir Menschen uns nicht sehr von Kaninchen. Zu fliehen scheint für einen Moment viel einfacher, als die Reaktion des Umfelds auszuhalten. Die Alternative zur Flucht heißt Angriff – der Außenwelt den Kampf ansagen. Auch dieses Verhalten scheint auf den ersten Blick leichter zu sein, als an sich selbst zu arbeiten, getreu dem Motto: Schuld sind immer die anderen! Ich kenne ein paar selbsternannte »Oberbehinderte«, bei denen der Kampf gegen eine diskriminierende Umwelt zur Lebensaufgabe wurde. Ein Kampf gegen Windmühlen, finde ich! Es gibt so viele Stehcafés und Treppenstufen auf der Welt, durch die ich mich als Rollstuhlfahrer diskriminiert fühlen kann; würde ich immer dagegen ankämpfen, hätte ich keine Zeit mehr für die schönen Momente des Lebens. Vor allem aber bin ich immer davor zurückgeschreckt, meine Rechte moralisch oder auf juristischem Wege einzufordern, weil es nicht meiner inneren Stärke entspricht. Ich könnte mich damit natürlich hervorragend von meinen eigenen Problemen ablenken. Aber vor unausweichlichen Konfrontationen zu fliehen oder die eigenen Schwächen zu verdrängen, indem man die Verantwortung anderen in die Schuhe schiebt, sind zwei Einbahnstraßen, die in die Unfreiheit führen. Bei mir könnte der Rollstuhl die willkommene Ausrede sein, um nicht an mir arbeiten zu müssen, bei Ihnen vielleicht das Geschlecht, die Religion, der cholerische Chef, das Umfeld oder Ihre schlimme Kindheit – auf solche Ausreden komme ich noch zu sprechen.

Jetzt sagen Sie wahrscheinlich, dass sich das alles theoretisch ganz toll anhört: Etappenziele, kleine Schritte, die das Selbstvertrauen fördern. Aber letztendlich wird jemand mit wenig Selbstvertrauen doch ängstlich bleiben, es sei denn, er hatte schon immer so eine Veranlagung wie der Grundl – oder einfach Glück. Richtig? Falsch! Natürlich wird sich nichts verändern, wenn Sie die Situation, in der Sie gerade stecken, nicht anerkennen. Sie müssen sie schon voll und ganz annehmen. Der Daumen, Sie erinnern sich? Aber jeder, wirklich jeder, der sich bewusst macht, was schiefläuft, kann daraus lernen und dann wieder einen kleinen Schritt weitergehen, und das hat nichts mit Veranlagung oder Glück zu tun. Selbstvertrauen kann man üben, es ist kein Talent, und man gewinnt es auch nicht im Lotto!

Ich habe nie gesagt, es sei leicht. Aber je mehr Sie sich als Gestalter einer gewünschten Situation erleben, desto stärker wächst Ihr Selbstvertrauen. Um Ihnen zu zeigen, wie klein die Schritte manchmal sind, die wir machen müssen – und wie groß das Ziel am Ende trotzdem sein kann –, will ich Ihnen noch eine andere Geschichte erzählen: Ich wollte alleine wohnen und unabhängig sein. Jetzt höre ich meine Leser sagen: »Ja, ja, das habe ich jetzt verstanden, Herr Grundl! Warum auch nicht? Ist doch auch Ihr gutes Recht!« Das stimmt, aber für mich war das komplizierter, als es sich für Sie anhört. Da war zum Beispiel das Sockenproblem. Ich brauchte am Anfang 20 Minuten, um mir eine Socke anzuziehen. Rechnen Sie das mal hoch! Das sind 40 Minuten für beide Socken. Insgesamt habe ich zum Anziehen vier Stunden gebraucht, und zum Ausziehen noch mal vier Stunden. Ich konnte mich also in acht Stunden an- und ausziehen. Na super! Andere haben in der Zeit einen ganzen Arbeitstag hinter sich gebracht und gehen schon wieder nach Hause. Verstehen Sie jetzt? Das war meine damalige Realität. Und jetzt sage noch mal jemand, Selbstvertrauen wäre eine Typfrage!

20 Minuten – nach dieser Anstrengung reichte mein Selbstvertrauen kaum für die zweite Socke, aber ich wollte nicht Sozialhilfeempfänger bleiben und mich den lieben langen Tag nur mit Socken, Reißverschlüssen und Knöpfen beschäftigen. Ich plante, mein Studium abzuschließen, ich wollte einen Job! Und so viel war mir klar: Ohne Socken keine Selbständigkeit und ohne Selbständigkeit kein Job. Also nahm ich mir vor, schneller zu werden. Mein Ziel: zehn Minuten für eine Socke. Ein erster Schritt, ein erstes, kleines Ziel – ohne Ziele schwache Ergebnisse. Und das traute ich mir zu! Das Tolle war: Es funktionierte. Durch jedes erreichte Ziel schuf ich Tatsachen. Ich, Boris Grundl, und niemand sonst, war der Erschaffer dieser neuen Socken-Realität. Was für ein Kick für mein Selbstvertrauen! Und so ging es dann weiter, von einer Socke zur nächsten – auch im übertragenen Sinne. Dafür musste ich mich immer wieder aufs Neue mit dem jeweils nächsten Zustand befassen und ihn annehmen; nicht um darin zu verharren, sondern um zu reflektieren, woran ich noch arbeiten musste, oder um zu erkennen, was ich schon besser konnte. Ob Socken, Muskeltraining, alleine wohnen, Studium oder Jobsuche – Schritt für Schritt kam ich voran, und Schritt für Schritt wuchs mein Selbstvertrauen.

Natürlich müssen Sie überhaupt erst einmal einen ersten Schritt machen. Klar, am liebsten sitzen wir zu Hause und warten darauf, dass das Ziel an die Tür klopft, aber Sie wissen so gut wie ich: Das passiert nicht. Überwinden Sie also Ihre inneren Widerstände und werden Sie erwachsen, statt rumzunörgeln und sich lange bitten zu lassen. Machen Sie den ersten Schritt und übernehmen Sie auch die Verantwortung dafür, wo Sie im Leben stehen. Wenn ich darauf gewartet hätte, dass mich jemand abholt, hätte ich mein Studium nie beendet. Meine Dozenten haben nicht vor meiner Tür gestanden, aber als ich zu ihnen kam und sagte, ich sei trotzdem entschlossen, den Abschluss zu machen, haben sie mich unterstützt.

Warum zögern die meisten Menschen überhaupt so lange? Vor allem doch, weil sie befürchten, der erste Schritt könnte falsch sein. Mit der Entscheidung für einen Weg könnten sie sich ja einen anderen verbauen. Das ist ein Dilemma, das Jugendliche heute oft empfinden: Nach dem Schulabschuss leiden sie unter den schier unbegrenzten Möglichkeiten. Es erscheint ihnen fast unmöglich, den idealen Job herauszufiltern. Also sagen sie: »Ich reise erst mal ein Jahr durch die Welt, um den Kopf freizukriegen.« Entschuldigung, aber das ist doch gequirlte Scheiße hoch zehn! Ich gönne jedem seine Auslandserfahrung, wenn sie zielgerichtet ist, etwa um eine Sprache zu lernen. Aber dass man beim Reisen seine Berufung findet, halte ich für eine Illusion. Wenn diese jungen Erwachsenen nach einem Jahr wiederkommen, haben sie doch nicht weniger Ideen im Kopf, sondern mehr. Die Reise ist nur eine Flucht vor den anstehenden Entscheidungen und vor der Verantwortung, die die Kids plötzlich für ihr Leben übernehmen sollen. Wie Sie wissen, habe ich am eigenen Leib erfahren, dass es nicht leicht ist, sich mit einer ungewissen Zukunft zu konfrontieren. Deshalb ist folgender Rat ganz liebevoll ernstgemeint: Nehmt das nächste Ziel, das ihr klar erkennen könnt, und legt los! Natürlich könnt ihr nicht wissen, ob der gleiche Job mit 50 noch genauso viel Spaß macht wie mit 20 Jahren. Das ist sogar eher unwahrscheinlich, da ihr euch hoffentlich weiterentwickelt. Aber das sollte niemanden davon abschrecken, überhaupt anzufangen.

Ein Mensch findet sich, während er auf dem Weg ist. Ein Mensch findet sich, während er auf dem Weg ist. Seine Fähigkeiten erprobt man nicht in der Garage. Und es ist auch in Ordnung, wenn man vorher nicht über jedes Detail Bescheid weiß. Ich war damals naiv genug, etwas zu probieren, von dem ich keine Ahnung hatte, ob es auch wirklich klappen würde. Ohne ein bisschen Risikofreude wäre ich jetzt nicht da, wo ich heute bin.

Sie können jetzt erwidern: »Der Grundl hat leicht reden. So viele Möglichkeiten hat der ja auch nicht.« Stimmt! Und? Heule ich deswegen? Natürlich ist es von außen betrachtet eine harte Schule, wenn man bedenkt, dass Sie etwa 30 Wege zur Auswahl haben, wenn Sie durch eine Stadt gehen, und ich vielleicht nur einen. Aber gerade diese Reduktion der unbegrenzten Möglichkeiten hat ihre Vorteile: Während sich mancher noch mit einer Entscheidung herumquält, bin ich längst unterwegs. Und einen weiteren entscheidenden Vorteil hat das Ganze: Dadurch, dass ich immer versuche, mit meinem Geist bei mir zu bleiben, und mich auf das konzentriere, was da ist, bin ich für diesen einen Weg zutiefst dankbar.

Dankbarkeit ist heutzutage – neben Entschlusskraft – eher eine Seltenheit. Wir nehmen alles, was wir haben, als selbstverständlich hin und nörgeln stattdessen nur über das, was wir nicht haben. Eltern erwarten selbstverständlich, dass sich die Lehrer um die Erziehung ihrer Kinder kümmern. Wie ignorant! Der Arbeitnehmer, der seit neun Jahren in der Firma ist, nimmt seinen Job als selbstverständlich. Er denkt, er brauche keine Fortbildungen, er habe automatisch ein Anrecht auf die Stelle. Wie arrogant! Und der Großteil der Gesellschaft erwartet, dass sich der Staat um alles kümmert, und glaubt, dass Wohlstand etwas Selbstverständliches ist. Wie naiv! Kaum einer ist dankbar für die vorhandene Infrastruktur – für gute Straßen, für die Müllabfuhr oder den öffentlichen Personennahverkehr. Aber wenn gestreikt wird, dann ist Alarm! Ich zahle gerne meine Steuern für gute Straßen und Wege und freue mich jeden Tag darüber, wenn ich mit dem Auto oder als Rollstuhlfahrer unterwegs bin. Ja, ich denke tatsächlich, dass sich durch den Unfall meine Sicht auf die Dinge verändert hat. Ich sehe wieder, wofür ich dankbar sein kann. Wir leben im Paradies. Ja, das meine ich ernst. Uns fehlt nur allzu oft die Fähigkeit, das zu erkennen.

Komischerweise stellte ich mir damals nie die Frage, wie der nächste Schritt aussehen würde. Im Nachhinein ist mir aufgefallen, dass es wirklich immer um den nächstliegenden Schritt ging, im Sinne von *nahe liegend*, nicht um irgendein abwegiges Ziel. Das Thema meiner Diplomarbeit war beispielsweise absolut naheliegend: Ich habe über Rollstuhltennis geschrieben. Für Tennis war ich *der* Experte, und mit dem Rollstuhl musste ich mich sowieso auseinandersetzen. Was also wäre einleuchtender gewesen, als über das Rollstuhltennis-Masters in Eindhoven zu schreiben? Auch als ich überlegte, was ich beruflich machen konnte, lag die Entscheidung plötzlich auf der Hand: Nach einem Vortrag über Rollstühle in einer Firma, die Medizinprodukte herstellt, wurde ich anschließend von dem Firmenchef angesprochen. Er bot mir den Job des Produktmanagers an. Jetzt konnte mich nichts mehr aufhalten! Ich dachte: Nutz' die Chance jetzt, egal, was in 20 Jahren ist! Ich nutzte sie – und weitere Chancen sollten kommen. Ich wurde Produktmanager, dann Key Account Manager, Außendienstleiter und schließlich Vertriebsleiter. Nach dem Angebot eines Headhunters wechselte ich zu einem irischen Konzern mit Sitz in Dublin und wurde dort Marketing- und Vertriebsdirektor. Und irgendwann viel, viel später wurde mein Hobby zur Berufung: Nach einer Karriere als Führungskraft machte ich mich als Führungsexperte selbständig. Dass hierin mein eigentliches Talent lag, war mir nicht sofort bewusst, aber der Erfolg gab mir Recht.

Von der Socke zur europäischen Trainerelite – das ist also eigentlich nur ein konsequenter Weg. Jeder Schritt für sich und nacheinander betrachtet zeigt, dass es so kommen sollte, nur eben nicht von jetzt auf gleich. Geduld und eine entspannte Hartnäckigkeit spielen eine große Rolle. Im Nachhinein betrachtet steht die Socke symbolisch für den ganz großen Schritt, den Schritt in die Selbständigkeit. Halten Sie sich immer vor Augen: Wenn etwas nicht gleich klappt, dann machen Sie es wie der Agent Ihrer Majestät – 007: Sagen Sie niemals nie, sondern nur: *noch* nicht oder *so* nicht. Und auch wenn Ihnen die einzelnen Schritte winzig erscheinen und der Weg unendlich lang: Am Ende stehen Sie selbst auf dem Gipfel eines Berges, schauen ins Tal – und haben eine neue Realität erschaffen.

Pass auf, was du in deinen Kopf hineinlässt – und von wem du was lernst

Jeden Baum erkennt man an seinen Früchten: Von den Disteln pflückt man keine Feigen und vom Dornstrauch erntet man keine Trauben.
Lukas 6,44

Bevor ich nach Köln zog, war ich acht Monate lang in der Reha. Dort sagte man uns Rollis irgendwann, dass am nächsten Abend drei ehemalige Patienten nach ihrer Arbeit vorbeikommen würden, um uns von sich und ihrem Leben zu erzählen. Nach ihrer Arbeit …? Ich horchte auf. War das nicht genau das, was ich erreichen wollte – alleine leben und arbeiten? Man hatte mir die ganze Zeit signalisiert, dass ich mich von diesem Wunschtraum besser verabschieden sollte, und jetzt waren da andere Querschnittgelähmte, die so lebten, wie ich es mir vorstellte. Wahnsinn! Ich fieberte dem Treffen entgegen, tigerte durch mein Zimmer und über die Krankenhausflure und war nervös, aber auch begeistert von der Chance, die sich da plötzlich aufzutun schien. Jetzt würde es sich entscheiden: War mein Herzenswunsch nur eine Illusion? Oder konnte er Wirklichkeit werden? Am nächsten Tag war ich weit vor der Zeit in der Therapie-Halle, einem Übungsraum, in dem wir Patienten bei unserem täglichen Aufbautraining schon viel Mühe und Tränen vergossen hatten. Die anderen Rollis aus der Klinik kamen nach und nach dazu, auch fast alle Trainer und Krankengymnasten waren da. Und dann kamen unsere Besucher hereingerollt … Ich sollte an diesem Abend alles nur so in mich aufsaugen. Ich beobachtete alles genau, jede Bewegung, ihre Gestik, Mimik, Sprache. Und ich wusste ziemlich schnell: Ja, es war möglich, ein selbstbestimmtes Leben zu führen.

Natürlich musste ich mich erst vergewissern, ob auch jemand mit meiner Lähmungshöhe dabei war. So ein »Hobbybehinderter«, wie wir Halsquerschnitte diejenigen nannten, die »nur« vom Becken an abwärts gelähmt waren, konnte mir viel erzählen. Natürlich hatte der auch Probleme, aber das war nicht dasselbe, denn er war viel weniger eingeschränkt als ich. Gleich zu Anfang blieb mein Blick an einem Rollifahrer hängen, nennen wir ihn Heinz, der genau meine Lähmungshöhe hatte. Was für ein tougher Typ! Heinz war damals ungefähr 45 Jahre alt, trug lange Haare, Vollbart und Jeansjacke. Ein Alternativer im Rollstuhl, ein echter Freak! Er lachte und grinste die ganze Zeit und versprühte gute Laune, aber er machte uns nichts vor, sondern schien völlig in sich zu ruhen. Das zeigten auch seine harmonischen Bewegungen, die einfach zu ihm gehörten. Während er erzählte, rollerte er völlig selbstverständlich durch den Raum und bezog dabei seine Umgebung ganz beiläufig mit ein, hangelte sich vom Massagetisch zum Hocker, vom Hocker zur Bank und wieder zurück. Er bewegte sich wie ein Fisch im Wasser.

Mann, ist der gut drauf, dachte ich und starrte ihn an wie ein Teenie seinen Lieblingspopstar. Der hatte sein Leben im Griff! Nach genau so jemandem hatte ich die ganze Zeit über gesucht. Die meisten Rollstuhlfahrer hatten mir immer nur gesagt, was alles nicht mehr ging. Heinz zeigte mir, dass noch viel mehr möglich war. Natürlich gab es neben den Zweiflern auch Menschen, die mir Mut gemacht hatten, die Ausnahmen unter den Ärzten, Krankengymnasten und Freunden. Aber es ist ein großer Unterschied, ob Fußgänger dir Hoffnung machen oder jemand, der weiß, wie es ist, im Rollstuhl zu sitzen. Das ist das Prinzip von peer counselling: Niemand kann einen Alkoholiker besser beraten als ein trockener Alkoholiker. An diesem Abend beschloss ich: Heinz sollte mein Vorbild werden. Und: Heinz war cool, aber er war nicht unerreichbar. Was er konnte, das wollte und konnte ich auch schaffen!

Wenn mich heute jemand fragt: »Was ist ein Vorbild?«, dann antworte ich: »Ein Vorbild ist jemand, der die Ergebnisse erzielt, die ich erst noch erreichen möchte. Jemand, der durch seine Taten spricht und nicht nur darüber redet, was möglich ist, sondern es selbst möglich gemacht hat.« Christopher Reeve beispielsweise, der Superman-Darsteller, war in der gleichen Lage wie ich, aber nie mein Vorbild, weil er seine neue Realität nicht annehmen konnte. Anstatt nach einem Weg zu suchen, mit ihr zu leben, wollte er wieder laufen lernen. Von ihm konnte ich nichts lernen. Stephen Hawking wiederum – der Cambridge-Professor, Astrophysiker und Experte für Schwarze Löcher – ist ein Vorbild für mich. Nicht, weil er Professor ist oder Inhaber des Lucasischen Lehrstuhls, auf dem einst Sir Issac Newton saß, sondern weil er trotz einer schweren Krankheit voller Energie und Lebensmut ist. Hawking leidet an ALS, das steht für Amyothrophe Lateralsklerose, was zur Folge hat, dass er im Rollstuhl sitzt und nicht mal mehr seine Hände bewegen kann. Er verständigt sich mit Hilfe eines Sprachcomputers, den er mit dem rechten Wangenmuskel steuert. Ihm fehlt also neben den motorischen Fähigkeiten auch jegliche Möglichkeit, auf dem üblichen Weg zu kommunizieren. Aber er hat noch seinen überaus intelligenten Geist. Und auf den konzentriert er sich Tag für Tag.

Öfter noch als in fernen Universitätsstädten finden wir Vorbilder in unserem unmittelbaren Umfeld. Für mich war das Heinz. In der damaligen Situation war er unglaublich wichtig für mich – wie der ganze Abend. Da saßen Menschen, die die gleichen Sehnsüchte, Träume und Probleme hatten wie ich. Sie hatten Lösungen gesucht und manchmal auch gefunden, und jetzt gaben sie ihr Wissen mit einem Optimismus und mit einer Lebensfreude an uns weiter, die mich ganz schwindlig machte. Unsere Gäste hatten Ergebnisse erzielt, die ich erst noch erreichen wollte, und sie sprachen ganz offen über Erfolge und Niederlagen, das tat einfach gut. Einer erzählte von seiner Familie, ein anderer demonstrierte praktische Handgriffe, etwa wie man sich mit halbgelähmten Händen und vollkommen gelähmten Beinen die Hose runter- und wieder hochziehen kann.

Er hatte da eine ganz ausgefeilte Technik drauf! Ein Dritter zeigte, wie er alleine vom Rollstuhl auf den Boden und wieder in den Rollstuhl kam. Das ist ein richtiges Kunststück, von dem manche Trainer behaupten, es sei für Querschnittgelähmte mit meiner Lähmungshöhe völlig unmöglich. Aber siehe da, hier wurden wir alle eines Besseren belehrt! Und noch etwas begriff ich an jenem Abend: Dort saßen völlig unterschiedliche Typen. Jeder hatte eine andere Methode für sich entwickelt, es gab weder Richtig noch Falsch. Es galt nur, herauszufinden, was das Beste für mich war. Mehr brauchte ich nicht zu wissen.

Ich war den ganzen Abend so damit beschäftigt gewesen, zuzuhören und zuzusehen, dass ich selbst den Mund nicht aufkriegte. Aber bevor Heinz und die anderen sich verabschiedeten, ergriff ich die Initiative – und lud mich bei ihm ein. Es war ja nicht so, dass ich keine Fragen hatte. Im Gegenteil, ich war ein einziges Fragezeichen. Ich platzte förmlich vor Neugier und wollte alles über ihn wissen. Wie lebt er wohl? Was arbeitet er? Wie sieht seine Wohnung aus? Seine Frau? Seine Kinder? Ein paar Tage später klingelte ich an seiner Tür. »Hey Alter, grüß dich! Komm rein, schön, dass du da bist. Wer will ein Bier?« Heinz rollerte vom Flur direkt in die Küche, um Bier zu holen. Ich bewegte mich Richtung Wohnzimmer und schaute mich um. Alles normal – die Wohnung war nicht umgebaut oder irgendwie rollstuhlgerechter gestaltet worden, jedenfalls fiel mir nichts auf. Das Wort »normal« sollte mir bei diesem Besuch noch öfter durch den Kopf gehen. Heinz hatte einen normalen Job, zwei normale Kinder, auch die Partnerschaft mit seiner Frau war normal, nicht rosarot, aber auch keine Krankenschwester-Patienten-Beziehung: Das war weder eine, die unter einem Helfersyndrom litt und sich deshalb einen Rollstuhlfahrer gesucht hatte, noch schien sie aus Mitleid bei ihm zu sein. Mitleid! Doch nicht bei Heinz!

Ich konnte es nicht fassen. Heinz' Leben war nicht normal, es war stinknormal – jedenfalls mit den Augen eines Fußgängers betrachtet. Eigentlich war es natürlich outstanding! Zum

Beispiel arbeitete Heinz als technischer Zeichner, und er war schnell, obwohl seine Finger zum Teil gelähmt waren. Und das war noch nicht alles: Neben Beruf und Familie gab es auch noch den Leistungssport. Überall standen Pokale von deutschen Meisterschaften, Weltmeisterschaften und den Paralympics herum. Heinz war Spitzensportler im Schwimmen und Tischtennis. Ich sage ja, outstanding! Und ich? Ich wünschte mir damals auch nichts anderes als Normalität, aber noch war mir nicht klar, dass es eigentlich der Wunsch nach einem selbstbestimmten Leben war. Bei Heinz erkannte ich genau das, und ich erlebte jeden Moment mit ihm als sehr emotional. Ich analysierte nicht, sondern ließ alles auf mich wirken und fühlte mich saugut dabei. Nichts war mehr unmöglich! Ich löcherte Heinz mit meinen Fragen: Wie ist es hiermit, wie damit? Wie machst du das mit der Verdauung? Wie viel verdienst du? Was ist mit Sex? Was mit Reisen? Wie oft fahrt ihr in den Urlaub? Ungläubig hörte ich ihm zu. An seinen ironischen Antworten merkte ich, dass er Schwierigkeiten hatte, meine Perspektive einzunehmen. Für ihn war das alles Routine, so als würde Sie jemand fragen, wie Sie sich die Zähne putzen oder die Schuhe zubinden.

Dass Heinz sich so über mich amüsierte, konnte nur eines bedeuten: Es ging! Es war wirklich möglich, als Querschnittgelähmter ein selbstbestimmtes Leben zu führen. Vielleicht *noch* nicht oder nicht *so* wie Heinz. Aber nach diesem Besuch würde ich nicht mehr behaupten können, etwas nicht zu können. Das war eine faule Ausrede, da würde mich auch niemand anderes jemals wieder vom Gegenteil begeistern! So viel war klar! Ich musste an eine Reklame für Sportrollstühle denken, auf die ich im Krankenhaus gestoßen war: Die Meyra GmbH stellte richtige Marathonstühle her. Ihre Werbung zeigte einen Mann, der im Rollstuhl unterwegs war, und neben ihm fuhr seine Familie – seine Frau und seine Kinder – auf dem Fahrrad. Das ging mir damals durch und durch; was für ein Bild! Es zeigte mir meinen sehnlichsten Wunsch: eine Familie, einen

Job, Normalität. Ein Wunschtraum? Heinz hatte diesen Traum wahr gemacht. Für sich – und ab jenem Tag auch für mich.

Was hatte es Heinz ermöglicht, so zu werden? Einerseits hatte er die Dinge nicht unnötig verkompliziert, andererseits hatte er sich durch Kompliziertes nicht abschrecken lassen. Aber was wie immer das Wichtigste war: Er hatte sich auf das konzentriert, was da war. Und der Preis? Natürlich hat auch Heinz einen Preis bezahlt. Wie so vielen Behinderten ist ihm die Anerkennung durch die Gesellschaft verwehrt geblieben. Alle, die so normal und gleichzeitig so außergewöhnlich durchs Leben gehen wie Heinz hätten nicht Mitleid, sondern Anerkennung verdient. Ob Heinz das gewollt hätte, steht auf einem anderen Blatt – zugestanden hätte es ihm allemal.

An dem Abend mit den Rollis und bei Heinz zu Hause hatte ich mehr kapiert als in acht Monaten Reha. Wenn Sie erst wissen, dass ein Achttausender schon einmal bestiegen worden ist, müssen Sie nicht mehr überprüfen, ob es geht, sondern nur noch herausfinden, ob Sie das auch wollen und können. Heinz und die anderen hatten alles ausprobiert und mir gezeigt, dass sich eine Sehnsucht auch erfüllen ließ. Und im Gegensatz zu unseren Betreuern in der Klinik hatten sie mich ermutigt, es auch zu versuchen. Sie meinen, das sei nicht die Aufgabe der Ärzte und Pfleger gewesen? Ich denke schon, weiß heute aber auch, dass sie große Angst davor hatten, Verantwortung zu übernehmen – was Quatsch war, denn ob und wie weit jemand rausschwimmt, muss er am Ende ganz allein entscheiden. Zwei Jahre nachdem ich die Klinik verlassen hatte, wurde ich eingeladen, vor Chefärzten der deutschsprachigen Querschnittzentren einen Vortrag über genau dieses Thema zu halten. Ich war sehr direkt. Klar, für unsere körperliche Genesung seien sie sehr wichtig, sagte ich. Aber für uns Querschnittgelähmte sei etwas anderes viel entscheidender: ein Vorbild, jemand, der unsere Situation kennt und uns Mut macht. Jemand, der bereits Ziele erreicht hat, die wir uns erst vornehmen. Ich plädierte dafür, genau für diese Aufgabe in jedem Krankenhaus einen Rollstuhlfahrer anzustellen, und sorgte damit für einen Tumult im Saal. Nur zwei Chefärzte kamen nach dem Vortrag zu mir, um mir ein Feedback zu geben. Was sie gesagt haben? Ich sei »sehr mutig« gewesen. Heute gibt es diese Vorbilder an einigen Kliniken …

Auch heute bin ich noch der Meinung, dass Vorbilder sehr wichtig sind, allerdings sehe ich das inzwischen differenzierter: Wofür kann jemand Vorbild sein, und wofür nicht? Die Betonung liegt hier ganz eindeutig auf »… und wofür nicht«. Heinz wirkte damals, als sei er mit sich und der Welt vollkommen im Reinen, also machte ich ihn zu meinem Idol in allen Lebensbereichen. But nobody is perfect – auch das sollte ich bald lernen. Heinz erzählte einmal folgende Geschichte: »Neulich habe ich mich mit ein paar Kumpels in der Kneipe getroffen. Als ich hinterher wieder auf dem Parkplatz stehe und dabei bin, mich in mein Auto zu hieven, kommen zwei schnuckelige Frauen auf mich zu und fragen besorgt, ob sie mir helfen können. Da habe ich ihnen geantwortet: Ja klar, ihr könnt mir einen blasen!«

Heinz krümmte sich vor Lachen und konnte gar nicht mehr aufhören. Und ich? Ich lernte in dem Moment, dass es keine perfekten Vorbilder gibt. Im Nachhinein weiß ich,

Ich lernte, dass es keine perfekten Vorbilder gibt.

dass das in Ordnung ist, denn ein vollkommenes Vorbild würde ein effektives Lernen verhindern. Aber vor allem verstand ich, dass man sich immer nur eine Leitfigur für einen bestimmten Bereich suchen sollte. Heinz war für mich zum Vorbild geworden, weil er meinen Traum von einem normalen Alltag lebte. Er hatte mir gezeigt, wozu andere nicht in der Lage waren. Aber diese Geschichte fand ich alles andere als witzig. Was den Umgang mit Menschen anging, war Heinz kein Vorbild für mich. Das wollte er auch gar nicht sein. Er hatte keinen Bock gehabt, den beiden Frauen auf höfliche Art und Weise klarzumachen, dass er keine Hilfe brauchte. Er wollte einfach sein Leben leben.

Man könnte auch sagen, dass Heinz' Äußerung vor allem

zeigte, dass er mit sich und der Welt nicht so im Reinen war, wie es auf den ersten Blick schien. Für jemanden, der angeblich in sich ruhte, war dieser Spruch ein bisschen too much. Es geht mir hier aber gar nicht darum, nach Unsicherheiten, Schwächen oder Unzulänglichkeiten zu suchen; ich habe diese Geschichte nicht erzählt, um ihn zu bewerten, sondern um klarzumachen, was ich an jenem Abend gelernt habe: Da, wo Licht ist, da ist immer auch Schatten. Jemand mag in einer Beziehung großartig sein. Gut. Dann lernen Sie in dieser – aber nur in dieser einen! – von ihm. So etwas wie ein All-inclusive-Vorbild gibt es nicht. Lernen Sie einen guten Führungsstil von einer kompetenten Führungspersönlichkeit. Dass diese auch Schwächen hat, ein Verkehrsrowdy, ein Umweltsünder oder vielleicht ein Macho ist, sollte Ihnen egal sein. Es geht Sie auch gar nichts an. Sehen Sie es einfach so: Wenn Sie in einen Supermarkt gehen, kaufen Sie ja auch nicht alles. Nehmen Sie, was Sie brauchen, respektieren Sie die Menschen und sparen Sie sich Ihre Wertungen.

Dieses Denken sollte mir im Umgang mit zukünftigen Vorbildern von großem Nutzen sein. Menschen sind nie nur schwarz oder weiß, eins oder null, gut oder böse, Superhelden oder Versager – sondern meist beides. Damals war ich der Wissbegierige; ich hatte Heinz aufgesucht, um von ihm zu lernen. Also war es auch meine Aufgabe zu filtern, was ich annehmen wollte und was nicht, das Gelernte umzusetzen, so dass es für mich passt, und die Verantwortung für das zu übernehmen, was ich lernen wollte. Und es war meine Aufgabe, zu entscheiden, wann es an der Zeit war, sich wieder zu verabschieden. So, wie es keine vollkommenen Vorbilder gibt, gibt es sie auch immer nur für eine bestimmte Zeit – quasi situativ. Man lernt, entwickelt sich und geht weiter. Heinz und ich, wir sind ein Stück Weg zusammen gegangen, und dann, an einer Wegbiegung, haben wir uns wieder getrennt. Ich wollte meinen Weg zu Ende gehen, ich wollte die Anerkennung der Gesellschaft – nicht als behinderter Mensch, sondern als Mensch mit Behinderung. Ihm waren andere Dinge wichtig. Meine Passion sollte das Lehren werden, ich wollte ein Beispiel geben. Er nicht. Und beides war völlig in Ordnung! Ich bin einfach in eine Richtung weitergegangen. Und er in eine andere.

Nicht zu bewerten fällt uns oft schwer. Unsere Gesellschaft wird von Schwarzweißdenken beherrscht. Nehmen Sie Politiker, Popstars, Sportler – wenn Edmund Stoiber oder Oskar Lafontaine mal wieder den Mund aufmacht, wenn Robbie Williams nicht mehr so viele CDs verkauft, wenn rauskommt, dass Jan Ullrich gedopt war, wenn Miroslav Klose nicht trifft, ist in der Öffentlichkeit die Hölle los. Oder nehmen Sie einen früheren Kollegen von mir: Wenn Boris Becker früher auch nur in die Ecke geschissen hat, riefen alle: »Oh, was für ein toller Duft!« Jemandem wie Boris Becker wurde jahrelang der größte Respekt gezollt. Doch nach der Besenkammer-Geschichte war er plötzlich bei allen unten durch. Aber wo führt das hin? Es steht uns nicht zu, bei anderen die Messlatte höher anzulegen als bei uns selbst. Würden Sie sich mit den Maßstäben, die Sie an jemandes Verhalten anlegen – ob Sie ihn gut kennen oder nicht –, auch selbst messen lassen? Niemand ist perfekt, ob er nun Boris Becker heißt oder Boris Grundl, aber die Menschen sehnen sich anscheinend so sehr nach Vollkommenheit, dass sie sie anderen einfach unterstellen und dabei verdrängen, dass dies nur eine Illusion ist. Das Spiegelprinzip lässt grüßen! Wenn sie dann feststellen, dass ihre Vorbilder nicht so perfekt sind, wie sie gehofft hatten, fallen sie über sie her. Und warum machen wir andere zu Gurus? Warum sehnen sich Menschen nach Superhelden und verwechseln diese mit Vorbildern aus Fleisch und Blut? Weil viele ihrem Idol am liebsten die Verantwortung für das eigene Leben übergeben möchten. Verwechseln Sie die Funktion eines Vorbilds nicht mit der eines »personal organizers«. In den USA versprechen solche Dienstleister, anderen dabei zu helfen, ihr Leben besser auf die Reihe zu kriegen. Eine trügerische Einladung – aber es gibt tatsächlich erstaunlich viele Menschen, die sich darauf einlassen. Der Erfolg bleibt oftmals aus, aber die »personal organizer« verdienen sich eine goldene Nase. Merkwürdig – theoretisch wünscht sich doch jeder Verantwortung. Aber wenn es Probleme gibt oder es mal anstrengend wird, wenn der Preis zu hoch scheint, dann wird es manchen mit der Verantwortung schnell zu viel.

Wenn es Probleme gibt, dann wird es manchen mit der Verantwortung schnell zu viel.

Dazu noch ein Beispiel: Irgendwann nach der Fußball-WM 2006 war ich zum Empfang einer, sagen wir, Industriegröße in einer, sagen wir, süddeutschen Stadt eingeladen. Das Gespräch drehte sich um das Thema Vorbilder. Ich stamme aus der Region, und darauf war man stolz. Ein Vertreter einer, sagen wir, wirtschaftsnahen Partei sagte doch tatsächlich folgenden kolossalen Satz: »Wir brauchen mehr Leute wie Klinsmann!« Wow! Soll der jetzt auch den Deutschen Bundestag trainieren, oder was? Am besten vor dem Reichstag? Da arbeitet jemand in der Politik, einer Branche, in der man im besten Fall vom Volk gewählt wird, um dessen Interessen zu vertreten – und er will die ihm zugedachte Verantwortung gleich wieder abgegeben! Stattdessen sollte der Gute dem Klinsmann in sich mehr Raum geben!

Neben dem landläufigen Irrglauben, dass Vorbilder perfekt seien, ist die Einschätzung, dass Idole einem die Verantwortung abnehmen, ein weiteres Missverständnis. Gerade ein Politiker sollte das wissen, denn sein Berufszweig hat ständig darunter zu leiden, dass die Bürger dieses Landes nur zu gerne die Verantwortung an die Partei ihres Vertrauens abgeben und diese dazu noch an ganz bestimmten Maßstäben messen – an ihren Wahlversprechen. Nicht umsonst hat sich Franz Müntefering einmal beschwert: »Wir werden an den Wahlversprechen gemessen – das ist unfair.« Dann sollten sie einfach keine Versprechen machen, meinen Sie? Weil aber das Volk glauben will, dass tatsächlich andere den Karren aus dem Dreck ziehen werden, müssen die Politiker schon fast automatisch versprechen, was sie nicht halten können, um überhaupt an die Macht zu kommen. Ihre Wähler wollen belogen werden; das ist die kollektive Weigerung, erwachsen zu werden. Aber solange wir keine Verantwortung übernehmen wollen, werden wir auch nicht wie Erwachsene behandelt. Und so lange bekommen wir die Politik, die wir verdienen.

Aber zurück zu Klinsmann und den anderen Superhelden und Weltrettern: Das Volk wünscht sich Politiker, die Verantwortung übernehmen, und die hätten am liebsten einen Klinsmann, an den sie diesen Druck weitergeben können. Großartig! Die Medien stoßen übrigens ins gleiche Horn. Auch sie fordern »mehr Leute wie Klinsmann«. Das Groteske daran: Alle rufen nach Klinsmann & Co., ohne seine Lehre wirklich verstanden zu haben. Klinsmanns Prinzip zufolge muss ich meinen Geist genauso putzen wie meine Zähne und ihn positiv stimmen. Positiv! Anstatt auf andere zu warten oder darüber zu nörgeln, dass diese die Welt nicht retten, sollte jeder vor der eigenen Tür kehren und selbst anfangen, Verantwortung zu übernehmen.

Suchen Sie sich Vorbilder, von denen Sie lernen können – keine Gurus, die Sie auf ein Podest stellen, anbeten und fallen lassen, wenn Sie feststellen, dass sie Ihren hohen Erwartungen nicht entsprechen. Und auch wenn Sie selbst Vorbild sind oder es noch werden wollen: Werden Sie nie zum Guru, bleiben Sie ein stimmiges Beispiel.

Menschen versuchen immer wieder – im Sport, in der Politik oder in meiner Branche –, die Guru-Rolle auszufüllen. Erinnern Sie sich noch an die Motivationstrainer der neunziger Jahre? Sie haben zweifellos eine wertvolle Arbeit geleistet, manche waren aber nach einer Weile völlig überfordert, weil sie versuchten, die übersteigerten Hoffnungen einzulösen. Ich habe gesehen, wie es sie mental zerrissen hat. Lassen Sie sich ruhig mal richtig feiern, aber nie hochjubeln – sonst werden Sie tief fallen. Wenn sich das Gros der Menschheit wünscht, dass Sie die Welt retten, dann stimmt etwas nicht.

Das gilt im Übrigen auch für Manager. Immer wenn ich jemanden über Spitzengehälter schimpfen höre, denke ich mir: Du würdest diesen Job doch gar nicht machen wollen! Der Druck in einer solchen Position ist enorm, aber die meisten Menschen sehen den Preis nicht, den ein Manager zu zahlen hat, sondern nur sein Einkommen. Natürlich gibt es viele Negativbeispiele, aber ich treffe in Unternehmen immer wieder Manager, die durchaus Vorbilder sind. Jeder von ihnen hat besondere Fähigkeiten. Vor allem verfügen sie aber durch die Bank über einen intakten Realitätssinn ihre Person und das Unternehmen betreffend. Sie wissen, dass es sie attraktiv macht, ihre authentischen Stärken zu leben – und dass sie an Beliebtheit gewinnen, wenn sie ihre Schwächen zeigen. In einem Bereich sind diese Manager vielleicht selbst Vorbild, in einem anderen suchen sie sich andere, um von deren Erfahrung zu profitieren – denn das Lernen hört nie auf. Auch die Stärken und Schwächen des Unternehmens schätzen erfolgreiche Führungskräfte richtig ein. Sie haben die Fähigkeit, die Dinge zu sehen, wie sie sind. Unangenehme Wahrheiten werden nicht schöngeredet, und es werden auch keine Ausreden erfunden, die die Wahrnehmung verzerren. Was ihre Mitarbeiter angeht, haben aufmerksame Vorgesetze einen geschulten Blick: Sie über- und unterfordern sie nicht und lassen jeden im Team Verantwortung tragen, weil sie aus eigener Erfahrung wissen: Jemand, der lernen will, muss auch lernen, die Verantwortung für das Gelernte zu übernehmen.

Jemand, der lernen will, muss auch lernen, die Verantwortung für das Gelernte zu übernehmen.

Wenn Sie wachsen wollen, brauchen Sie Vorbilder. Nennen Sie sie von mir aus Ratgeber, Lehrer oder Mentoren. Wählen Sie immer gut aus, was Sie von wem lernen – es liegt in Ihrer Verantwortung. »Kaufen« Sie auch nicht alles von einer Person. Picken Sie sich die Rosinen raus. Und vergessen Sie nicht: Nobody is perfect. Größe kann man nur von den wirklich Großen lernen. Groß kann auch ein Hausmeister sein – etwa weil er integer ist. Aber das können Sie nur herausfinden, wenn Sie jedem Menschen mit Respekt begegnen.

Kennst du das? – Oder kannst du das?

> *Der Unterschied zwischen Kennen und Können*
> *ist der Unterschied zwischen Stillstand und Entwicklung.*
> Boris Grundl

Vor ein paar Jahren habe ich auf einem Kongress vor ungefähr 400 Mitarbeitern einer der größten Hotelketten Deutschlands gesprochen. Die Atmosphäre war super, der Saal voll, und die Leute gingen total mit. Nach meinem Vortrag kamen wie immer ein paar Zuhörer nach vorne. Die einen hatten noch eine Frage, andere wollten mich einfach persönlich kennen lernen. Zuletzt stand ein jüngerer Mann vor mir. Ein Mister Nice Guy, aber auch ein bisschen ein Blender. Mitte 30, smart und selbstbewusst, nicht unsympathisch, nur einen Tick zu glatt, ohne Ecken und Kanten. Mister Nice Guy und ich kamen ins Gespräch, ich fragte ihn, welchen wichtigen Impuls er durch den Vortrag bekommen hatte. Darauf erwiderte er ganz lockerflockig: »Ihre Aussagen kenn' ich alle schon!« Ich war wie vom Blitz getroffen. Hatte ich mich vielleicht verhört? Was hatte der Typ da gerade gesagt? »Kenn' ich schon«? Ich wusste nicht warum, aber dieser Satz machte mich innerlich aggressiv. Was war da los in mir? Ich dachte eine Weile darüber nach, bis ich meine Reaktion schließlich verstand. Äußerlich musste ich ganz ruhig gewirkt haben, als ich den jungen Mann nach einer kurzen Pause fragte: »Was meinen Sie damit, ›Kenn' ich schon‹? Ich meine, wollen Sie mir gerade sagen, dass Sie etwas kennen? Oder dass Sie etwas schon können?« Erstaunt, fast erschrocken guckte er mich an. Das joviale Lächeln war von seinen Lippen verschwunden. »Sie haben schon verstanden«, sagte ich, »*kennen* und *können*, das ist ein gewaltiger Unterschied!«

In den folgenden Minuten konnte ich beobachten, was in Mister Nice Guy vorging. Er ließ die Schultern hängen wie ein kleines Kind, dem man die Schokolade weggenommen hatte. Einen kleinen Moment lang erwartete ich, dass er einfach beleidigt abziehen würde. Aber er blieb, und in seinem Gesicht konnte ich sehen, dass es in ihm arbeitete. Jetzt war es an ihm, nachzudenken, und ich ließ ihn in Ruhe. Das ist eine eiserne Trainer-Regel:

Wenn man jemanden dazu bringt, über seine mentalen Grenzen hinauszugehen, dann sollte man niemals so arrogant sein, ihm dabei helfen zu wollen. Er schafft das schon alleine. Und wenn nicht, wird er sich melden. Ich blieb also einfach in der Nähe, kramte meine Unterlagen zusammen und packte schon mal meine Tasche. Ein paar Augenblicke später spürte ich dann, wie sich bei ihm ein Schalter umzulegen schien. Er sagte nichts, schaute mich nur an – und lächelte. Dann nickte er mir zu und ging.

Mister Nice Guy hatte verstanden. Und auch ich hatte durch ihn etwas begriffen. Nämlich, warum mich Äußerungen wie diese bisher immer bis ins Mark getroffen hatten. Seit ich als Coach arbeitete, hatte mich nichts so sehr verletzt wie dieses »Kenn' ich!« Oder: »Hab' ich schon gehört!« Oder auch: »Hab' ich auch schon irgendwo gelesen!« Diese Kenn'-ich-Typen hatte ich echt gefressen. Aber erst bei Mister Nice Guy kapierte ich meine immer gleiche wütend-enttäuschte Reaktion: Die Antwort lag tatsächlich in dem Unterschied zwischen *Kennen* und *Können*. Es ist nur ein Buchstabe, aber er gibt zwei ganz ähnlich klingenden Wörtern eine völlig andere Bedeutung. Kenn' ich schon – von wegen! Warum machte ich denn das Ganze, hielt Vorträge und Seminare, coachte Einzelpersonen und ganze Betriebe? Damit Menschen und Organisationen genau verstehen, warum sie da stehen, wo sie stehen, und wie sie dahin kommen, wohin sie wollen. Und auch um Menschen wie Mister Nice Guy zu zeigen, was man *können* muss, damit nicht nur alles irgendwie läuft, sondern langfristige Ergebnisse erzielt werden. Und er? Er hatte mich mit einem dieser Spaß-Trainer verwechselt, die zwar Erfolge versprechen, aber eigentlich nur oberflächliches Entertainment bieten und aus genau diesem Grund gebucht werden – damit die ganze Belegschaft sich mal wieder berieseln lassen kann. »Bitte lehnen Sie sich zurück, hier werden Sie unterhalten!« Aber nicht mit mir! Ich will, dass Menschen Verantwortung für notwendige Veränderungen übernehmen, dass sie Möglichkeiten und Wege sehen, die sie bis dahin nicht gesehen haben, und zwar freiwillig. Aber das verlangt auch ein bisschen Einsatz! Dafür müssen sie etwas tun. Vor allem müssen sie die Bereitschaft zeigen, sich zu verändern. Ein »Kenn' ich schon« reicht da nicht. Stattdessen sollten sie sich lieber fragen: »Kann ich das schon?«

> *Er hatte mich mit einem dieser Spaß-Trainer verwechselt.*

Leider begegnen mir als Coach immer wieder Menschen, die den Unterschied noch nicht verstanden haben. Mit ihrer Kenn'-ich-Haltung signalisieren sie, dass sie schon wissen, was in diesem oder jenem Fall zu tun wäre – es selbst aber nicht machen. Stattdessen fällt ihnen auf, was andere noch verbessern könnten. Das Motiv ist klar: Zum einen versuchen diese Menschen, mit ihrem Wissen zu glänzen, statt mit ihrem Können zu wirken. Zum anderen zeigt ihr Statement, dass sie von einem Trainer lediglich Zerstreuung erwarten. Sie wollen sich oder die Verhältnisse in der Firma gar nicht ändern und rufen: »Unterhalte mich! Motivier' mich! Los, mach was, spiel mit mir!« Aber das ist die Haltung eines kleinen Kindes – oder auch eines Erwachsenen, der nicht erwachsen werden will. Am liebsten möchte er die komplette Verantwortung abgeben, und zwar an den Coach. Ich darf etwas verändern? Toll! Aber ich will bitte nicht den anstrengenden Weg gehen. Ich darf etwas Neues lernen? Super! Aber ich will nicht an mir arbeiten müssen. Ich darf dafür sorgen, dass es dem Unternehmen besser geht? Prima! Aber doch nicht auf meine Kosten. Lieber will ich es mir hinten im Zuschauerraum gemütlich machen und mich vom Trainer-Clown bespaßen lassen – auf Kosten des Unternehmens. Das habe ich mir doch schließlich verdient, oder?

Klar, lehnt euch nur alle zurück, aber jammert nachher nicht darüber, was sich alles ändern müsste. Eigentlich ist der Unterschied zwischen *Kennen* und *Können* nicht schwer zu verstehen: Will ich Probleme lösen oder mich lieber ablenken lassen? Will ich Verantwortung übernehmen oder abgeben? Bleibe ich an der Oberfläche oder will ich etwas durchdringen? Und vor allem: Will ich etwas tun oder es zumindest versuchen? Oder bleibe ich auf Distanz und quatsche nur? *Kennen* heißt, sich berieseln lassen, kurzfristig Spaß haben, ein gutes Gefühl genießen. *Können* bedeutet, hart zu arbeiten. Es ist bisweilen ein steiniger Weg, bis man etwas wirklich kann, und natürlich dauert es auch länger. Man muss üben, und in vielen Dingen bleibt man lange Zeit ein Anfänger. Manches lernt man nie – aber wenn es uns doch gelingt, erfüllt uns eine anhaltende Freude darüber, wirklich etwas bewegt zu haben.

Je länger ich damals über dieses »Kenn' ich schon« nachdachte, desto besser verstand ich es: Dieser Satz konnte bedeuten, dass sich einer vor der eigentlichen Arbeit drücken, von sich selbst ablenken wollte. Es konnte auch sein, dass jemand einen enormen Druck verspürte, weil er glaubte, immer up to date sein zu müssen. Die Fülle an Informationen, die uns heute zur Verfügung steht, macht vielen Menschen eher Angst, als dass sie hilft. Sie fürchten sich davor, den damit verbundenen Erwartungen nicht gerecht werden zu können. Also sagen sie lieber »Kenn' ich! Habe ich auch schon gelesen!«, damit sie nicht dabei ertappt werden, einmal nicht ganz am Puls der Zeit zu sein. Und dann gibt es da natürlich noch die ungeduldigen Alleswisser. Ein Beispiel: Als Rollstuhlfahrer habe ich täglich mit Barrieren zu tun. Die meisten kann ich überwinden, stehe ich aber vor einer Treppe, bitte ich zwei Personen, mich hinaufzutragen. Es ist für mich kein Problem, um Hilfe zu bitten. Ich habe nur Schwierigkeiten damit, wenn auf eine bestimmte Art reagiert wird. Die meisten willigen ein, mir zu helfen, aber wenn ich ihnen erklären möchte, was sie bei der ganzen Aktion beachten müssen, werde ich oft unterbrochen: »Ja, ja, ich weiß

Bescheid.« Leider wissen viele das eben nicht unbedingt. Und ich bin es dann, der wegen solcher Bescheidwisser aus dem Rollstuhl fällt. Ich beginne also erneut, ihnen zu erklären, wie sie vorgehen müssen, und sage ihnen auch, dass ich letztendlich die Verantwortung dafür trage, nicht aus dem Rollstuhl zu fallen, und nicht sie. Werde ich dann wieder unterbrochen, antworte ich höflich: »Vielen Dank!« – und suche mir jemand anderen.

Kommentare wie »Kenn' ich schon!« sind natürlich auch auf das Überangebot an kurzlebigen Managementmoden und trendigen Soft Skills zurückzuführen. Mister Nice Guy wurde schon eine ganze Menge an Modewellen geboten: Stangenverbiegen, Kommunikationstraining, Benimmregeln, Stärkentests, Changemanagement, Outdoortraining und, und, und. Er hatte von allem schon einmal gehört und hatte sich vielleicht auch selbst informiert – sehr vorbildlich. Und auch all diese Modeerscheinungen haben selbstverständlich ihre Berechtigung – aber sehen Sie sie bitte immer im Gesamtkontext und als echte Herausforderung, nicht nur als kurzfristiges Entertainment! Sonst sind diese schnell wechselnden Managementstatements nichts anderes als die Daseinsberechtigung so mancher zweitklassiger Trainerexistenzen und Möchtegern-Manager. Letztere fühlen sich königlich unterhalten und sind froh, nicht wirklich an sich arbeiten zu müssen. Dabei sollte es weder dem Coach noch dem Zuhörer darum gehen, sich nur oberflächlich bekaspern zu lassen. Was bringt es, allen Trends hinterherzulaufen und keine einzige Methode richtig zu beherrschen? Auf Dauer sind die Kunden unzufrieden – und die Unternehmen fahren irgendwann vor die Wand. Ende Gelände!

Gerade in der Seminarszene fällt auf, wie viele Leute etwas kennen und wie wenige etwas können. Genau deshalb lautet ein berechtigter Vorwurf an Trainer: »Das ist ja alles schön und gut, was Sie da sagen. Aber wie setze ich das jetzt um?« Gute Frage, oder? Wenn ein Coach das nicht vermitteln *kann*, hat er sein Publikum vielleicht gut unterhalten, ihm aber nicht den

Weg zur Erkenntnis gezeigt. Wenn er den Menschen nicht erklärt, dass Veränderungen nur durch ehrliche Arbeit erreicht werden können, hat er ihnen nur die halbe Wahrheit gesagt. Und wenn er einen Vorstand glauben macht, dass er als Trainer dazu in der Lage ist, die Verantwortung für das Handeln einer ganzen Belegschaft zu übernehmen, ist er kein stimmiges Vorbild, sondern jemand, der versucht, ein Superheld zu *sein* – richtig, darüber habe ich im letzten Kapitel gesprochen, gut aufgepasst. Aber damit wird er über kurz oder lang auf die Nase fallen. Haben Sie sich nie gefragt, warum Sie von so manchem Coach nie wieder etwas gehört haben? Jetzt wissen Sie es: weil ihm der Unterschied zwischen *Kennen* und *Können* nicht klar war.

Ich habe das Gefühl, dass auch unser Alltag von Schein-Könnern und Mister Nice Guys beherrscht wird. »Kenn' ich« passt gut in unsere schnelllebige Zeit und steht für ein oberflächliches Interesse an den Dingen. Vieles kann ich mal eben so mitnehmen. Ich zappe von einem Programm zum anderen, gucke den aktuellsten Kinofilm, höre den neuesten Hit, hier 'ne schnelle Nummer, da 'ne Flasche Schampus, 'n bisschen Koks, 'ne geile Party, coole Leute und, und, und ... Aber schnell muss es gehen, denn schnell muss ein Vergnügen durch das nächste ersetzt werden. Leider hat nichts davon wirklich Bestand oder lässt sich auf Dauer genießen – so wie echtes Glück. Das sind alles nur verführerische gute Gefühle, die man schnell und einfach kriegen kann. Wem das reicht, der kann sein Glück auch im Puff suchen. Dort bekommt er eine Dienstleistung, deren Wirkung genauso lange anhält.

Sie haben es wahrscheinlich schon gemerkt: Ich werde bei diesem Thema durchaus emotional, sogar wütend! Ich möchte als Coach Können vermitteln – und Klarheit. Unbewusst habe ich das schon immer gewollt, und intuitiv habe ich auch schon immer zwischen *Kennen* und *Können* unterschieden. Das hatte mir meine empfindliche Reaktion auf besagten Satz gezeigt. Deshalb antworte ich auch denen, die mir sagen, ich sei doch etwas zu direkt zu Mister Nice Guy gewesen: Als Coach geht es nicht darum, nett zu sein! Habe ich ihn provoziert? Klar! Ihn vor den Kopf gestoßen? Wahrscheinlich! Aber letztlich habe ich seiner Entwicklung gedient. Was hätte es ihm gebracht, wenn ich einfach nett gewesen wäre? Richtig, gar nichts. Ich bin ehrlich, klar und bringe die Dinge auf den Punkt. Ich bin kein Entertainer! Gut, ich mache auch schon mal einen Witz. Wer meine Vorträge besucht, weiß, dass auch ich versuche, tiefe Einsichten humorvoll zu verpacken, aber ich bin kein Kabarettist. Ich will den Menschen dienen. Natürlich soll es auch Spaß machen, mit mir zu arbeiten – aber eben nicht nur! Und wenn ich merke, dass zu einem Coaching erst mal eine Kopfwäsche dazugehört, wenn da jemand wie Mister Nice Guy zu mir kommt und etwas ganz Entscheidendes nicht verstanden hat, sage ich ihm das auch direkt, auch auf die Gefahr hin, dass wir beide uns erst mal nicht ganz doll lieb haben. Sonst würde ich ihn nur um seine kostbare Zeit und seine Firma ums Weiterbildungsbudget betrügen.

Ich war so verrückt, mich dem Wachstum der Menschheit zu verschreiben. Als Coach stehe ich für Erkenntnisse und Ergebnisse und Freude am Leben, aber nicht für reine Spaßkultur. Ich will mit Menschen arbeiten, Dinge bewegen und verändern. Klar wird dabei auch viel gelacht. Warum auch nicht? Es ist doch toll, wenn ich meinen Trainees etwas beibringe, und sie haben dabei auch noch Spaß. Aber das Wichtigste ist und bleibt das Können. Was ich meinen Kunden darüber zu sagen habe? Können ist ein Zustand, in dem das Wirkungsvollste automatisch und so lange getan wird, bis geplante Ergebnisse entstehen. Und: Es gibt vier Stufen des Könnens. Die erste nenne ich die *unbewusste Inkompetenz*. Das heißt, ich weiß gar nicht, dass ich etwas nicht kann. Die zweite Stufe ist die *bewusste Inkompetenz*. Ich weiß jetzt, ich kann es nicht. Die dritte nenne ich die *bewusste Kompetenz*. Ich kann es jetzt, allerdings ist es noch mit viel Anstrengung verbunden. Erst auf der vierten Stufe – der *unbewussten Kompetenz* – bin ich so weit, dass ich etwas kann und es auch tue, ohne mich anzustrengen und ohne lange darüber nachzudenken. Nach dieser Methode arbeitet auch mein ganzes Coaching-Team. Wir erkennen, in welcher Stufe sich jemand innerhalb eines bestimmten Themas befindet, und führen ihn dann in die vierte Stufe. Wir begleiten die Menschen und unterstützen sie. Wir nehmen unsere Arbeit ernst, und das erfordert Klarheit und Konsequenz.

Genauso arbeite ich, wenn ich in ein Unternehmen gerufen werde. Meist beginne ich ein Coaching, weil die Unternehmensspitze mich für eine bestimmte Gruppe, zum Beispiel den angeblich laschen Vertrieb oder ein renitentes Projektteam, engagiert. Ich habe allerdings schon oft erlebt, dass eigentlich ganz etwas anderes im Argen lag – und dann erst einmal Gespräche mit den verantwortlichen Führungskräften geführt werden mussten. Warum? Ganz einfach: Solange die Spitze nicht einsieht, was sich ändern muss, kann ich mich mit der Belegschaft noch so sehr anstrengen – da passiert gar nichts. Ein Beispiel: Eine Firma lud mich zum Nachwuchskräftecoaching ein. Die Personalverantwortliche sagte mir im Vorgespräch, die Geschäftsleitung und sie hätten gern, dass ihre Nachwuchstalente etwas mehr Rückgrat zeigten. Sie sollten ruhig mal aufstehen und ihre Meinung sagen. »Tja«, fragte ich, »woran liegt es wohl, dass Ihr Nachwuchs das bisher nicht getan hat?«

Im Einzelcoaching gehe ich auf die gleiche Art und Weise vor: Ich halte den Leuten wohldosiert den Spiegel vor die Nase. Ich bin direkt, provoziere und nehme kein Blatt vor den Mund – ob beim Vorstand oder dem Hausmeister. Sicherlich kann das zunächst unangenehm sein. Ich bin zwar nett, lasse aber keine Ausreden zu, und ich konfrontiere meine Trainees so lange mit einer Situation, bis sich etwas bewegt. Ob sie mich im ersten Moment ablehnen oder schimpfen, ich sei arrogant, ist nicht entscheidend. Mein Job ist es, Führungskräften klar und deutlich zu sagen, wo sie stehen. Ich lade sie ein, sich selbst anzuschauen, alle ihre Fähigkeiten, aber auch den ganzen Scheiß, der sie als Menschen ausmacht – beides. Ich helfe ihnen dabei, blinde Flecken sichtbar zu machen, und das müssen sie dann erst einmal aushalten. Ich bewerte nicht, was ich zu sehen bekomme. Auch wenn sich jemand als ein richtiges Schwein outet. Ich werde nicht moralisch oder hebe den Zeigefinger. Mir ist nichts Menschliches fremd. Im Gegenteil, ich bin da, um zu bestätigen, dass all diese Dinge dazugehören, dass nichts davon peinlich ist, sondern in Ordnung. Schlimmer ist es, Unangenehmes zu verdrängen. Wohin das führt, können Sie täglich in der Presse lesen.

Diese Arbeit setzt voraus, dass die Menschen mir ihr Vertrauen schenken. Die meisten zögern nicht lange, sie empfinden das als echte Chance! Sie lassen sich auf mich ein und merken, dass sich neue Wege auftun. Gerade Führungskräfte merken oft erst während des Coachings, wie sehr sie es gebraucht haben, ehrlich zu sich selbst zu sein und den Blick in den Spiegel zuzulassen. Sie haben ein enormes Bedürfnis, sich zu öffnen. Mit wem sollen sie auch sprechen? Je höher sie auf der Karriereleiter steigen, desto größer wird auch die Isolation, in der sie sich befinden. Im Grunde ist der beste Coach der Partner oder die Partnerin. Jemand, der von außen mit wirklichem Interesse auf die Situation schaut. Wenn es auf dieser Ebene keine funktionierende Beziehung gibt, übernehme ich die Rolle gerne – aber ohne Kuscheln! Das ist hart, finden Sie? Denken Sie nach! Es ist ehrlich, klar und sehr wirkungsvoll. Und davon brauchen die meisten eher mehr als weniger!

Haben Führungskräfte diesen Punkt dann erreicht und erkennen sich selbst mit all ihren positiven und negativen Eigenschaften, geht es darum, dies nicht zu bewerten. Das ist die hohe Kunst! Je mehr sie sich selbst annehmen, wie sie sind, desto mehr spüren sie, dass ganz tief in ihnen noch etwas anderes ist. Und erst dann sage ich: »Lass uns ausprobieren, ob es nicht doch andere Antworten gibt. Sind da nicht viel mehr Wege?« Und von diesem Punkt ausgehend können wir arbeiten. Den Weg der Erkenntnis gehen sie dann alleine. Der absolut ehrliche Blick in den Spiegel ist eine neue Dimension, der bei den meisten dazu führt, wirklich etwas verändern zu wollen. Es dauert. Aber wer dranbleibt, kann irgendwann tatsächlich sagen: »Kann ich«!

Natürlich musste auch ich all diese Dinge erst lernen, bevor ich mir zutraute, so direkt in eine Situation einzusteigen. Dass ich schon immer unter einem Helfersyndrom »litt«, habe ich Ihnen erzählt. Ob im Krankenhaus oder in meinen ersten Jobs: Immer kamen die Menschen zu mir, wenn es schwierig wurde. Es fiel mir leichter als anderen, bestimmte Wege zu sehen, aber ich wusste noch nicht, dass ich diese Fähigkeit zu meinem Beruf machen würde, weil ich noch zu sehr damit beschäftigt war, mich selbst zu stärken. Auf die Idee, dass ich vielleicht Coach werden sollte, brachte mich ein Mitarbeiter bei *aks,* meinem zweiten Arbeitgeber. Jürgen war ein junger, engagierter Diplom-Ingenieur. Ich hatte ihn selbst eingestellt, wir arbeiteten eng zusammen, und ich hatte den Eindruck, dass wir beide unsere Produkte mit Freude betreuten. Nach einem Jahr hatte ich plötzlich Jürgens Kündigung auf dem Tisch. Ich verstand einfach nicht, warum, und war ziemlich verletzt.

»*Mit Ihnen zu arbeiten, das ist mir einfach zu heftig!*«

»Herr Grundl«, erklärte er mir, »mit Ihnen zu arbeiten, das ist mir einfach zu heftig!« Aua, das tat weh! Jetzt war ich nicht nur verletzt, ich war beleidigt! Statt mit ihm zu reden, ließ ich einen guten Mitarbeiter laufen – nach dem Motto: »Na und? Dann geh doch, wenn du mit mir nicht klarkommst, mir doch egal!«

Jürgen Schmidt hatte mich völlig überrascht. Ich hatte die Signale nicht wahrgenommen, und ich kam auch nicht auf die Idee, der Sache mal auf den Grund zu gehen. Dass er eventuell Recht haben könnte – no way! Zwei Jahre später bekam ich einen Anruf: »Hallo, Herr Grundl, Jürgen Schmidt hier. Wissen Sie noch, wer ich bin?« Und ob, dachte ich. Du bist der Typ, der mich sitzen gelassen und einfach gekündigt hat, weil du mich »zu heftig« fandest. Was der wohl wollte? Treffen wollte er mich. Ein paar Tage später saßen wir im Freilichtkino in Köln bei einem Bier zusammen, und er überraschte mich ein zweites Mal. Er wollte sich bedanken – dafür, dass ich ihn damals unterstützt und weitergebracht hatte, was seinen extrem schnellen Aufstieg in einer neuen Firma zur Folge hatte.

Ich war baff! Aber ich freute mich auch. Es tat mir gut, das zu hören, denn es hatte mir tatsächlich Spaß gemacht, ihn zu fördern. Klar, aus heutiger Sicht hatte ich ein paar dicke Fehler gemacht: Ich hatte ihm keine Wahl gelassen, ob er überhaupt »entwickelt« werden wollte, und als er dann kündigte, spielte ich die beleidigte Leberwurst. Heute würde ich mich nach einer solchen Ansage durchaus selbst infrage stellen, meinem Mitarbeiter mehr Raum geben und mich selbst zurücknehmen. Damals wollte ich vor allem zeigen, was ich konnte. An diesem Abend wurde ich auch das erste Mal damit konfrontiert, dass ich die Entwicklung eines Menschen bedingungslos in den Mittelpunkt gestellt und ihm damit tatsächlich weitergeholfen hatte. Und: Ich wollte schon damals nicht für das, was ich tat, gemocht werden. Es ging mir nicht um Harmonie; ich sah mich scheinbar ganz im Dienste der Sache. Das hatte Jürgen mir damals deutlich zu verstehen gegeben. Daran musst du noch tüchtig arbeiten, Boris, dachte ich – und freute mich trotzdem.

An jenem Abend in Köln wurde mir meine Berufung zum ersten Mal bewusst. Bis ich sie zu meinem Beruf machen sollte, dauerte es freilich noch ein Weilchen, aber man kann das Treffen trotzdem als Geburtsstunde bezeichnen. Natürlich ließ ich nicht gleich alles stehen und liegen, sondern ging erst mal den eingeschlagenen Weg weiter, verdiente gutes Geld, fuhr zu den Paralympics nach Sydney, stieg auf ins Management und verdiente noch mehr Geld. Aber irgendwann schien mich mein damaliger Beruf nicht mehr auszufüllen. Wieder einmal war es an der Zeit, den nächsten Schritt zu wagen. Heute weiß ich: Befriedigung erfahre ich nur durch das Wachstum anderer. Und wissen Sie was? Ich halte das für einen pragmatischen Egoismus, ungefähr so wie bei Mutter Teresa ... Im Ernst, ich habe irgendwann gemerkt, dass es mir nicht gut geht, wenn ich dem Ruf nicht folge. Und trotzdem wurde ich nicht gleich Coach – erst besuchte ich als Manager unzählige Schulungen und las alles, was an »Welterklärungsbüchern« so auf dem Markt war. Wieder half ich anderen in meiner Firma. Ich wollte, dass sie besser wurden in dem, was sie taten. Schon damals merkte ich, dass nicht alle daran interessiert waren. Den Satz »Das kenn' ich schon!« hörte ich in dieser Zeit zum ersten Mal.

2001 war es dann so weit: Ich machte mich selbständig und begann, Seminare zu veranstalten. Ganz zu Anfang hatte ich Angst, es würden keine Leute kommen. Ein Trainer ist ein armer Hund, wenn keiner etwas von ihm lernen will. Aber die ersten Erfolge ließen nicht lange auf sich warten. Ich war glücklich, und mein Job machte mir großen Spaß. Ich hatte meine Berufung gefunden, aber ich musste noch viel lernen. Weil ich so heiß darauf war, mein Wissen weiterzugeben und andere zu bereichern, hielt ich das ganze Drumherum für unwichtig. Deshalb nenne ich meine ersten Veranstaltungen heute auch Wasser-und-Brot-Seminare. Wieder nahm ich die Signale nicht wahr und merkte nicht, dass meine Schlagzahl für meine Zuhörer zu hoch war. Und ich wusste nicht, dass Pausen wichtig sind, um den Kopf durchzulüften. Ich ging nur von meinen Bedürfnissen aus, wollte lehren – auf Teufel komm raus. Merken Sie was? Ich, ich, ich ... Aber war ich nicht um die halbe Erdkugel geflogen, um mir die besten Trainer der Welt anzuschauen? Und jetzt wollten meine Seminarteilnehmer eine Pause? Das verstand ich nicht, bis ein Teilnehmer zu mir kam und sagte: »Herr Grundl, wissen Sie, Ihre Inhalte und Sie als Referent, das ist alles super, aber der ganze Rest ist mit Verlaub ziemlich unterirdisch!« Er hatte Recht. Ich machte den gleichen Fehler wie viele Führungskräfte – ich schloss von mir auf andere. Auch diesmal war ich erst wieder beleidigt – aber nicht mehr so lange. Ich dachte nach und war dann froh, dass der Teilnehmer so ehrlich gewesen war. Ich wollte dazulernen, also begann ich, auf die Bedürfnisse meiner Teilnehmer zu achten, hörte ihnen zu, ging auf ihre Wünsche ein, was das Tempo und die restliche Gestaltung des Seminars betraf. Natürlich kann man auch bei Wasser und Brot lernen, wenn es sein muss. Aber was für mich ausreichte, war für meine Teilnehmer nicht unbedingt das Richtige. Und um die ging es ja schließlich. Ich musste es erst genauso begreifen: Zuhören und Dazulernen wollen *gekonnt* sein. Die Entwicklung vom enthusiastischen Helfer ohne Antennen für die Bedürfnisse seiner »Opfer« zu einem »kontrollierten« Coach, der sich selbst ganz zurücknimmt, war nicht einfach. Dafür musste ich viel üben. Tag für Tag. Bis heute.

Die Erkenntnis, dass es beim Zuhören zwei Modi gibt – den Kenn'-ich-Modus und den Kann-ich-Modus –, setzte sich auch bei mir erst langsam durch. Wenn Sie keinen Fortschritt wollen, bitte sehr, sagen Sie einfach weiterhin »Das kenne ich ja ohnehin schon alles!« Nur der zweite Modus bringt uns wirklich weiter: Wenn etwas Neues Sie überrascht, seien Sie mutig und probieren Sie einfach mal eine bejahende Einstellung aus: »Hm, interessant – kann ich das schon? Muss ich gleich mal ausprobieren!«

Lieber Querschnitt – als Durchschnitt

Ich habe einen einfachen Geschmack.
Ich bin immer mit dem Besten zufrieden.
Oscar Wilde

Ich war mal ein erfolgreicher Tennisspieler. Aber wenn mich heute jemand fragt, warum ich nach meinem Unfall nicht Rollstuhltennis gespielt habe – »Sie gehörten doch mal zu den Besten, Herr Grundl! Und schließlich haben Sie auch Ihre Abschlussarbeit über Rollstuhltennis geschrieben!« –, antworte ich: »Natürlich habe ich es ausprobiert, doch meine Hände sind nicht mehr stark genug, um den Schläger ordentlich zu halten.« Natürlich liegt es auch daran, dass ich den Ball nicht mehr auf den Zentimeter genau platzieren kann – so wie vor dem Unfall. Gut, wenn ich mich tüchtig anstrenge, könnte ich vielleicht auch im Rollstuhltennis irgendwann wieder über dem Durchschnitt liegen. Doch was heißt das für jemanden, der schon mal ganz oben war? Meinen eigenen Ansprüchen hätte ich doch nie wieder genügt. Ein frustrierender Vorher-Nachher-Vergleich! Ich wollte keinem Sport nachhängen, den ich mal richtig beherrscht hatte. Das tat zu weh. Also schob ich das Thema Sport nach meinem Unfall erst einmal weit weg, bis mir einer meiner Mentoren, Dr. Horst Strohkendl, Heilpädagoge und Experte für Behindertensport am Lehrstuhl für Bewegungstherapie der Uni Köln, eines Tages ein Video zuschickte. Es zeigte ein Rollstuhl-Rugby-Spiel: In einer Sporthalle jagen Typen im Rollstuhl einem Volleyball hinterher, um diesen in ein Tor zu bugsieren, das von zwei Pylonen markiert wird. Wie beim Fußgänger-Rugby auch haben die Spieler keine Scheu, aufeinander loszustürmen. Da kracht es ordentlich, wenn die Rollstühle aufeinanderdonnern!

Zumindest theoretisch, denn die Truppe hier bewegte sich auf ziemlich unterirdischem Niveau. Es war kein Tempo im Spiel, ich sah keine Strategie, keine einfallsreichen Spielzüge, sondern zwei Mannschaften, die sich damit abquälten, an den Ball zu kommen. Was für eine Gurkentruppe! Aber vor allem waren dort gar keine richtigen Sportler auf dem Feld, sondern nur Behinderte!

Ich stoppte das Video. »Das ist was für Pflegefälle!«, sagte ich zu Strohkendl. »Nichts für mich!« Krass, ich weiß, aber diese Reaktion entsprach meiner damaligen Einstellung. Die anderen waren behindert. Ich doch nicht! Ich war immer noch Boris Grundl. Und außerdem: Was sollte ich mit einem Mannschaftssport? Tennis war eine Individualsportart. Teamfähigkeit? Ja, ich war auch mal Bezirksmeister im Doppel gewesen, ansonsten hatte diese Fertigkeit bisher keine große Rolle gespielt. Eigentlich war ich Einzelspieler. Andererseits ... So schwer konnte das doch nicht sein, oder? Ich drückte noch mal auf Play. Diesmal schaute ich mir den Vor- und Abspann des Videos genauer an, in denen Ausschnitte von richtig großen Turnieren gezeigt wurden. Zum ersten Mal sah ich den Kanadier Garret Hickling und andere Superspieler. Damals wusste ich nicht, dass ich ihnen ein paar Jahre später selbst auf dem Spielfeld gegenüberstehen würde. Tja, ehrlich gesagt machten mich diese Bilder schon neugierig. Vielleicht sollte ich doch mal bei den Bochum Roadrunners vorbeifahren? So weit weg von Köln war das ja gar nicht!

Das erste Training: Als sich die elektrischen Türen des Sportzentrums öffneten, fühlte ich mich wieder ans Krankenhaus und an meine Reha-Zeit erinnert. Nein, ich konnte mir nicht vorstellen, hier öfter herzukommen – ich war ja nicht behindert, sondern hatte alles im Griff. Erst mal sehen, was die so draufhaben. Dann stand ich mit meinem wackligen Rollstuhl in der Halle, und das Training ging los. Es wurde auf Tempo trainiert. Wir sollten um einen Kreis aus Pylonen fahren, so schnell wir konnten. Ohne groß nachzudenken, hängte ich mich voll rein – und war der Schnellste! Aus der Mannschaft wurde mir dafür Anerkennung entgegengebracht. »Nicht schlecht, Alter! Fürs erste Training sogar ganz ordentlich!« Das war ein gutes Gefühl und auch ein altbekanntes Muster aus Jugendzeiten: Anerkennung für sportliche Leistungen. Aber das war mir damals nicht bewusst. Ich dachte nur: Eigentlich bist du ja kein Mannschaftssportler. Aber wenn du der Mannschaft dienen kannst, indem du der Schnellste bist …

Dann wurde gespielt, und meine Vorbehalte lösten sich immer weiter auf. Mann, das machte ja Spaß! Die Spieler prallten mit ihren Stühlen aufeinander, dass es nur so schepperte. Die gingen richtig zur Sache, das gefiel mir. Nicht weil ich ein Brutalo war, sondern weil die lästige Behindertenrolle – meine eigene und auch die, die ich den anderen aufgezwungen hatte – völlig in den Hintergrund trat. Ich fing langsam an zu begreifen, dass ich den anderen Unrecht getan hatte. Ihnen ging es ja nicht anders als mir. Wir waren einfach ein Haufen Jungs im Wettkampf. Und wir gaben alles. Da wurde geackert, da wurde zugelangt, und es war ganz egal, dass wir im Rollstuhl saßen. Ich weiß noch, dass Fußgänger immer ziemlich schockiert darüber waren, wie es beim Rollstuhl-Rugby zuging. Auch Sportreporter, die regelmäßig über uns berichteten, waren erst einmal irritiert. Besonders die, die sich aus sozialen Gründen für den Behindertensport interessierten. Nach dem Motto: Behinderte prügeln sich nicht. Schon klar, Rollstuhlfahrer sollten nicht so leistungsorientiert denken. Die können sich doch helfen lassen. Nett gemeint, aber auch wenn das vielleicht schwierig zu verstehen ist: Rugby wurde zu meinem Sport, gerade weil hier die ganze Behindertennummer plötzlich scheißegal war. Während wir spielten, kam es mir so vor, als wäre die Welt barrierefrei – zumindest in unseren Köpfen.

Es hatte mich gepackt. Zum nächsten Training war ich wieder da. Weil ich so schnell war, wurde ich Ballführer. Das ist wie beim Fußgänger-Rugby: Die Mitspieler versuchen, gegnerische Spieler abzublocken, damit du als Ballführer vorbeikommst und aufs Tor gehen kannst. Und schon bald sollte ich mein erstes Spiel erleben, eine Vorstellung, die mich total anmachte. Aber noch immer fehlte mir die richtige Einstellung. Ich hatte zwar angefangen, über die anderen nachzudenken, aber ich sah mich trotzdem als einzigen Nichtbehinderten unter lauter Behinderten. Mit anderen Worten: Ich war noch immer ein diskriminierender Behinderter. Woran ich das festmache? An meinem Denken und an meinem Verhalten beim ersten Spiel. Alle trugen Handschuhe. Alle – außer mir. Handschuhe? Die brauchte ich nicht. Und was war mit dem Bauchgurt zum Anschnallen, damit man nicht aus dem Stuhl fiel? Ich doch nicht! Und Kippstützen? Die bringt man am Stuhl an, damit man nicht nach hinten fällt. So ein Quatsch! Ich war der Schnellste, ich war der Coolste. Und vor allem war ich nicht behindert. Ich war Boris Grundl und brauchte keine übertriebenen Sicherheitsvorkehrungen.

Ich war der Schnellste, ich war der Coolste.

Unseren holländischen Gegnern tat ich damals einen Riesengefallen. Das Team war sowieso viel weiter als wir, hatte richtige Rugby-Stühle, Trikots, die bessere Technik und durch mein kindisches Verhalten ein absolutes Heimspiel. Ich hatte mich freiwillig zu einer leichten Beute gemacht! Die Holländer kapierten schnell, was – oder besser gesagt wer – die Schwachstelle ihrer gegnerischen Mannschaft war. Dieser Idiot von einem Ballführer ohne Bauchgurt! Bei diesem Turnier sollte ich keine zehn Sekunden in meinem Rollstuhl sitzen bleiben: Gerade hatte ich den Ball und drehte mich um, da gab es einen Schlag, und ich lag am Boden. Wieder und wieder flog ich aus meinem Stuhl. Anschnallen? Ich doch nicht! Kippstützen? Niemals! Tja, das sollte mir eine Lehre sein. Das ganze Spiel über habe ich den Hallenboden geschrubbt. Das Resultat meiner Eitelkeit: Wir verloren haushoch, ungefähr 40 oder 50 zu sieben.

Das Komische war: Nach dem Spiel fühlte ich mich super, obwohl meine Mannschaft gerade meinetwegen verloren hatte! Woran das lag? Jedenfalls nicht daran, dass ich mich irgendwie hätte profilieren können, im Gegenteil: Ich hatte auf dem Spielfeld ein Bild des Grauens abgegeben und war total auf die Nase gefallen – und zwar wortwörtlich. Auch an der Art der Niederlage konnte es nicht gelegen haben. Dass wir als Anfänger gegen eine holländische Ligamannschaft verloren hatten, redete ich mir nicht schön. Das war nicht meine Art. Nein, irgendwie hatte es Klick gemacht, gerade weil wir verloren hatten. Ich fühlte mich wie Christoph Columbus, der ein neues Land entdeckt hatte. War ich mir vorher nicht sicher gewesen, ob das wirklich mein Sport werden würde, sah ich Rugby jetzt als eine echte Herausforderung an. Aber vor allem war da auch während des Turniers wieder dieses Gefühl einer geistigen Barrierefreiheit gewesen. Jeder gab sein Bestes, alles andere interessierte nicht.

Ich wusste jetzt, dass Rugby mein Spiel war, und das sollten auch so schnell wie möglich alle anderen entscheidenden Leute erfahren: Ich hatte gesehen, dass bei dem Turnier Spieler der Nationalmannschaft und ihr Trainer zugeschaut hatten. Gleich nach dem Abpfiff sprach ich sie an: »Guten Tag, ich bin Boris Grundl. Ich möchte in die Nationalmannschaft und in vier bis fünf Jahren bester europäischer Rugby-Spieler werden.« Ich war hochmotiviert, aber irgendwie kam das nicht rüber. Der Trainer nickte zwar, aber wirklich zustimmend oder aufmunternd sah er nicht aus. Und die Spieler? Die Nationalspieler schüttelten nur ungläubig den Kopf, und meine Mitspieler waren total aufgebracht: »Was glaubst du eigentlich, wer du bist? Nationalspieler? Wir sind dir wohl nicht gut genug, was? Bist gerade das erste Mal beim Turnier dabei, spielst unter aller Sau und willst in die Nationalmannschaft …? Lern' doch erst mal ordentlich auf deiner Position zu spielen!«

Kommt Ihnen das bekannt vor? Sie haben Recht. Es wiederholte sich, was bisher jedes Mal passiert war, wenn ich versucht hatte, aus dem Mittelmaß auszubrechen. Es war das gleiche Gefühl wie damals, als ich den Führerschein machen wollte oder mir wünschte, alleine zu wohnen. Irgendwie hatte ich wohl gehofft, hier würde man mich besser verstehen, und äußerte deshalb naiv, was ich mir von ganzem Herzen wünschte. Sicherlich war das nach der Vorstellung, die ich gerade abgeliefert hatte, auch ziemlich dreist. Trotzdem. Meine Mannschaftskollegen hätten auch einfach sagen können: »Gut, schauen wir mal. Toll, dass du dir das vorgenommen hast!« Stattdessen zeigten sie mir alle, was sie von mir erwarteten: Ich hatte mich meiner Position gemäß zu verhalten.

Wie ich darauf reagierte? Na ja, eigentlich so wie immer. Ich machte einfach weiter. An diesem Tag hielt ich zwar meine Klappe. Heute denke ich: Die anderen versuchten, meine Träume zu zerstören. Also sorgte ich dafür, dass meine Träume stärker wurden. Aus diesem Grund habe ich weiter an mir gearbeitet. Einmal Boden schrubben, immer Boden schrubben? Das halte ich für ausgemachten Blödsinn! Wer nicht Durchschnitt sein will, muss es auch nicht. Nicht im Job, nicht im Sport, überhaupt nicht. Ihr werdet euch noch wundern, dachte ich. Natürlich war die ablehnende Haltung, die man mir beim Turnier entgegengebracht hatte, auch ein Ansporn für mich, aber ich hatte auch Ziele. Was war so falsch daran, nicht in der Masse dahindümpeln, sondern weiterkommen zu wollen? Nichts! Vier Jahre später war es dann auch so weit. 1998 wurde ich zum besten europäischen Rollstuhl-Rugby-Spieler gewählt und nahm 2000 als Nationalspieler an den Paralympics in Sydney teil. Nach der Devise: Man sieht sich immer zweimal im Leben. Insgesamt spielte ich zehn Jahre in der Nationalmannschaft, und genauso viele Jahre war ich Präsident des deutschen Rugby-Verbands. Außerdem durfte ich an der Entstehung des weltweit größten Rollstuhl-Rugby-Turniers – dem Bernd Best Turnier in Köln – mitwirken. Und meinen damaligen Arbeitgeber *aks*, einen Hersteller von Medizinprodukten, brachte ich sogar dazu, Rubgy-Rollstühle herzustellen.

Im Nachhinein erscheint mir das trotzdem schräg. Gerade hatte ich festgestellt, dass ich beim Rugby vergessen konnte, für wie unterdurchschnittlich die Gesellschaft uns Behinderte hielt, da kriegte ich wieder eins auf den Deckel, und das auch noch von Menschen, die in der gleichen Situation waren wie ich. Gut, ich hatte mich ihnen gegenüber diskriminierend verhalten. Aber durch das Rugbyspielen hatte ich begonnen, zu reflektieren. Ich wollte mein Denken ändern, und der Sport half mir dabei. Trotzdem versuchte man mal wieder, mich in die Schranken zu weisen. Bisher hatte ich gedacht, aus dem Durchschnitt auszubrechen bedeute, sich kolossal anstrengen zu müssen. Nun, das wollte ich auch gern in Kauf nehmen. Jetzt merkte ich, dass es gar nicht so schwierig war, den Durchschnitt hinter sich zu lassen. Viel mühsamer schien es, die äußeren Widerstände zu überwinden. Wieder einmal war es mein Umfeld, das mir suggerierte, ich könne etwas nicht schaffen. Ich solle mich beschränken. Mich fügen.

Heute weiß ich, dass mein Team das nicht persönlich meinte. Vielmehr störten sie sich an meinem Leistungsdenken. Ein Bekenntnis zur Spitzenleistung fehlt in unserer Gesellschaft völlig. In Deutschland wird nicht sehr häufig darüber gesprochen. Einen gesunden Ehrgeiz behält man besser für sich. Für Bekenntnisse wie »Ich will der Beste sein, der ich sein kann« oder »Ich will Spitzenleistung bringen!« wird man eher schief angeschaut, besonders wenn man behindert ist. Bei einem Behinderten ist alles Kompensation, ist doch klar. Der kompensiert von morgens bis abends, der kann gar nicht anders. »Seit seinem Unfall hat er ne Profilneurose und gibt sich stärker, als er ist!« Zum Teil war das sicher richtig – aber nur zum Teil. Das Muster »Anerkennung für Leistung« kannte ich ja schon vor meinem Unfall aus meiner Kindheit. Und mal unter uns, zum Teil treffen diese Aussagen doch auf jeden zu, oder nicht? Dafür muss man sich nicht erst den Hals brechen. Und: Nur weil ich mir den Hals gebrochen habe, heißt das noch lange nicht, dass ich mich nicht mehr fordern darf! Ich wollte Spitzenleistung bringen. Aber nicht, um zu kompensieren, denn es gab einen weitaus wichtigeren Grund: Erst die

»Seit seinem Unfall hat er ne Profilneurose!«

Spitzenleistung erlaubt es mir, so weit in die Tiefe zu gehen, dass ich mich mit all meinen Fähigkeiten spüre. Ich muss an meine Grenzen stoßen, bevor ich den nächsten Entwicklungsschritt machen kann. Nur so überwinde ich die alten Muster.

Vor meinem Unfall habe ich das nicht reflektiert. Der Leistungsgedanke war schon immer fest in meinem Wertesystem verankert, ich bin durch ihn geprägt worden und er bestimmte meine Persönlichkeit als Hochleistungssportler. Auch heute versuche ich, Spitzenleistung zu bringen, aber meine Definition von Leistung hat sich grundlegend geändert. Als Kind, als Schüler und junger Erwachsener war das Leistungsprinzip für mich ganz klar mit Anerkennung von außen verbunden. Darunter leidet so manches Kind, und auch ich habe manchmal damit gekämpft, denn im Umkehrschluss bedeutete es: Bringst du keine Leistung, bekommst du auch keine Anerkennung, keine Liebe und keine Aufmerksamkeit. Ein großer Druck für einen Jungen, der auch zu einem bestimmten Verhalten führte: Wer gewohnt ist, Anerkennung nur auf diese bestimmte Art und Weise zu erhalten, will auffallen, versucht ständig, im Mittelpunkt zu stehen. Meist fiel mir das auch nicht schwer. Meine Heimatstadt beispielsweise war überschaubar. Wenn ich im Freibad einen Salto vom Dreier machte, war ich schon ein toller Hecht. Auch zu Hause ging das Prinzip meist auf. In der Schule hatte ich keine Probleme, meine Noten waren gut, außerdem war ich ein talentierter Saxophonist. Und im Tennis stieg ich vom Jugendclubmeister zum Herrenclubmeister und über den Bezirksmeister im Einzel und Doppel zum Württembergischen A-Meister auf.

»Jetzt bin ich hier, dahin muss ich noch. Dann kommt als Nächstes dieser Schritt, und vielleicht schaffe ich dann auch noch einen.« Es war nicht verwunderlich, dass ich so dachte. Meine Eltern unterstützten das. Sie betrieben eine Tennisschule, und es passte gut, dass der Junge so eine Art Aushängeschild war. Sie wollten mir damit nicht schaden, aber natürlich fühlte ich mich meinen Eltern gegenüber verpflichtet. Anerkennung und Verpflichtung waren die Haupttriebfedern vor meinem Unfall gewesen. Und dann war da noch diese Fähigkeit, dass sich Leute an mir orientierten. All diese Anlagen stecken auch heute noch in mir. Vor dem Unfall = nach dem Unfall? Nicht ganz, denn in der Zeit direkt danach ging erst mal gar nichts mehr. Mein Talent, anderen zu helfen, indem ich ihre Wahrnehmung veränderte, hatte ich vorerst verloren. Meine Kraft reichte nicht aus. Aber auch in anderer Hinsicht war vor dem Unfall nicht nach dem Unfall: Langfristig änderte sich mein Leistungsempfinden. Hatte ich bisher nur gewusst, wie es war, für äußere Erfolge belohnt zu werden, lernte ich nach dem Unfall, dass nachhaltige Anerkennung von innen heraus kommen musste.

Das war neu. Diese Art von Leistung hatte in meinem Elternhaus keine große Rolle gespielt. Damals war ich abhängig von anderen, die mich für meine Leistungen mit Anerkennung oder Liebe belohnten. Ich war nicht frei, und ich lernte erst nach dem Unfall, dass ich meine Freiheit nur finde, wenn ich mir meinen eigenen inneren Bezugsrahmen schaffe. In der Klinik musste ich viel mehr leisten als jemals zuvor, aber es ging nicht mehr darum, die Öffentlichkeit zu beeindrucken. Die nahm auch gar nicht wahr, was ich schaffte. Damals habe ich das erste Mal versucht, eine Leistung aus mir selbst heraus zu erbringen, zum Beispiel, allein aus dem Rollstuhl auf den Boden und wieder in den Rollstuhl zu kommen. Ich wollte mir im Notfall selbst helfen können. Meine Therapeuten in der Übungshalle machten große Augen, denn das hatten sie von jemandem mit meiner Lähmungshöhe nicht erwartet. Dass jemand hinschaut, war mir aber nicht mehr wichtig. Es ging mir nicht mehr um Meisterschaften vor Publikum oder gegen andere – nur noch um die Meisterschaft über mich selbst.

Wenn ich heute über meine Leistungen spreche, dann meine ich immer diejenigen, die ich aus mir heraus erbringe. Der Leistungsbegriff hat absolut nichts Negatives mehr für mich. Weder setzt er mich zu sehr unter Druck noch empfinde ich so etwas wie Verrat, wenn mich jemand anders überholt, weil er sich ein Ziel gesetzt hat. Stattdessen versuche ich mich in seine

Lage zu versetzen oder erinnere mich an mein erstes Rugby-Turnier: »Ist doch toll, dass er diese Entscheidung für sich getroffen hat. Jeder ist für sich selbst verantwortlich.« Ich wollte damals im Rugby besser werden, weil ich in diesem Sport voll aufgehen konnte und dabei eine geistige Unabhängigkeit spürte. Mein Denken hat sich grundlegend verändert – im Gegensatz zu früher und zu meinem Umfeld. Kurz gesagt: Durchschnittliches Denken produziert durchschnittliche Ergebnisse. Der Philosoph Arthur Schopenhauer drückt es noch knapper aus: »Unsere Gedanken sind unser Schicksal.« Wenn du also etwas verändern willst, musst du zuerst dein Denken verändern. Das ist nicht leicht, vor allem weil Anderssein und Andersdenken immer auch die Umwelt irritieren oder gar provozieren. Wahrscheinlich hat mir geholfen, dass ich immer schon ein bisschen stur war. Wenn mir jemand gesagt hat, dass ich etwas nicht kann, wollte ich nicht einsehen, dass ich es noch nicht mal ausprobieren sollte.

Ich will nicht handeln, wie *man* es von mir erwartet. Ich will nicht denken, wie *man* denkt. Wenn unsere Gedanken schon unser Schicksal bestimmten, dann soll mein Denken weder fremdbestimmt noch durchschnittlich sein. Auch bei meiner Arbeit als Coach will ich aus mir selbst heraus und für andere Spitzenleistungen bringen. Das ist so ähnlich wie beim Rugby. Ich gehe auch in meiner Arbeit voll auf, so dass ich die Widerstände in meinem Alltag fast vergessen kann. Anfangs war ich natürlich auch als Coach Durchschnitt, ich habe Ihnen ja schon von meinen Wasser-und-Brot-Seminaren erzählt, als ich noch nicht gelernt hatte, auf die Bedürfnisse meiner Kunden einzugehen. Außerdem litt ich damals noch an der typischen Anfängerkrankheit: Ich wollte von den Leuten gemocht werden. Ja, ich auch! Oder sagen wir besser: Gerade ich! Wie ein schlechter Liebhaber war ich darauf konditioniert, Anerkennung nur für Leistung zu bekommen.

Zu welcher Spitzenleistung ich als Coach eigentlich fähig war, sollte sich erst bei einem Seminar in Bremen herausstellen. Es war mein erster Auftritt vor einer Gruppe von Selfmade-Millionären. Ein bedeutendes deutsches Unternehmen hatte mich gebucht, damit ich mit ihrem Top-Management einen Tag lang darüber redete, wie man systematisch Menschen fördert. Man hatte an nichts gespart und mich in einem der schönsten Bremer Hotels untergebracht. Ich saß also am Vorabend in der Hotel-Lounge, im Kamin brannte das Feuer, und ich freute mich auf das Seminar wie ein kleines Kind auf den Weihnachtsmann und den Osterhasen zusammen. In der Nacht schlief ich wie ein Baby. Am nächsten Tag war ich sofort hellwach und bester Stimmung, so dass mein Assistent mich beim Frühstück fragte: »Mensch, Boris, was hast du denn genommen?«

Dann begann das Seminar: Vor mir saßen 13 richtig schlaue Jungs. Ich wusste, ich hatte etwa sieben Minuten Zeit, um sie zu gewinnen. Spätestens in der achten würden sie anfangen, ihre Mails zu checken, weil sie sich langweilten. Aber ich war immer noch hellwach und hochmotiviert und legte ein ziemliches Tempo vor. Währenddessen beobachtete ich mein Publikum und merkte, dass sie mir gespannt zuhörten. Wahnsinn, es funktionierte! Ich schätzte, wie schnell sie mitdachten – und erhöhte das Tempo noch einmal. Es sollte sich niemand langweilen. So schnell war ich sonst nie, aber ich hatte ja gelernt, mich dem Tempo meiner Seminarteilnehmer anzupassen. Letztendlich verdoppelte ich das Tempo noch zweimal und feuerte aus allen Rohren. Es schien ihnen Spaß zu machen. Und mir auch! Zum ersten Mal hatte ich das Gefühl, unter Gleichgesinnten zu sein. Zum ersten Mal löste sich die Handbremse. Lichtgeschwindigkeit? Hyperantrieb! Zu sehen, wie sich 13 Superhirne mit Spitzeneinkommen in meinem Seminar einen Tag lang die Finger wund schrieben, hat mich zu absoluter Höchstleistung angespornt. Es war wie beim Rugby: Diese Leute interessierte einen Scheißdreck, ob ich im Rollstuhl saß oder nicht. Sie wollten auch nicht, dass ich nett zu ihnen war und dass wir uns alle lieb hatten. Sie wollten, dass ich ihnen etwas gab, was sie weiterbrachte.

Und ich? Ich hatte ein für alle Mal verstanden, dass es viel wichtiger war, Klartext zu reden, als gemocht zu werden. Und jetzt wurde ich gerade deshalb gemocht, weil man jemanden weiterbrachte. Seit diesem Tag bedeutet Leistung für mich als Coach, andere weiterzubringen, indem ich mit ihnen Klartext rede. Die Jungs hatten mich durch ihr Interesse dazu ermutigt, tiefer einzusteigen als jemals zuvor und ganz direkt zu sein. Deshalb hatten sie mich respektiert – nicht weil ich nett zu ihnen war. Dieser Respekt bedeutete viel für mich und für meine eigenen Fortschritte als Coach. Das Besondere aber war: Weil an diesem Tag wirklich nur die Entwicklung der anderen im Vordergrund gestanden hatte, hatte auch ich mich weiterentwickeln können. Es war ein Geben und Nehmen; vorher war ich einem Ruf gefolgt, aber jetzt hatte ich meine Berufung wirklich verstanden. Ich hatte aufgehört zu denken, wie *man* als Coach denkt! Und ich schwor mir: Nur noch Spitzenleistung statt Kuschelkurs. Lieber Querschnitt als Durchschnitt!

Ich schwor mir: Nur noch Spitzenleistung!

Durchschnitt oder Höchstleistung? Natürlich muss das jeder selbst für sich entscheiden. Ich möchte niemanden zu Spitzenleistungen überreden. Wenn jemand zu mir sagt: »Herr Grundl, was Sie sagen, mag auf Sie und andere zutreffen, aber ich bin gerne Durchschnitt«, dann habe ich Respekt, weil sich diese Person Gedanken gemacht hat und zu einem klaren Schluss gekommen ist. Das ist eine bewusste Entscheidung, die ich voll akzeptieren kann. »Aber wenn alle so denken, wird sich die Welt doch nie ändern«, höre ich einige widersprechen. Das stimmt nicht ganz. Natürlich gibt es viel Durchschnittliches in unserer Gesellschaft. Die meisten Medien produzieren beispielsweise ziemliches Mittelmaß, zumeist Wiederholungen von bereits Bekanntem. Manchmal ist auch ein schlauer Gedanke dabei, doch meist sind die Ideen eher auf Stammtischniveau. Trotzdem ist dieses Mittelmaß für die Gesellschaft nur zum Teil von Nachteil. Ich bin der Meinung, dass der Durchschnitt das Funktionieren des Staates gewährleistet –

er hat eine selbstregulierende Funktion, und er bietet Schutz. Es muss nicht jeder in allen Bereichen Spitzenleistung erbringen! Kants Idee des kategorischen Imperativs – »Handle nur nach derjenigen Maxime, von der du zugleich wollen kannst, dass sie ein allgemeines Gesetz werde« – ist für mich nicht erstrebenswert. Lieber gehe ich von der Vielfalt des Tierreichs aus. Es gibt einen Löwen, ein Schaf, eine Schlange, einen Adler, und in der Vielfalt macht all das Sinn. Jeder hat seinen Platz und seine Funktion. Und dass sich die Welt auf diese Weise nicht weiterentwickelt, stimmt nicht. Es wird immer wieder Menschen geben, die bahnbrechende und unglaubliche Ideen haben. Und diese Ideen werden das intellektuelle Dach des gesellschaftlichen Gebäudes immer mal wieder ein Stück anheben. Aber das braucht seine Zeit.

Für uns Menschen und unsere Gesellschaft geht es also um die Balance zwischen Stabilität und Dynamik. Für Sie als Individuum stellt sich die Frage: Durchschnitt oder nicht Durchschnitt? Das Tolle ist: Es kommt nicht darauf an, *wie* Sie sich entscheiden, sondern *dass* Sie es überhaupt tun und Ihren Weg klar vor sich sehen. Jede Entscheidung ist richtig. Skeptisch werde ich bloß, wenn mir jemand erzählen will, es gäbe sie nicht, die Welt der »unbegrenzten Möglichkeiten«. Lassen Sie das gar nicht erst zu, sondern begreifen Sie die Vielfalt an Möglichkeiten und erkennen Sie Ihren Platz.

Disziplin ist Freiheit – und was ist Flow?

Fordere viel von dir selbst und erwarte wenig von anderen.
So bleibt dir mancher Ärger erspart.

Konfuzius

Manchmal werde ich von Seminarteilnehmern gefragt, was ich gemacht habe, bevor ich Coach wurde. »Mein erster Job nach dem Studium? Ich war Außendienstmitarbeiter für die Rollstuhlfirma *pro aktiv*. Das war eine tolle Zeit!« Meist kommen dann skeptische Nachfragen: »Sie meinen Vertreter? Ständig unterwegs? Das sind doch diese Typen, die man abends mutterseelenallein an einer Hotelbar sitzen sieht? Mit müdem Gesicht, den Schlips auf halb acht und den Vorführkoffer als stummen Begleiter neben sich auf dem Barhocker. Das kann ich mir bei Ihnen gar nicht vorstellen, Herr Grundl.« »Das liegt daran«, sage ich dann, »dass Sie nur das Klischee eines Vertreters im Kopf haben. Natürlich gibt es sie, die Bar-Hocker und Hotel-Lobby-Sitzer. Wer sich in seinem Job nicht weiterentwickelt, reibt sich irgendwann auf. Und die Tatsache, dass sie ständig allein auf Reisen sind, lässt das Klischee bei der einen oder dem anderen auch schon mal Wirklichkeit werden.« »Und Sie sind auch rumgereist?«, lautet dann für gewöhnlich die nächste ungläubige Frage – und das auch nicht ganz zu Unrecht. »Ja«, sage ich dann, »ich bin auch rumgereist.« Und dann erzähle ich von meiner Zeit im Außendienst.

Ich gebe zu, meine Entscheidung, als Vertreter ständig on the road zu sein, ist für Außenstehende nur schwer nachzuvollziehen. Als Rollstuhlfahrer und dann noch mit meiner Lähmungshöhe – das scheint doch ein bisschen too much. Vom Aufwand her stimmt das auch, aber ich ging wie immer von der Sache aus. Und die Arbeit war genau das Richtige für mich: Ich fand Rollstühle inzwischen super. Da war es doch sehr naheliegend, meine Begeisterung für ein so tolles Produkt mit anderen zu teilen. Und wer konnte die Kunden besser von den Vorzügen eines bestimmten Rollstuhls überzeugen als jemand, der ihn den ganzen Tag benutzte? Ich wollte damals wirklich Rollstühle verkaufen; dass es mir eigentlich damals schon darum ging, Menschen zu bewegen und Emotionen auszulösen, wurde mir erst im Nachhinein klar. Und was den Aufwand anging: Ich war wieder mal naiv genug, mir vorher nicht zu viele Gedanken zu machen.

Um meine neue Aufgabe bewerkstelligen zu können, brauchte ich natürlich wahnsinnig viel Energie. Einen Führerschein und ein Auto hatte ich – mein Passat sollte mir bei der Arbeit gute Dienste leisten. Das war aber auch schon alles. Für diesen Job gab es jedoch weitaus mehr Voraussetzungen zu erfüllen: Ich musste das Auto alleine be- und entladen – pro Tour hatte ich zwei bis drei Vorführrollstühle dabei. Ich musste wie alle andern viel alleine reisen, zumindest am Anfang. Irgendwann später, als die Kunden mich kannten, betreute ich viele von ihnen auch telefonisch und fuhr nur hin, wenn es wirklich nötig war. Das Dasein als freier Handelsvertreter bedeutete damals außerdem, keinen Vertrag und auch kein Kilometergeld zu bekommen. Dazu kam, dass ich mich selbst versichern musste. Und als Querschnittgelähmter eine Krankenversicherung zu finden, das macht richtig Spaß, kann ich Ihnen sagen. Aber am wichtigsten war: Ich musste auch Rollstühle verkaufen. Ich musste so gut sein, dass ich davon leben konnte. Mit diesem Ziel vor Augen und mit dem Vorsatz, meine Begeisterung in die Welt zu tragen, machte ich mich an die Arbeit.

Ein Tag im Leben des Vertreters Boris Grundl sah dann ungefähr so aus: Nehmen wir an, ich hatte einen Termin in einem Krankenhaus in Koblenz. Von Köln aus, meinem damaligen Wohnort, sind das etwas mehr als 100 Kilometer. Ich ging davon aus, einfach hinzufahren, auszusteigen und zu sagen:

»Guten Tag, ich bin Boris Grundl. Ich bitte Sie, meine Begeisterung für diese Rollstühle hier mit mir zu teilen. Sie sind toll! Kaufen Sie sie!« So weit, so gut? Eher nicht! Die Realität: eine minutiöse Planung, ein irrer Aufwand und sehr, sehr viel Disziplin. Ein Fußgänger-Vertreter wäre etwa um sieben Uhr aufgestanden, um gegen halb acht zu packen und loszufahren. Bei mir müssen Sie zwei Stunden fürs Anziehen draufrechnen. Inzwischen war ich immerhin bei fünf Minuten pro Socke! Und das Auto war dann noch nicht gepackt. Auch für die Parkplatzsuche vor Ort und fürs Auspacken musste ich noch mal 45 Minuten rechnen. Ich brauchte ja immer doppelt so viel Platz, damit ich selbst aussteigen und auch die anderen Stühle ausladen konnte. Auch wenn ich zunehmend Passanten belästigte, damit sie mir beim Ausladen halfen. Selbst die Autofahrt war anstrengender für mich, denn ich steuere ja nicht nur mit den Händen, ich mache auch alles andere damit, Gas geben und bremsen zum Beispiel. Die Hände sind permanent beschäftigt und dadurch viel stärker beansprucht. Ich erinnere mich noch gut: Als ich den Führerschein für den umgebauten Wagen machte, war ich unglaublich angespannt. Bei einer Gelegenheit, wir fuhren auf einer Landstraße, sagte mein Fahrlehrer zu mir: »Herr Grundl, Sie können ruhig schneller fahren. Wir sind außerhalb der Ortschaft.« Ich schaute auf den Tacho. Weil ich mich so auf das Fahren konzentriert hatte, glaubte ich, wir seien mindestens 130 gefahren. Die Nadel zeigte aber gerade mal 30 Kilometer pro Stunde an ... Später raste ich dann wirklich mit ziemlichem Tempo über die Autobahn, was die Fahrten nicht weniger anstrengend machte. Tja, auch ich war mal jung und wild, wollte cool sein und mir beweisen, dass ich es draufhatte. Heute fahre ich ganz relaxt und schmunzele nur, wenn wieder so ein Halbstarker mit Lichthupe an mir vorbeizieht.

Aber zurück zu meinem Auftrag: Ich brauchte also zwei Stunden fürs Anziehen und 45 Minuten fürs Einparken und Ausladen. Die Ärzte und Therapeuten in Koblenz interessierte natürlich nicht, wie früh ich aufgestanden war und was ich noch alles in Kauf genommen hatte, um pünktlich in ihrem Krankenhaus zu sein. Und Recht hatten sie! Niemand zwang mich, diese Arbeit zu machen. Natürlich erforderte mein Job eine ungeheure Disziplin. Ich musste nicht nur früher aufstehen als andere und ganz anders planen, sondern auch ständig aufpassen, dass mein Geist nicht abhaute. Klar, es wäre verführerisch gewesen, zu jammern: Guck dir die anderen an. Die haben es viel leichter. Die Welt ist nicht gerecht! Aber wohin führt diese Sichtweise? Ich sage lieber: Die Welt *ist* gerecht. Hatte ich nicht diese wunderbare Chance erhalten? Und wenn ich dann pünktlich in Koblenz oder sonst wo ankam, wenn ich während eines Gesprächs merkte, dass der Funke übersprang, wenn die Leute dann meine Rollstühle kauften, weil ich sie dafür hatte begeistern können, hatte sich die Mühe doch gelohnt. Die Welt war absolut gerecht! Es kam nur darauf an, das zu erkennen.

Trotzdem wundere ich mich im Nachhinein, wie ich das alles geschafft habe. Manchmal hatte ich vier Termine am Tag, fünf Mal die Woche. Damals fiel mir das nicht weiter auf. Meine Arbeit machte mir Spaß, sie gab mir das Gefühl, etwas wirklich Sinnvolles zu tun. Natürlich fiel es mir nicht immer leicht, so früh aufzustehen oder geduldig nach dem richtigen Parkplatz Ausschau zu halten, während ich vielleicht schon seit einer halben Stunde beim nächsten Kunden hätte sein sollen. Oft genug setzte sich ein kleines Teufelchen auf meine Schulter und flüsterte: Guck nur, wie schnell die anderen sind! Wie ungerecht! Dagegen half so gut wie nichts – nichts außer Disziplin. Das einzusehen war manchmal alles andere als einfach, denn Disziplin heißt, hart an sich selbst zu arbeiten und sich zu überwinden. Und das ist mit Schmerz und Leid verbunden. Disziplin ist die Kunst, den Ernst des Lebens mit Freude wahrzunehmen. Gehen Sie dem Schmerz nicht aus dem Weg. Steigern Sie sich nicht hinein, aber weichen Sie ihm auch nicht aus. Ich bin nicht masochis-

Disziplin ist die Kunst, den Ernst des Lebens mit Freude wahrzunehmen.

tisch veranlagt, aber ich habe die Erfahrung gemacht, dass auf einen verdrängten oder kurzfristigen Schmerz immer nur eine mittelfristige, dafür tiefere Freude folgt. Erst wenn Sie sich dem Schmerz permanent stellen, ihn hinterfragen und wirklich an sich arbeiten, erfahren Sie auch langfristig Erfüllung. Und noch etwas weiß ich inzwischen: Es ist auf Dauer viel einfacher, diszipliniert an etwas zu arbeiten und dann Erfolg zu haben, als sich ständig vor etwas zu drücken und erfolglos zu bleiben. Die Ausreden, nur um etwas nicht tun zu müssen, die Rechtfertigungen und Lügen kosten Sie noch viel mehr Energie, als Disziplin das je könnte.

Disziplin ist erst einmal Arbeit, das stimmt. Aber sie hilft mir auch über so manchen Unmut und manche Traurigkeit hinweg. Indem ich mich nicht darum kümmere, was andere können, sondern einfach weitermache, komme ich letztlich schneller voran, als wenn ich mich dauernd durch Neid oder Selbstmitleid vom Weg abbringen lasse. Je weniger ich mich von dem kleinen Teufelchen ablenken lasse und je disziplinierter und konzentrierter ich bin, desto freier wird mein Geist und desto mehr Energie bleibt mir für andere Dinge. Seit meinem Unfall bin ich mit vielen Einschränkungen konfrontiert. Durch diszipliniertes Arbeiten schaffe ich mir Freiräume, die mir keiner nehmen kann. Kurz gesagt: Disziplin ist Freiheit! Und das trifft auf alle Ebenen zu. Ich kann mir beispielsweise mehr Freiheit verschaffen, indem ich diszipliniert an meiner Muskulatur arbeite. Nur weil ich regelmäßig meine Arme und den Kreislauf trainiere, kann ich meiner Berufung so konsequent folgen. Diese Erfahrung schützt mich vor der Versuchung, mich gehen zu lassen und zu quengeln: »Ach, wie ungerecht die Welt doch ist!« Dazu wirkt Disziplin auch wie eine Art mentaler Filter: Sie hilft mir dabei, möglichst nur positive Gedanken zuzulassen und meine Perspektive zu verändern. Letztlich schützt sie mich davor, zum Sklaven meiner Ängste und Sorgen zu werden. Stattdessen ermöglicht sie mir einen freieren Geist. »Ja, die Welt ist gerecht!«

Disziplin half mir früher dabei, morgens zwei Stunden eher aufzustehen als meine Vertreterkollegen – und auch heute hilft sie mir noch. Aber mit der Zeit wurde der Widerstand geringer. Ich mache einfach, was ich machen muss, ohne groß darüber nachzudenken. Meist bin ich sogar froh darüber, mich disziplinieren zu dürfen, denn als Gegenwert erhalte ich Freiheit. Wenn ich von Disziplin rede, meine ich übrigens immer Selbstdisziplin im Sinne einer selbst auferlegten Disziplin. Darin sehe ich einen deutlichen Unterschied zu blindem Gehorsam. Niemand sollte gegen seinen Willen und seine Überzeugung Gehorsam leisten müssen. Aber das heißt wiederum nicht, dass Gehorsam in einem positiven Sinne nicht auch wichtig ist. Das ist er sehr wohl, vor allem für junge Menschen. Gerade Kinder und Jugendliche müssen erst einmal auf das Urteil Älterer vertrauen, bevor sie alt genug sind und genug Lebenserfahrung gesammelt haben, um sich selbst eine Meinung zu bilden und Verantwortung für ihr Handeln zu übernehmen. Dann aber sollten sie frei sein in ihren Entscheidungen; den Willen, etwas Sinnvolles diszipliniert zu Ende zu bringen, sollten sie sich jedoch immer erhalten. Und auch die Fähigkeit, anderen gegenüber gehorsam zu sein, wenn es die Situation erfordert – beispielsweise dann, wenn sie etwas dazulernen können. Um zu lernen, bedarf es wiederum nur der Disziplin. Diszipliniert man sich in dieser Hinsicht und bleibt lernfähig, beschenkt man sich mit noch mehr Freiheit – man erweitert seinen Horizont.

Lernfähig, locker und flexibel sollten wir alle bleiben. Das hat nichts mit dem Alter zu tun, sondern ist in jeder Lebensphase wichtig. Es geht darum, zu erkennen, in welchen Bereichen wir Anfänger sind und die Hilfe anderer benötigen und in welchen Bereichen wir anderen helfen können. Vielleicht spielen Sie in einem bestimmten Gebiet in einer sehr hohen Liga, vielleicht sind Sie Experte für Insolvenzrecht, das Liebesleben von Libellen oder fürs Geschichtenerzählen. Doch es gibt si-

> **Wenn ich von Disziplin rede, meine ich immer Selbstdisziplin.**

cherlich auch Gebiete, auf denen Sie Anfänger sind. Manchmal ist das sogar sehr wichtig: Als Coach werde ich zum Beispiel ganz bewusst immer wieder zum Anfänger, wenn es darum geht, die Bedürfnisse meiner Trainees zu erkennen. Jedes Seminar, jede Firma und jeder Mensch ist anders, und es wäre nicht angemessen, von einem auf alle anderen zu schließen. Indem ich die Uhr jedes Mal wieder auf null stelle und mich meinen Seminarteilnehmern und Trainees mit dem wirklichen Interesse eines Anfängers zuwende, bin ich frei und offen für neue Antworten. Beim Thema Disziplin geht es auch um die Balance zwischen Lernen und Lehren, zwischen erfahrenem Führen und bewusstem Neuanfang. Erhalten Sie sich die Fähigkeit zu erkennen, wann welche Fähigkeit von Ihnen verlangt wird.

Auch damals im Außendienst ging es darum, im Kopf flexibel zu bleiben. Manchmal wurden sowohl meine Fähigkeit, mich zu disziplinieren, als auch meine Lernfähigkeit auf eine harte Probe gestellt – wenn ich beispielsweise nichts verkaufte. Einmal betrieb ich einen sehr großen Aufwand, um ein Sanitätshaus in Hamburg als Kunden zu gewinnen. Ich fuhr hin, um mit dem Chef Hans Werner Münster persönlich zu sprechen; ein netter Typ, aber auch ein knallharter Geschäftsmann. Auch an diesem Tag hatte ich mich zwei Stunden lang angezogen und 45 Minuten oder länger nach einem Parkplatz gesucht. Wir führten ein sehr gutes Gespräch; umso enttäuschter war ich darüber, dass Münster seine Verträge auch weiterhin nur mit anderen Anbietern machte. Er blieb dabei und kaufte nichts bei mir. Ich fühlte mich furchtbar! Es ging nicht nur um mein Verkäufer-Ego, sondern auch um meine Zukunft. Was sollte ich tun? Was hätte ich anders machen können? War es nicht doch möglich, ihn zu überzeugen? Es ließ mir keine Ruhe. Dann hatte ich eine Idee: Ich ging direkt in die Krankenhäuser, die das Sanitätshaus aus Hamburg belieferte, und redete mit Münsters Kunden. Und ich überzeugte sie. Ein paar Wochen später klingelte mein Telefon. Es war Hans Werner Münster.

»Hör mal, ich hab' noch mal nachgedacht. Deine Produkte sind doch besser ...«

Wie hatte ich das geschafft? Klar, ich hatte eine ganz clevere Idee, aber vorher war ich streng mit mir ins Gericht gegangen. Ich hatte die Ursache für meinen Misserfolg nicht bei ihm oder ganz woanders gesucht, sondern bei mir: Warum kaufte er nicht? Ich fragte mich das immer wieder. Vielleicht kauft er *so* nicht. Oder kauft er vielleicht *noch* nicht? Und ich sagte mir: Wenn du willst, dass er kauft, bleib diszipliniert und mach weiter. Gib nicht auf, und lass keine negativen Gedanken in deinen Kopf. Gerade jetzt wäre es so verführerisch gewesen zu sagen: Ist mir doch egal, wer nicht will, der hat schon. Stattdessen zwang ich mich dazu, an mir zu arbeiten, und das war leichter gesagt als getan. Und natürlich gab es etwas, das ich verbessern konnte. Es gibt immer etwas. In meinem Fall war es die Erkenntnis, dass ich im Verkauf tatsächlich nicht so toll war. Ja, ich hatte Erfolge, aber nur durch Fleiß, Geduld und Spucke. Ich versuchte, die Kunden mit meiner ehrlichen Begeisterung anzustecken. Genau darin lag das Problem. »Hoppla jetzt komme ich, Boris Grundl!«, das reichte auf Dauer nicht. Ich hatte keine Verkaufstechnik, meine Kommunikation war nicht geschult. Und vielleicht kennen Sie den Spruch: Fachidiot schlägt Kunden tot! Das sagt eigentlich schon alles: Ich war damals zu sehr auf das Produkt fixiert.

Letztlich haben mich meine Kunden erzogen, so wie später meine Trainees. Sie zeigten mir, dass ich als Verkäufer – oder als Lehrer – an zweiter Stelle stehe. Ich habe gelernt, auf sie zu hören, gehorsam zu sein. Um auf ihre Bedürfnisse einzugehen, werde ich zu Beginn eines jeden Seminars wieder zum Anfänger. Und: Statt einfach abzuwarten, habe ich mich verändert, Bücher gelesen, Seminare besucht, an mir gearbeitet. Das erforderte Mut zur Selbstkritik. Und Geduld. Ach ja, genau das bedeutet Disziplin übrigens auch: Geduld. Sie steht für nichts anderes als für Selbstvertrauen. Im Umkehrschluss zeigt sich in ungeduldigem Verhalten, dass jemand Angst hat. Angst davor, zu spät zu kommen. Angst davor, etwas nicht zu schaffen. Angst zu versagen! Es ist eigentlich erstaunlich, dass trotzdem so viele Menschen Ungeduld als positive Eigenschaft ansehen. In der Wirtschaft wird sie sogar als Pseudo-Untugend angegeben, um zu signalisieren: Ich bin so ungemein zielstrebig! Fallen Sie besser nicht darauf herein. Und vor allem: Werden Sie nicht zum Sklaven Ihrer Ungeduld! Auch ich habe damals meine Angst vor einem Misserfolg bezwungen und mich lieber auf eine Lösung konzentriert. Im Fall des Sanitätshauses in Hamburg wurde ich für meine Disziplin mit einer guten Idee belohnt. Plötzlich erweiterte sich mein Geist, und die Wege wurden kürzer. Ich verstand, dass Disziplin auch bedeutete, mich nach und nach weniger anstrengen zu müssen, denn sie schuf den Raum für neue Ideen.

Bei meiner Arbeit als Vertreter habe ich viel gelernt – zu reisen, mich zu öffnen, mich zu verkaufen und vor allem, was es mit Disziplin auf sich hat. Ab diesem Moment wurde mir klar, dass ich mich in einiger Zeit nach einer neuen Arbeit umsehen würde. Ich mochte diesen Job, aber ich wusste auch, dass er nur ein Schritt von vielen auf meinem Weg war. Ich wollte weiter. Das hieß aber nicht, dass ich das Thema Disziplin abgeschlossen hatte; noch heute gibt es Tage, an denen ich mich dazu zwingen muss, diszipliniert zu sein. Was meine Verdauung angeht zum Beispiel – keine Angst, ich gehe nicht ins Detail. Es ist nur so, dass ich auch diese Sache immer generalstabsmäßig planen muss. In einem gelähmten Körper funktioniert eben alles ein bisschen anders. Wenn ich abends kaputt vom Flughafen komme, weil ich irgendwo einen Vortrag gehalten habe, würde ich am liebsten nur noch ins Bett fallen. Aber ich weiß genau, dass ich am nächsten Tag Probleme mit der Verdauung habe, wenn ich mich nicht noch aufraffe und meine Joggingrunde absolviere. Ich weiß es, und trotzdem ist es manchmal ein brutaler Kampf. Und es frustriert mich auch, denn ich habe mich dann weder entspannt noch meine Vorbereitungen für das nächste Seminar getroffen. Ich habe mich nur mit meinem Körper beschäftigt. Es gibt Tage, da fühlt sich das richtig beschissen an …

Das Leben ist eben nicht immer einfach. Und die Leute, die das behaupten – »Alles supi, Boris!« –, machen sich etwas vor. Deshalb halte ich auch nichts von einem inflationären Gebrauch mancher Wörter wie Flow oder Vision. Vor allem dann nicht, wenn sie missbraucht oder falsch verstanden werden. Natürlich gibt es so etwas wie Flow, ich bin sogar ein ausgesprochener Flow-Fan. Es gibt nichts Schöneres: Alles fließt, alles gelingt, alles scheint von alleine zu funktionieren. Nur ist es eben ein ausgemachter Blödsinn, wenn andere versprechen, sie könnten einen Menschen in Flow bringen. Funktioniert es? Klar, erst mal schon! Die Menschen wünschen sich Impulse von außen, und die Berater versprechen genau das. Aber das Versprechen wird nicht eingelöst, denn Flow lässt sich nicht vermarkten, kaufen oder verschenken. Das ist ein Hirngespinst. Auch wenn so mancher Berater suggeriert, man könne für Flow bezahlen wie für eine Diät-Pille oder eine Schönheitsoperation. Niemand bringt dich in Flow, außer du selbst. Und das geschieht immer nur durch ehrliche Arbeit. Ja, genau, Arbeit und Disziplin. Aber jeder Manager, Berater, Speaker, Coach oder Künstler, der äußerlich cool, gelassen oder im Flow erscheint, ist nur durch konsequente Arbeit und viel Disziplin so weit gekommen. Flow ist die Belohnung dafür, dass Sie Widerstände überwinden, dass Sie an Ihre Grenzen stoßen. Es ist ein Geschenk. Es kommt nicht auf Bestellung, zu niemandem. Es ist das Resultat von Disziplin.

Niemand bringt dich in Flow, außer du selbst.

Das zweite Modewort heißt Vision. Wenn ich das Gequatsche schon höre, wer in diesem Land alles eine Vision gehabt haben will ... Also mal Klartext: Einige scheinen eine Vision mit 'ner Darmverstimmung verwechselt zu haben. Eine Vision hat man nicht dreimal täglich, die hat man nicht mehrfach innerhalb von zwei Jahren, denn dann ist es ein Ziel. Natürlich gibt es Visionen, aber die Aussage, dass jeder eine Vision haben muss, richtet mehr Schaden an, als dass sie nutzt. Als Coach höre ich andauernd, dass sich Menschen in Unternehmen, Mitarbeiter wie Chefs, schlecht fühlen, weil sie keine richtige Vision haben. Na und? Ist doch völlig in Ordnung, es reicht doch, wenn einer im Unternehmen eine Vision für alle hat. Die anderen helfen dann bei der Umsetzung. Aber vor allem: Eine Vision kann man genauso wenig erzwingen oder kaufen wie Flow. Wieso suchen alle nach einer Vision? Machen Sie doch erst einmal einen Schritt nach dem anderen. Klammern Sie sich nicht an das große Fernziel, das Sie kaum erkennen können. Versuchen Sie, die Ziele zu erreichen, die Sie direkt vor der Nase haben. Vielleicht entwickelt sich daraus dann einmal eine Vision, vielleicht auch nicht. So what? Ihre nächsten Ziele erreichen Sie auch so, wenn Sie diszipliniert bleiben. Eine Vision übersteigt egoistische Motive und wird zu einem Lebenswerk, das ein Geschenk an die nächsten Generationen ist. Sogar eine Fußballweltmeisterschaft im eigenen Land zu gewinnen ist keine Vision. Es ist ein Ziel. Mahatma Gandhis Plan, Indien gewaltlos zu befreien, das war eine Vision. Aber wie viele Gandhis gibt es pro Abschluss-Klasse? Nicht viele, genau! Aber das macht nichts. Um ein erfülltes und erfolgreiches Leben zu führen, ist es nicht zwingend notwendig, eine Vision zu haben.

Bevor ich Coach wurde, war ich in allem, was ich tat, gut – aber nie genial. Beim Tennis, im Außendienst oder als Manager war ich immer diszipliniert und fleißig. Aber leichtgefallen ist mir das nie. Erst als mein Wille und meine Disziplin auf mein eigentliches Talent trafen, war da plötzlich ein Mehr an Möglichkeiten, und alles ging viel, viel einfacher. Darauf habe ich allerdings 34 Jahre warten müssen. Trotzdem war die Zeit davor für mich nicht verschwendet. In dieser Zeit habe ich alles geübt, was meinem Talent später dienen sollte. Vor allem Disziplin. Überhaupt brauchte ich viel Disziplin, um herauszufinden, welche Dinge für meine Entwicklung entscheidend waren, genau wie ich Disziplin brauchte, um mich nicht an den Dingen aufzuhalten, die meiner Entwicklung nicht dienten.

Disziplin ist anstrengend und manchmal echt nervtötend? Ja, das stimmt! Aber nur durch Disziplin gelingt es mir, mich freiwillig einem Ziel unterzuordnen. Nur durch sie schaffe ich mir den Freiraum, Entscheidungen treffen zu können. Und dafür muss ich nicht auf einer Welle von Endorphinen schwimmen oder eine Vision haben, um weitermachen zu können. Ich halte mich an die Basics, mit entspannter Hartnäckigkeit. Flow? Visionen? Red Bull verleiht Flügel? Disziplin auch. Und hat noch nicht mal viele Kalorien!

Die pure Lust an Entwicklung –
Ziele erreichst du nebenbei

*Nicht in der Erkenntnis liegt das Glück,
sondern im Erwerben der Erkenntnis.*

Edgar Allan Poe

Im Jahr 2000 wurde einer meiner größten Träume wahr. Die Rollstuhl-Rugby-Nationalmannschaft fuhr zu den Paralympics nach Sydney. Es herrschte eine Wahnsinnsstimmung in Australien! Die Menschen waren fröhlich und ausgelassen, und schon am Flughafen wurden wir überschwänglich begrüßt: »Hi, super, dass ihr da seid! Wir haben ja bei der Olympiade schon zwei Wochen lang für euch üben können. Jetzt sind wir bereit für die wirklich wichtigen Spiele.« Das ging runter wie Öl! Auch sonst lief alles spitzenmäßig: Ich galt inzwischen als einer der weltweit besten 2-Punkte-Spieler. In Europa war ich zum Besten gewählt worden. Mein Standing in der Mannschaft war gut. Ich war der Leitwolf – mal wieder –, aber nicht unbedingt der Typ, mit dem die anderen nach dem Training ein Bier trinken gingen. Zu mir kamen sie eher, wenn es Probleme gab, und das war auch in Ordnung. Und jetzt waren wir alle zusammen in Sydney! Wie geil war das denn? Ich hätte die Tage einfach genießen können, vor allem, weil ich es geschafft hatte, mich drei lange Wochen von meinem Managerposten loszueisen. Auf eine bessere Chance, um im Job mal auf Tauchstation zu gehen, hätte ich lange warten können. Unser erstes Spiel war gleich komplett ausverkauft, wir gaben Interviews und Autogramme, und es hätte nicht besser laufen können. Hätte, hätte, hätte … Sie ahnen schon, was jetzt kommt: Genau, ich war nicht zufrieden und alles andere als entspannt. Ich war in dieses Land gekommen, um eine Medaille zu holen. Das war mein ganz persönliches Ziel. Nur das zählte für mich. Deshalb erlaubte es mir mein Tunnelblick auch nicht, diese Wahnsinnsatmosphäre an mich heranzulassen. Ich muss ehrlich sagen, dass ich das Ganze eigentlich erst im Nachhinein so richtig genießen kann, was schade ist. Aber damals hatte ich nur dieses eine Ziel vor Augen – nicht den Weg dorthin.

Ich war überzeugt: Jetzt wird es sich zeigen. Vorher waren wir auch schon erfolgreich gewesen, aber hier in Australien würde sich wirklich entscheiden, wer die Besten waren. Ich konnte damals an nichts anderes denken, ich war wie programmiert. Ferngesteuert. Meine Mannschaftskollegen hingegen freuten sich einfach, bei den Paralympics in Sydney zu sein. Und Recht hatten sie, Dabeisein war alles! Ich wollte damals nur die Medaille. Aber das Schlimmste war: Ich habe nicht nur mir irrsinnigen Druck gemacht, sondern versuchte auch, meine Leute auf mein Ziel einzuschwören – durch meine Person, durch meine Leistung, durch mich als Vorbild. Ich spielte mich mal wieder als Erster unter Gleichen auf. Heute ist mir klar, dass das nur nach hinten losgehen konnte, weil ich den anderen keinen Raum für Entwicklung ließ. Ich habe sie nicht mitgenommen, ihnen nur meine Wünsche oktroyiert. Und ich habe mich nicht einmal gefragt, ob wir auch wirklich reif waren für eine Medaille …

Warum ich mir diesen Stress machte? Tja, es ist sehr schwer, alte Gewohnheiten abzulegen. Ich habe es Ihnen im letzten Kapitel beschrieben: Seit frühester Kindheit war ich es gewohnt, andere im Sport zu besiegen. Das steckte tief in mir drin. Hatte ich mir mit meinem starken Willen erst einmal ein Ziel gesetzt, musste sich das ganze Universum danach ausrichten. Beim Rugby hatte ich so eine Art persönlichen Sechsjahresplan entwickelt: Europameister, dann die Qualifizierung, dann nach Sydney und dort eine Medaille holen, und alles möglichst zack, zack, zack. Das Problem war nur: Ich hatte meine Mannschaft gar nicht gefragt, ob sie mitmachen wollte … Durch den Tennissport wusste ich sehr genau, wie das ganze System funktionierte. Wie man den Gegner beobachtet, abwägt, wie er wohl reagiert, herausfindet, wo seine Stärken liegen und worin seine Schwächen bestehen. Ich hatte gelernt, mich in den anderen hineinzuversetzen, und mir selbst ein Siegerdenken antrainiert. Das war mir so zu eigen geworden, dass es bei mir wie ein Reflex funktionierte. Erst nach Sydney wurde mir klar: Ich war nie besonders gut darin. Ich habe sogar darunter gelitten. Das System kannte ich in- und auswendig, aber ich passte selbst nicht hinein. Das war nicht ich, denn eigentlich zog ich gar keine Befriedigung daraus, andere zu schlagen. Und es gab durchaus schon viel früher Situationen, in denen ich das hätte merken können, wenn ich mich zum Beispiel bei einem wichtigen Tennismatch darüber freute, dass mein Gegner glücklich über seinen Sieg war.

Leider habe ich es nicht früher bemerkt, und so stand mein Verhalten bei den Paralympics in einem krassen Widerspruch zu meiner eigentlichen Stärke – nicht andere zu besiegen, sondern sie weiterzubringen und auch mich selbst dadurch zu entwickeln. Ich glaube, dass meine Mannschaft das spürte. Und irgendwo ganz tief in mir wusste ich es auch. Trotzdem habe ich weiter den Einpeitscher gespielt, um meinen Plan durchzuziehen, und ich wurde richtig autoritär, verbot meinen Mitspielern und mir jeglichen Spaß. Über gewonnene Trainingsspiele oder die tolle Atmosphäre hatte man sich nicht zu freuen. Das war doch alles nur Pipifax! Ich dachte damals tatsächlich, dass mit der aufkommenden Freude die Spannung nachlassen, dass wir unsere Konzentration verlieren würden. So ein Quatsch! Ich habe nur allen anderen den Spaß verdorben und selbst die wirklich bewegenden Momente des Turniers gar nicht wahrgenommen. Vor unserem wichtigsten Spiel kam ein Zuschauer zu mir, um mir eine Mütze von meinem alten Tennis-Club, dem TC Rottweil, in die Hand zu drücken. Wir waren in Sydney! Was für eine starke Geste! Damals habe ich das zu wenig wertgeschätzt und überhaupt nicht kapiert. Auch das Spiel war der absolute Irrsinn. Es ging um den Einzug ins Halbfinale, und wir spielten gegen Schweden, eine Mannschaft, die wir noch nie geschlagen hatten und die in Europa absolut dominierend war. Aber wir waren gut! Auch ich gab alles und wurde und wurde einfach nicht müde. Ich spielte wie unter Drogen, als hätte ich Superkräfte. Einer der Schweden rief während des Spiels in meine Richtung: »Unbelievable!« Das allein wäre schon Grund genug gewesen, sich zu freuen.

Es war unglaublich! Am Ende des Spiels stand es unentschieden. Gegen Schweden! Und auch am Ende der ersten Nachspielzeit hatten wir noch Gleichstand. In der zweiten Overtime kam meine Chance, der Moment, für den ich Jahre gearbeitet hatte – mein Pass zum Sieg. Noch fünf Sekunden zu spielen: Ich bekam den Ball, die Schweden stürzten sich auf mich, damit wurde der Raum nach vorne frei. Hani, einer meiner Mitspieler, bot sich vorne gleich zum Pass an. Ich musste mich schnell entscheiden. Hani war unser technisch bester Spieler, aber nicht so schnell. Wolfgang war der schnellere Mitspieler, aber noch weiter hinten. Ich hatte alle Informationen, die ich brauchte. Wie sollte ich mich entscheiden? Und während ich noch nachdachte, merkte ich schon, dass ich meine Spannung verlor. Endlich passte ich den Ball zu Hani – aber mit der Geschwindigkeit für Wolfgang. Ich hatte zu lange überlegt. Es war zu spät. Um einen Fingerbreit ging der Pass daneben. Mir kam es vor, als ob eine Ewigkeit vergangen wäre, dabei dauerte all das nur den Bruchteil einer Sekunde. Kurze Zeit später war das Spiel vorbei. Aus der Traum vom Halbfinale. Aus der Traum von der Medaille. Wir wurden Siebter. Die Mannschaft feierte ausgelassen, und auch die Zuschauer tobten. Ich wurde für mein Klassespiel gelobt und beglückwünscht. Man lud mich sogar zum Live-Interview mit Claus Lufen in das ZDF-Sportstudio ein, aber für mich brach eine Welt zusammen. Was für ein herber Schlag! Daran sollte ich noch lange zu knapsen haben. Dabeisein war alles? Nicht für mich. Ich hatte mein Ziel nicht erreicht, war meinen Ansprüchen nicht gerecht geworden – ich hatte auf ganzer Linie versagt.

Warum ich Ihnen das erzähle? Weil ich Ihnen den Unterschied zwischen Siegen und Gewinnen deutlich machen möchte. Das sei das Gleiche, sagen Sie? Oh, nein! Ich habe in Sydney eines gelernt: Es gibt Siegertypen und Gewinnertypen. Ich habe lange Zeit versucht, zu den Siegern zu gehören, ohne zu wissen, dass ich eigentlich ein Gewinner bin. Gewinner machen ihren Weg zum Ziel, Sieger ihren Sieg über andere. Was der Unterschied ist? Ich will es Ihnen erklären: Im letzten Kapitel habe ich beschrieben, was mich geprägt hat: Anerkennung von außen. Oder, wie es in meinem Psychologiestudium hieß, extrinsische Motivation, eine Motivation aufgrund eines äußeren Anlasses. Genau deshalb wollte ich beim Tennis die Nummer eins sein, und genau darum wollte ich eine Medaille. Ich brauchte einen Anlass, um Anerkennung zu bekommen. Heute weiß ich, dass das nicht der stärkste Ansatz war. Es war okay, siegen zu wollen. Viel entscheidender aber war der Grund. Warum war es mir so wichtig? Etwa weil ich glaubte, die Mannschaft sei so weit? Weil ich meinte, ich sei so weit? Nein, wegen einer Medaille, wegen eines äußeren Anlasses – extrinsische Motivation. Aber die führt nicht zu langfristigem Erfolg. Wären wir alle, die ganze Mannschaft, intrinsisch motiviert gewesen, hätten wir alle aus dem gleichen, inneren Antrieb heraus gehandelt, hätte es vielleicht geklappt. Erinnern Sie sich an die Weltmeister der Herzen bei der Fußball-WM 2006. Bei Klinsmanns Team war der Funke übergesprungen, die kamen aus genau diesem Grund so weit! Deshalb konnten sie sich über den dritten Platz so ausgelassen freuen, ebenso wie die Fans. Alles war stimmig, alles hatte seinen Sinn, und genau so war es bei uns in Sydney eben *nicht* gewesen. Sonst wären wir vielleicht weiter gekommen, und wenn nicht, hätte es trotzdem Sinn gemacht – für Gewinnertypen war Dabeisein alles. Einige meiner Mitspieler hatten mir diese Erkenntnis damals voraus.

Durch die Veränderungen in meinem Job – ein Jahr später

Gewinner machen ihren Weg zum Ziel, Sieger ihren Sieg über andere.

sollte ich mich als Coach selbständig machen – war auch ich dieser Erkenntnis schon einen guten Schritt näher gekommen. Dass hieß allerdings nicht, dass ich deshalb gleich in der Lage war, sie auch umzusetzen. Zu lange war es in meinem Leben darum gegangen, andere zu besiegen, statt zu gewinnen, und ich hatte das Muster der extrinsischen Motivation zu sehr verinnerlicht. Nach und nach merkte ich erst, dass mich dieses Prinzip auf Dauer nicht befriedigte. Kein Wunder! Extrinsische Motivation ist kein Longseller, denn im Moment des Erfolgs ist sie eigentlich schon wieder verflogen. Da sie nicht von innen kommt, ist sie von oberflächlicher Natur und hält nicht lange an. So verstehe ich auch John McEnroe, der einmal sagte: »Wenn du deinen größten Gegner verlierst, verlierst du auch einen Teil deiner selbst.« Wenn ein Sportler sich hauptsächlich über das Besiegen definiert, fällt er nach seiner Karriere in ein Loch. Beispiele dafür gibt es genug. Um sich gut zu fühlen, braucht man also ständig Erfolge. Bei mir waren das oft Turniere, in denen ich jemanden besiegen konnte, Gegner um Gegner um Gegner. Und damit macht man sich wiederum total abhängig von anderen, von einem äußeren Anlass. Ohne Gegner ist man nichts.

Extrinsische Motivation ist kein Longseller.

Darüber hinaus erschien mir alles in meinem Leben trotz der Außensteuerung – denn immerhin ist auch das eine Motivation – viel, viel mühsamer. Ob es darum ging, beim Tennis unter die ersten 100 der deutschen Rangliste zu kommen, ein guter Verkäufer zu sein, ein guter Manager oder beim Rugby eine Medaille zu gewinnen: Ja, ich machte das alles ganz gut, aber der riesige Aufwand stand in einem absoluten Missverhältnis zum Ergebnis. Zum einen lag das daran, dass alle diese Berufe und Ereignisse nur einzelne Schritte auf dem Weg zu meiner eigentlichen Berufung waren. Zum anderen ging es mir eben nicht um die Sache, sondern nur um die Siege, bis ich diese Berufung gefunden hatte. Nur wenn Sie etwas aus sich heraus wollen, können Sie über lange Zeit richtig gut sein. Wenn dann noch Wille und Disziplin auf Talent treffen, geht plötzlich alles viel, viel leichter, und es ergeben sich ganz neue Möglichkeiten. Auch der Erfolg hält vor. In Sydney war ich noch nicht so weit. Aber die folgenden Wochen, in denen ich zu Hause saß und meine persönliche Niederlage – so empfand ich es – verarbeitete, brachten mich dieser Erkenntnis immer näher. Ich fragte mich: Wofür könnte das hilfreich gewesen sein? Alles hatte seinen Sinn!

Was mir immer schon leichter fiel, als Menschen zu besiegen, habe ich Ihnen bereits verraten: andere Menschen zu entwickeln. Natürlich widerspricht mir so mancher, wenn ich behaupte, mir fehlte das Talent für Rugby. Ja, ich war gut, aber kein Genie. Was mir fehlte, war der Killerinstinkt! Ich war kein intuitiver Knipser wie Gerd Müller, der Bomber der Nation, wie Toni Polster, Rudi Völler oder heute Miro Klose. Ich habe immer zu viel nachgedacht – wie bei meinem Pass in Sydney –, die Dinge erst dreimal gewendet und dann noch mal umgedreht, bevor ich endlich reagiert habe. Aber gerade die intuitive Reaktionsfähigkeit ist es, die einen Knipser ausmacht. Ich zog keine Befriedigung daraus, andere zu besiegen. Ich war nicht intuitiv, ich war kein Killer, konnte niemanden einfach so ausschalten.

Als Coach erlebe ich heute viele Manager, denen es ähnlich geht. Auch sie sind keine Killer, und ihre Stärken liegen ganz woanders. Aber sie sehen sich als Wettkämpfer und bringen ständig Spitzenleistung, als sei das Besiegen anderer ihre einzige wirkliche Daseinsberichtigung. Das ist fatal, denn diese rastlose Suche nach kurzfristiger Bestätigung führt irgendwann zum Burn-out. Auch den Wettbewerb zwischen Unternehmen sehen sie als Wettkampf. Was halten Sie von folgender Definition? Wettbewerb ist nichts anderes als Entwicklungshilfe, eine Hilfestellung von außen, eine Kontrolle der eigenen Leistungen. Mit Siegen und Besiegtwerden hat das wenig zu tun. Leider fassen das die wenigsten so

Wettbewerb ist nichts anderes als Entwicklungshilfe.

auf, und leider sind Manager nicht die Einzigen, die so denken. Auch Politiker, Amtsträger, aber auch Privatpersonen, selbst Familienmitglieder und Paare bekämpfen sich untereinander, um zu siegen. Oder sie suchen sich ihre Feindbilder in der Welt. So wie früher die USA und die Sowjetunion wechselseitig ihre Macht demonstrierten, meint heute die westliche Welt gegen die arabischen Staaten vorgehen zu müssen. Und wiederum sind alle der Meinung, es könne nur besser werden, wenn man den anderen besiegt habe. Solange es »da draußen« einen Gegner gibt, den ich bekämpfen will, so lange kann ich von mir selbst ablenken. Wie praktisch so ein Feindbild doch sein kann ... Aber was, wenn es irgendwann keinen Gegner mehr gibt?

Als Coach hatte ich einmal einen ganz speziellen Fall: einen Unternehmer, der sich selbst immer wieder als Sieger erleben musste. Das brauchte er für sein Ego. Siegfried Großmann war ein richtiger Egozentriker. Statt seine Mitarbeiter und seine Firma zu entwickeln, stellte er unbewusst stets nur sich selbst in den Mittelpunkt und saugte alle Energie auf. Er entschied auch alles allein und war damit sogar erstaunlich lange erfolgreich, bis er irgendwann unter dem enormen Druck zusammenbrach und sich infolgedessen auch die Zahlen verschlechterten. Bald standen die Banken vor der Tür, und an diesem Punkt kam Siegfried Großmann zu mir. Er ist ein extremes Beispiel dafür, was geschieht, wenn man sich selbst als Siegertyp wahrnimmt. Sein Problem wäre spätestens dann offenkundig geworden, wenn er einen Nachfolger gesucht hätte. Niemand hätte seinen Platz ausfüllen können, und Siegfried Großmann hatte potenzielle Anwärter bisher auch immer weggebissen. Und weil er keine schlechten Nachrichten hören wollte, hatte er sich über die Jahre eine richtige Ja-Sager-Truppe herangezüchtet. Als Großmann zu mir ins Coaching kam, war ich nach langer Zeit der Erste, der ihm ganz direkt sagte, was los war. Was für ein Schock! Erst einmal wehrte er sich gegen diese Wahrheiten: »So eine Frechheit! Was erlauben Sie sich? Ein Egomane? Ich doch nicht! Ich habe immer nur das Beste gewollt, habe immer gespendet für wohltätige Zwecke und die Kultur gefördert! Ich bin ein Menschenfreund, jawohl!« Als er bemerkte, dass ich ihm weder Vorwürfe machte noch ihn verurteilte, sondern einfach nur zuhörte und ihn akzeptierte, kam er langsam zur Ruhe. Der Entwicklungsprozess konnte beginnen.

Als nächsten Schritt habe ich Großmann verdeutlicht, warum sein Modell auf lange Sicht zum Scheitern verurteilt war, und ihm nachhaltige Gegenmodelle präsentiert, die langfristig Befriedigung versprachen – das Disziplin-ist-Freiheit-Modell beispielsweise, Sie kennen es schon. In seinem Fall kam es vor allem auf die Disziplin an, andere zu entwickeln. Außerdem machte ich ihm klar, dass er aus seiner Niederlage lernen könne, und erklärte ihm schließlich den Unterschied zwischen intrinsischer und extrinsischer Motivation. Vor allem sprach ich über die pure Lust an Entwicklung und sagte ihm, dass sie der Schlüssel zu allem anderen sei. An dieser Stelle widersprach Großmann: »Von wegen Lust, das sind doch alles nur Endorphine.« Ich antwortete: »Nennen Sie es, wie Sie wollen, Freude oder Lust an Entwicklung oder von mir aus auch Endorphinschub. Ob wir von den Empfindungen sprechen oder von Stoffen und biologischen Vorgängen, die diese Gefühle auslösen, ist mir egal. Mir kommt es darauf an, Ihnen klarzumachen, dass es sich dabei um ein echtes Geschenk handelt.« Und ich erzählte ihm folgende Geschichte: Wenn Kinder etwas bauen, eine Sandburg am Strand etwa, dann geht es ihnen nicht primär um ein Ziel, nicht darum, dass die Burg irgendwann fertig ist. Das ist höchstens eine Erwartung, die von ihrer Umwelt an sie herangetragen wird. Den Kindern geht es ums Bauen, und zwar um des Bauens willen. Sie testen, sie experimentieren, sie probieren aus, sie ergründen – und das allein bereitet ihnen große Freude. Und es bringt sie weiter, sie lernen dabei. Wenn jemand kommt und das Bauwerk kaputt macht, weinen sie bitterlich – und bauen dann einfach weiter. Wenn sie an eine Grenze stoßen, überlegen sie sich eine Lösung und bauen vielleicht woanders weiter. Ist die Sandburg fertig, ist die schönste Phase vorbei. Die Kinder könnten jetzt mit der Burg spielen, aber eigentlich hat das Bauen ihnen viel mehr Spaß gemacht. Was machen sie also? Genau, sie machen die Burg kaputt und fangen von vorne an. Oder sie bauen direkt daneben eine neue ...

Bewahren Sie sich Ihr Bewusstsein dafür, dass der Sinn unseres Daseins nicht primär in irgendwelchen Zielen liegt. Er liegt in unserer Entwicklung. Natürlich steht am Ende jedes Prozesses auch ein Ziel. Ziele sind wichtig. Das habe ich Ihnen bereits im dritten Kapitel erklärt. Ziele sind Teile unserer Entwicklung, wir erreichen sie schon irgendwann – nebenbei. Ziele sollten nie zu unseren Herren werden; es sind nur Diener, die uns in unserer Entwicklung unterstützen, Mittel zu einem Zweck, aber nie reiner Selbstzweck. Worum es geht, ist die Entwicklung der eigenen Person und die Entwicklung unseres Umfelds. Das ist wie das Bauen an einer Sandburg ein lebenslanger Prozess. Ich weiß, im Prinzip erklärte ich Siegfried Großmann all jene Dinge, die ich in Sydney selbst noch nicht erkannt hatte. Und genau das erzählte ich ihm auch, um ihm zu zeigen, dass ich als Coach sehr gut verstehen kann, wie schwierig es ist, einen Perspektivwechsel zu vollziehen, und dass wir alle erst Fehler machen, bevor wir verstehen, wie der nächste Schritt aussieht. Ohne Fehler kein Fortschritt. Das wusste ich inzwischen besser als jeder andere.

Dann forderte ich Großmann auf, wie ein verdrehter Paranoiker zu denken. Ein Paranoiker sagt, dass alles, was passiert, gegen ihn gerichtet ist. Die ganze Welt hat sich gegen ihn verschworen. Ich sage als verdrehter Paranoiker: Alles, was ist, und alles, was passiert, ist hilfreich für mich. Und vor allem: Alles, was passiert, hilft mir bei meiner Entwicklung. »Ja, ja, es geht um Entwicklung«, sagte Großmann, »das habe ich jetzt kapiert. Aber wie genau entwickeln wir uns?« Die Antwort lautet: »Immer durch andere. Nur mit ihnen zusammen.« Indem wir es uns zur Aufgabe machen, anderen bei ihrer Entwicklung zu helfen, entwickeln wir uns selbst auch ganz automatisch weiter. Indem ich etwas an andere weitergebe, eine Erfahrung zum Beispiel, die ich selbst schon gemacht habe, komme ich auch wieder ein Stück voran. Ich verarbeite diese Erfahrung, indem ich sie weitergebe, und erhalte von meinem Gegenüber eine Resonanz darauf. Es spiegelt mir mein Verhalten, gibt mir etwas zurück, und ich werde automatisch ein Stückchen weiser. Ich sagte zu Großmann: »Fragen Sie sich immer: Bringen Sie gerade Ihr Bestes? Ist das alles, was Sie geben können? Wenn nicht, machen Sie weiter, bis es wirklich nicht besser geht. Wenn ja, wissen Sie, wo Sie die Messlatte anlegen müssen. Dann kultivieren Sie, was Sie herausgefunden haben. Machen Sie Ihre Ergebnisse zu einer Kultur und geben Sie sie weiter. Und vor allem: Machen Sie sich bewusst, all das passiert dann aus Ihnen heraus …« – »Intrinsische Motivation!«, unterbrach er mich. »Ganz genau!« Er war dabei, von »Kenn' ich schon« zu »Kann ich« zu wechseln.

Ich, Boris Grundl, habe für mich herausgefunden, dass die Entwicklung anderer Menschen meine Berufung, mein Lebenssinn ist. Aber damit mein Prinzip aufgeht, muss man nicht Coach werden, es klappt auch so ganz hervorragend! Wetten, dass Sie das auch schon jeden Tag machen? Vielleicht haben Sie nur noch nie darüber nachgedacht? Dann probieren Sie es jetzt mal ganz bewusst aus: Sie haben eine Erfahrung gemacht, etwas erlebt, etwas ausprobiert. Wenn Sie es für gut befinden, geben Sie es weiter, damit andere es auch ausprobieren können. Sie werden feststellen, Sie entwickeln andere und gleichzeitig sich selbst, dass es nur so die pure Lust ist!

Schlechte Bedingungen – und was ist deine Ausrede?

Die Zeit ist schlecht? Wohlan.
Du bist da, sie besser zu machen.
Thomas Carlyle

Wenn ich in Köln die Neusser Straße nach Norden fuhr, sah ich ihn schon von weitem: den hässlichen, halbhohen Waschbetonbau aus den Siebzigern, das Sozialamt am Ottmar-Pohl-Platz. Von innen war das Gebäude nicht weniger abschreckend – es herrschte absolute Trostlosigkeit. In den schlecht möblierten Aufenthaltsräumen roch es nach Rauch und bei miesem Wetter nach nassem Hund. Wie in jedem Amt gab es lange, sterile Flure, ausgelegt mit grau-braunem Linoleum, die einander so glichen, dass man leicht die Orientierung verlieren konnte. Beamte ließen sich nur selten auf diesen Gängen sehen. Sie verschanzten sich in kargen Büroräumen hinter Stapeln von »Vorgängen«. Jedes Mal, wenn ich es geschafft hatte, zu ihnen vorzudringen, merkte ich, dass sie es aufgegeben hatten, sich für die Menschen, die zu ihnen kamen, zu interessieren. Sie versuchten nur noch, ihre Aktenberge abzutragen. Um überhaupt zu ihnen zu gelangen, musste man zuerst eine Nummer ziehen, und viel mehr schien man für die Menschen hinter dem Nummern-Counter auch nicht zu sein. Mit heruntergezogenem Mundwinkel schauten sie an ihrem Gegenüber vorbei ins Leere; nur ihre Kollegen konnten sie aus dieser Starre erlösen. Wenn es um den neuesten Klatsch ging, darum, welcher Mitarbeiter vom Chef einen Einlauf bekommen hatte oder wer gerade mit wem liiert war, wirkten sie plötzlich erstaunlich engagiert. Angesichts dieser spannenden Neuigkeiten konnten sie sich doch unmöglich auch noch um die Wartenden kümmern. Ausgeschlossen! Mit herablassendem Blick und einem vorwurfsvollen »Moment noch!« wurde man abgefertigt. Das war 1991.

Ich hatte dafür gekämpft, den geschützten Raum der Reha-Klinik verlassen und nach Köln ziehen zu können. Ich wollte Normalität, aber erst als ich »draußen« war, wurde mir mein neuer Status bewusst: schwerbehinderter Sozialhilfeempfänger – oder auch Sozialhilfe empfangender Schwerbehinderter. Ich konnte es drehen und wenden: Bei diesem neuen Titel lief es mir kalt den Rücken herunter. Und doch, er war meine Existenzberechtigung, legitimierte mich und meinen Anspruch auf staatliche Unterstützung. Einerseits war ich wirklich froh darüber, in einem Sozialstaat zu leben, aber diese neue Realität empfand ich als reinsten Horrortrip. Gleichzeitig wusste ich, dass ich mich irgendwie absichern musste. Ich hatte kein Geld, keinen Job, noch nicht mal einen Abschluss. Wovon sollte ich leben? Trotzdem: Der monatliche Gang zum Sozialamt war schmerzvoller als alles, was ich »draußen« bisher erlebt hatte. Er machte mir mehr als deutlich, dass ich am untersten Rand der Gesellschaft angekommen war.

Der monatliche Gang zum Sozialamt war schmerzvoller als alles, was ich »draußen« bisher erlebt hatte.

Neben den trostlosen Fluren und den schläfrigen Beamten war die Perspektivlosigkeit, die sich auf den Gängen ausbreitete wie eine ansteckende Krankheit, das Schlimmste am Sozialamt. Sobald ich das Gebäude betrat, fühlte ich mich richtig krank. Hatte ich es bisher geschafft, mir noch etwas Optimismus zu bewahren, wurde hier jeder Funke positiver Energie im Keim erstickt. Auch wenn ich in die traurigen Augen jener verlorenen Seelen blickte, die sich hier tagein tagaus einfanden, wurde es nicht besser, im Gegenteil: Dort saßen lauter gebrochene Existenzen, die sich aufgegeben hatten oder kurz davor waren. Sie hatten ihren Stolz und ihr Selbstwertgefühl irgendwo zwischen Nummern-Counter, Warteraum und Beratungszimmer verloren. In meiner Verzweiflung versuchte ich es mit lockeren Gesprächen. Mein Helfersyndrom wurde mal wieder aktiviert, und ich glaubte, dass wir vielleicht zusammen eher durchhielten. Aber ein abweisender oder apathischer Blick zeigte mir meist schnell, dass Reden nicht erwünscht war. Und wenn mein Gegenüber das Angebot doch mal annahm, hörte ich meistens nur Klagen. Hilfe! Bloß weg hier, dachte ich dann, das war geistig-energetischer Selbstmord. Meine Seele tat mir so weh, als schlüge ich unaufhörlich mit dem Kopf gegen die Wand.

Mein innerer Widerstand gegen diese Institution war enorm. Ich konnte und wollte mich nicht einreihen in die Schlange derer, die niemand mehr brauchte oder die beschlossen hatten, nicht gebraucht werden zu wollen. Das war damals keine Arroganz – und ist es heute nicht –, sondern reine Panik! Ich wollte ja gebraucht werden! Als junger Mensch auf Kosten des Staates zu leben kam mir vor, als würde ich klauen, und ich fürchtete nichts mehr, als abgeschoben zu werden, nur weil ich im Rollstuhl saß. Dem Klischee, den Rest meines Lebens im Bademantel und mit Dosenbier vorm Fernseher zu hocken, wollte ich einfach nicht entsprechen. Dass dies mein ganz persönlicher Albtraum war, sagte ich auch meinem Berater. Aber auch er wollte oder konnte mir keine Zuversicht schenken. »Machen Sie sich darauf gefasst, Herr Grundl, das wird nicht einfach. Das Arbeitsamt wird Schwierigkeiten haben, Sie zu vermitteln.« Damit meinte er wohl eher sich als mich. Klar, er rechnete mir aus, wie viel Geld mir zustand für Essen, Klamotten und Wohnung, und er sagte mir auch, welche Formulare ich ausfüllen, was ich beantragen sollte. Ansonsten zeigte er mir sehr deutlich, dass er für mich kaum eine berufliche Chance sah.

Weil ich Student war und durch einen Unfall in diese Lage gekommen war, behandelte er mich immerhin anders als den Rest. Für ihn war ich so eine Art Edel-Stützeempfänger. »Sie sind ja nicht dumm, Herr Grundl, und kein Schnorrer. Sie hatten eben nur Pech.« Seine Sprüche machten ihn mir nicht sympathischer. Diese herablassende Einstellung den anderen gegenüber stank mir gewaltig. Er konnte noch so nett sein.

Hätte ich meine Beine bewegen können, wäre auch ich für ihn ein Schnorrer gewesen. Und die Vorstellung, mein Schicksal von so einem Sesselpupser verwalten und beurteilen lassen zu müssen, machte mich richtig nervös. Er schien mich auch gar nicht zu verstehen, kapierte nicht, dass Bademantel, Fernseher und Dosenbier für mich – und für viele andere von uns – keine Option waren. Ich fragte mich damals, warum zu seiner Ausbildung eigentlich nicht dazugehörte, einen Monat von Sozialhilfe leben zu müssen? Vielleicht hätte er dann mehr Verständnis gehabt?

Die neue Realität eines Sozialhilfeempfängers lag Lichtjahre von meinen Vorstellungen eines eigenständigen Lebens entfernt. Ich freute mich aufrichtig über den monatlichen Kontoauszug, denn ich war wirklich auf das Geld angewiesen, aber gleichzeitig empfand ich die Situation als unerträglich. Ich wollte dankbar sein und konnte es nicht. Ich gehörte einfach nicht in die Schlange im Sozialamt. Es musste doch irgendetwas geben, was ich tun konnte! Dabei traute ich mir in dieser Zeit nicht eben viel zu, und die Gänge zum Amt steigerten mein Selbstwertgefühl nicht gerade. Als noch beunruhigender empfand ich, dass ich keinen blassen Schimmer hatte, was ich tun konnte. Das Studium beenden? Und dann? Meine Situation erinnerte mich an eine Geschichte, die mir passiert war, als ich mal im Rollstuhl joggen war. Ich fuhr schon eine Weile eine Straße entlang und stand plötzlich mitten im Nebel. Ich konnte gar nichts erkennen, der Nebel war dicht wie eine Wand. Langsam fuhr ich weiter, immer ein kleines Stückchen und dann noch ein Stück und konnte irgendwann wieder weit blicken. So ähnlich verhielt ich mich unbewusst in meiner damaligen Lebenssituation. Ich konnte noch nicht genau sehen, wie es weitergehen würde, aber ich wollte auf keinen Fall einfach nur stehen bleiben. Es sollte etwas passieren – also ergriff ich selbst die Initiative.

Zuerst musste ich die Situation annehmen, wie sie war – wieder einmal. Gut, ich saß im Rollstuhl und bezog Sozialhilfe.

Aber das war kein Grund, deprimiert in der Ecke zu sitzen und die Hände in den Schoß zu legen. Ich sagte mir: Wenn du schon nicht in der Lage bist, die Situation zu ändern, versuch doch wenigstens, deine Perspektive auf die Situation zu ändern. Wie ich an diesen Punkt kam? Mit der Hilfe eines kleinen Mädchens. Sie war die Tochter einer Bekannten, und sie hatte mich schon vor meinem Unfall gekannt. Als die Kleine mich wiedersah, saß ich im Rollstuhl. Sie schaute mich lange und ganz genau an und fragte dann: »Sitzt du jetzt dein ganzes Leben im Rollstuhl?« Treffer! Versenkt! Mit diesem Satz traf sie jede einzelne Zelle meines Körpers. Hatte ich wirklich gedacht, ich sei damit durch? Ich hätte alles im Griff? Wohl kaum, wenn dieses Kind mich mit einer einfachen Frage so aus dem Konzept bringen konnte! Ihre Mutter hatte noch versucht, sie zurückzuhalten, und mich vor der Realität schützen wollen. Doch es war zu spät, die Kleine hatte die Wahrheit bereits ausgesprochen. Und das war gut so! Meine Resonanz auf den Satz zeigte dies deutlich. Oft sind es Kinder, die die großen Dinge gelassen und ganz direkt aussprechen. Nicht umsonst heißt es: Kindermund tut Wahrheit kund! Genau das hatte mir in meiner Situation gefehlt. Das kleine Mädchen hatte sich als guter Coach erwiesen und die erste Regel beherzigt: Sei nicht nett und verschweige die Wahrheit. Sei klar und sag die Wahrheit.

In diesem Moment begriff ich: Wenn ich meine Situation weiterhin ignorierte und vor der Realität davonlief, würde ich mich nie befreien können. Solange ich mir bessere Bedingungen wünschte, würde sich nichts ändern. Ich würde gegen Windmühlen ankämpfen, statt meine inneren Widerstände zu überwinden, und so würde sich mein Energietank sicher nicht wieder füllen. Es war an der Zeit, endlich Verantwortung für mein Leben zu übernehmen und erwachsen zu werden. Das musste ich erst mal begreifen. Vor dem Unfall hatte ich mich ausgekannt, wusste, welchen Preis ich wofür zu zahlen hatte, welche Verantwortung ich wofür zu tragen hatte. Aber galt das auch für mein Leben nach dem Unfall ...? Ganz und gar nicht. Die Verantwortung, mit der ich nun konfrontiert wurde, war ungleich größer.

Erst wenn ich es schaffte, die Perspektive zu wechseln, würde ich auch die Vorteile sehen können. Vorteile? Was war daran von Vorteil, zum Sozialamt gehen zu müssen? Gar nichts! Aber es war wichtig, zu begreifen, dass ich von denen nicht abhängig war, sondern frei, mein Leben zu gestalten. Das hatte ich doch immer gewollt. Ich musste mich nicht länger mit dummen Ausreden zufrieden geben. Ich saß im Rollstuhl, na und? Die Bedingungen waren schlecht, na und? Dann musste ich eben etwas ändern, und zwar das, was ich ändern konnte. Der Theologe Reinhold Niebuhr zeigt in seinem Gelassenheitsgebet den treffenden Unterschied: Gott gebe mir die Gelassenheit, Dinge hinzunehmen, die ich nicht ändern kann, den Mut, Dinge zu ändern, die ich ändern kann, und die Weisheit, das eine vom anderen zu unterscheiden.

Ich konzentrierte mich auf das, was da war, nicht auf das, was fehlte. Sie merken schon, hier schließt sich der Kreis! Statt mir bessere Bedingungen zu wünschen, erschuf ich mir meine eigenen. Alles war mir bisher so schwer, so mühsam erschienen, und jede Ausrede, jede vermeintlich schlechte Bedingung hatte den Zustand der Mutlosigkeit noch verstärkt. Dazu kam, dass ich nicht bei mir war, sondern mich ständig mit meinen alten Weggefährten verglich. Ein Freund hatte seinen Doktor gemacht und war auf dem Weg zur Professur, ein anderer hatte seine eigene kleine Firma gegründet. Und ich? Ich war in die Steinzeit zurückgeschleudert worden ... Gut, ich konnte mich dafür bis an mein Lebensende selbst bedauern – aber solange ich nur über die Bedingungen schimpfte, so lange kam ich nicht vorwärts.

Ich war in die Steinzeit zurückgeschleudert worden ...

Es war im Übrigen auch nicht hilfreich, mir selbst die Schuld an allem zu geben. Dass es zwischen einem Schuldeingeständnis und der Bereitschaft, Verantwortung zu übernehmen, einen großen Unterschied gibt, musste ich mir als Nächstes bewusst machen. Es ging nicht darum, mich mit Selbstvorwürfen zu quälen! Wenn Sie einem Kind sagen: »Wenn du das unbedingt alleine machen willst, dann mach! Aber wenn du es nicht hinbekommst, dann bist du selbst schuld!«, wird es aus Angst zu versagen gleich alles unversucht lassen, was das Risiko des Misserfolgs in sich birgt. Und es wird Angst vor einer Bestrafung haben, auch wenn sie nur aus einem entmutigenden: »Ich habe es doch gewusst!« besteht. Sätze wie »Hey, toll, dass du schon so viel Verantwortung übernehmen willst. Versuch es ruhig! Aber sag auch Bescheid, wenn du merkst, dass dir jemand dabei helfen soll«, klingen doch gleich viel motivierender, oder? Uns selbst mit Schuldgefühlen zu martern hemmt ebenso, wie anderen die Schuld in die Schuhe zu schieben. Auch heute passiert es mir noch, dass ich die Verantwortung für mein Handeln abgebe, indem ich anderen die »Schuld« an einem schlechten Vortrag oder einem Seminar gebe. Ich muss mich immer wieder ermahnen, die Verantwortung selbst zu tragen. Und was heißt überhaupt Schuld? Sind wir da nicht oft ein bisschen voreilig? Probieren Sie es doch einmal aus und ersetzen Sie in Ihrem Vokabular das Wort Schuld durch Verantwortung. Die Wirkung ist verblüffend. Menschen oder Organisationen, die das beherzigen, machen einen riesigen Schritt nach vorne.

Anderen die Schuld in die Schuhe zu schieben, statt selbst Verantwortung für eine Sache zu übernehmen, ist ein Phänomen, das mir auch bei meiner Arbeit in Firmen häufig begegnet. Im letzten Kapitel habe ich Ihnen von meinem Trainee Herbert Großmann, dem Egozentriker, erzählt. Eigentlich war er mal ein genialer Unternehmer, bis sein Egotrip ihn in eine Sackgasse geführt hatte. Sein Unternehmen produziert spezielle Elektroartikel für den europäischen und den asiatischen Markt und ist kein produkt-, sondern ein marktgesteuertes Unternehmen. Großmann hatte es innerhalb von sieben Jahren aufgebaut und beschäftigte mittlerweile 190 Mitarbeiter. Über die Jahre hatte Großmann alle Macht an sich gerissen und litt nun unter dem enormen Druck der Verantwortung. Seine Mitarbeiter waren von ihm zu reinen Befehlsempfängern degradiert worden, und als dann nichts mehr ging und er abstürzte, waren natürlich die Mitarbeiter und der schnelllebige Markt schuld. Aber wenn jeder Popelkram über den Chefschreibtisch läuft und der Chef nicht mehr hinterherkommt, gibt es früher oder später einen gewaltigen Stau! Und meistens entsteht auch eine Art Massenkarambolage unter den Mitarbeitern. Das ganze Ausmaß wird leider meist erst nach einem Zeitraum von eineinhalb Jahren offensichtlich; dann schlägt es sich auch in den Zahlen nieder. Und schließlich stehen die Banken vor der Tür ...

Heute läuft die Firma wieder, aber damals war Großmann hin und her gerissen zwischen einem Zuviel an Verantwortung und dem festen Glauben, seine Mitarbeiter seien schuld an der Misere. Als ich ihn das erste Mal traf, war er ganz unten angekommen. Und da wusste ich plötzlich: Alles hatte seinen Sinn. Mein Unfall, und auch dass ich damals von so weit unten – als Sozialhilfeempfänger – starten musste. Es ging darum, meine Situation anzunehmen. Aber vor allem, das merkte ich jetzt, war diese Erfahrung wichtig für meine Arbeit als Coach. Wenn man Menschen helfen möchte, die auf der Stelle treten, ist es wichtig zu wissen, wie sich deren Situation anfühlt. Wie ich damals musste auch Großmann seine Situation erst einmal akzeptieren. Als Nächstes musste er lernen, mit seinen Kräften hauszuhalten, nur so viel Verantwortung zu übernehmen, wie er auch tragen konnte, und vor allem, Verantwortung an seine Mitarbeiter abzugeben und bei sich nach den Ursachen dafür zu suchen, warum ihm das so schwerfiel. Er arbeitete hart an sich und hörte nach und nach auf, sich rauszureden. Ich sensibilisierte Großmann, indem ich ihn jedes Mal fragte: »Und was meinen Sie denn als Chef, woran es wohl liegt, dass Ihre Mitarbeiter nicht so sind, wie Sie sich das wünschen?« Volltreffer! Versenkt!

Wissen Sie, warum so viele Führungskräfte lieber alles selbst machen? Weil sie nicht wissen, wie sie andere Menschen systematisch entwickeln. Sie haben es nicht gelernt, es vielleicht mit mäßigem Erfolg ausprobiert. Die Konsequenz: Diese Führungskräfte selbst werden zum hemmenden Flaschenhals und beschweren sich über ihr unfähiges Umfeld. Und Großmanns Mitarbeiter? Auch sie waren durch seine nichtvorhandene Führung geprägt worden, das sollte ich als Coach schon bald nach Beginn meiner Arbeit sehr deutlich zu spüren bekommen. Die Angestellten fühlten sich durch meine Anwesenheit bedroht. Ihre Verunsicherung führte so weit, dass sie mich beschimpften: »Man könnte meinen, diese Firma hier gehöre Ihnen.« Was war der Grund? Ich machte ihnen ihre liebgewordenen Gewohnheiten madig. Bisher hatten sich die Mitarbeiter immer herausreden können, wenn es darum ging, Verantwortung zu übernehmen. Mit einem Chef, der alle Entscheidungsgewalt auf seine Person konzentrierte, konnten sie leicht sagen: »Wir würden ja mehr machen. Aber unser Chef entscheidet alles alleine. Schade, aber nicht zu ändern.« Sie nörgelten darüber, nicht in Entscheidungsprozesse eingebunden zu werden, nahmen aber gleichzeitig die verführerische Einladung an, zu reinen Befehlsempfängern zu werden. Sie fügten sich, vielleicht ohne sich dessen bewusst zu sein.

Dann klappte ihr Chef eines Tages zusammen, und plötzlich hieß es: »Alle mit anpacken! Wenn ihr nicht zusammen die Verantwortung schultert und euren Chef entlastet, fährt eure Firma vor die Wand!« Tja, nun wurde es ungemütlich. Viele im Team hatten sich in ihren alten Gewohnheiten eingerichtet. Es heißt nicht umsonst, dass das Festhalten an dem Bekannten die Veränderung boykottiert. Der Vorwand, der Chef entscheide ja sowieso alles allein, war nicht mehr zu gebrauchen. Ade Ausrede! Dass sich nun alles ändern würde und sie tatsächlich mehr Verantwortung übernehmen sollten, wenn sie die Firma retten wollten, war für die Mitarbeiter erst einmal keine gute Neuigkeit. Klar, dass sie den Überbringer dieser Nachrichten, also mich, am liebsten gleich wieder rausgeschmissen hätten. Erst später haben sie es zugegeben: »Wir würden ja auch mehr Verantwortung übernehmen. Aber wir haben das nie gelernt. Wir wissen einfach nicht wie!« Und weil sie es nicht wussten, bestand ihre erste Reaktion darin, gar nichts zu tun und sich wiederum einen Schuldigen zu suchen. Mich.

Was war in diesem Fall zu tun? Statt die Bedingungen zu verbessern, habe ich versucht, das Individuum zu stärken und darauf vorzubereiten, Verantwortung zu übernehmen. Nur so erzielt man langfristig Erfolg; versuchen Sie es bei Ihren Kindern, bei Ihren Kollegen oder Mitarbeitern. Sogar bei Vorgesetzten funktioniert es. Achten Sie nur darauf, dass Sie jeden, den Sie Verantwortung übernehmen lassen, auch stärken und dabei konstruktiv unterstützen. Die gleiche Meinung habe ich im Übrigen heute auch zu den ganzen Debatten um Hartz IV, ALG I oder II – Sie wissen, dass ich aus Erfahrung spreche. Auch hier nähern wir uns einer Lösung nicht, indem wir die Bedingungen fördern, sprich die finanziellen Förderungsmaßnahmen durch den Staat totregulieren. Die Wirkungsmöglichkeit solcher Mittel wird meiner Einschätzung nach überbewertet und liegt vielleicht bei 20 Prozent, mehr aber auch nicht. Die Arbeitsmarktpolitik sollte es sich zum Ziel setzen, die Menschen zu stärken. Wir brauchen keine besseren Bedingungen oder ein anderes System, wir brauchen eine Förderung der Verantwortung jedes Einzelnen. Ob es dabei um die Arbeitslosenzahlen oder um unsere gefährdete Umwelt geht – es reicht nicht, den Ausstoß an CO_2 immer weiter zu vermindern, denn solange wir nicht unsere Einstellung zum Thema Energieverbrauch überdenken, bleiben all diese Maßnahmen nur Schönheitsreparaturen. Die Verantwortung für unser Befinden, unseren Alltag, die Umstände und unser Leben zu übernehmen ist ganz normal und ein Zeichen dafür, dass wir erwachsen sind. Ein ganzes Land, das kollektiv und permanent über die schlechte Konjunktur, die Steuergesetze, die Globalisierung, die Regierung, die Bundesligaergebnisse, den Nachbarn, den Chef und die unglückliche Kindheit jammert, weigert sich einfach nur, erwachsen zu werden.

Ein ganzes Land weigert sich, erwachsen zu werden.

Zum Abschluss habe ich eine gute und eine schlechte Nachricht für Sie. Zuerst die schlechte: Erst wenn Sie wirklich bereit sind, für alles in Ihrem Leben die Verantwortung zu übernehmen, werden Sie große Schritte machen. Und jetzt die gute Nachricht: Wenn Sie wirklich dazu bereit sind, für alles in Ihrem Leben die Verantwortung zu übernehmen, werden Sie große Schritte machen. Toll, nicht? Wieder mal haben Sie die Freiheit, sich zu entscheiden. Verbessern Sie nicht die Bedingungen, sondern fördern Sie Ihre Fähigkeiten, mit diesen Bedingungen umzugehen. Meckern Sie nicht über andere. Arbeiten Sie an sich selbst, und schon bald werden faule Ausreden kaum noch in Ihrem Vokabular zu finden sein. Ich sage ja auch nicht: Hey, ich habe noch nicht bemerkt, dass mein Rollstuhl seit dem letzten Regierungswechsel irgendwie leichter läuft …

Motivation? –
Ich erlaube dir nicht, mich zu demotivieren

> *Lebenskunst ist, Problemen nicht auszuweichen,*
> *sondern daran zu wachsen.*
> *Anaximander*

In der ersten Zeit nach dem Krankenhausaufenthalt ging es für mich darum, zu akzeptieren, dass ich völlig neu anfangen musste. Meine Uhr war auf null gestellt worden. Das war nicht leicht zu begreifen, aber in dem Moment, in dem ich mein Schicksal annehmen konnte, war ich frei. Der Weg dahin war nicht einfach, der zum Sozialamt noch weniger, doch der Augenblick der Erkenntnis dafür umso großartiger. Als ich begriffen hatte, dass ich frei sein konnte, wenn ich meine Situation nur akzeptierte, taten sich plötzlich ganz neue Möglichkeiten auf. Als ich mich öffnete, hatte ich keine Angst mehr vor der Zukunft und ließ die Vergangenheit endlich los. Ich wusste nun, wo ich stand und dass ich von hier aus alles würde erreichen können, wenn ich nur wollte. Den ganzen Ballast, den ganzen Mist, den ich mit mir herumschleppte und der mich unbewusst lähmte, hatte ich über Bord geworfen – und kaum hatte ich Platz geschaffen, kam meine Motivation zurück, als hätte sie nur auf den richtigen Anlass gewartet. Mit ihr wurde alles leichter, und es schien, als sei ich aus einem engen, düsteren Raum ans Licht getreten. Ich atmete frische Luft, ließ die Sonne auf mein Gesicht scheinen und konnte es kaum erwarten, die Welt neu zu entdecken. Und, oh Wunder, darauf musste ich auch nicht lange warten: Fast in derselben Sekunde, in der meine Motivation und meine Leichtigkeit zurückgekehrt waren, bekam ich mein erstes Jobangebot für eine Festanstellung. Hoppla! Mir fiel das Glück direkt vor die Füße. Ob es da einen Zusammenhang gab? Ich glaube schon: Wäre ich nicht motiviert gewesen, hätte ich eine ganz andere Ausstrahlung gehabt, und man hätte mich sicher nicht gefragt. Ich bin fest davon überzeugt! Dass ich ein so attraktives Angebot erhielt, lag allein an meiner intrinsischen Motivation, an meiner »Boris Grundl frei von Ballast«-Ausstrahlung. Aus diesem Grund wollte man mich tatsächlich zum Produktmanager machen. Dass meine Motivation daraufhin schier unendlich war, können Sie sich vielleicht vorstellen. Nun gab es kein Halten mehr!

In dem Moment, ab dem ich meine Situation voll angenommen und den ganzen Ballast abgeworfen hatte, kamen Motivation und Leichtigkeit und mit ihnen der neue Job. Dieser erhöhte wiederum meine Motivation, und so erschien mir alles noch leichter, und gleichzeitig hängte ich mich noch mehr rein in die Arbeit – und so weiter. Eine positive, sich selbst erfüllende Prophezeiung war eingetreten. In der Reha war mir alles so schwergefallen, das Essen, das An- und Ausziehen, das Umsetzen in den Rollstuhl, das tägliche Training. In dem Bewusstsein, dass ich im Leben gebraucht wurde, waren diese Dinge nicht mehr mühsam. Ich erledigte sie einfach und so schnell ich konnte, denn meine eigentliche Aufgabe war eine andere – meine Arbeit als Produktmanager. Würden Sie einen schwerstbehinderten Rollstuhlfahrer einstellen, der gerade versucht, sich freizustrampeln und ohne Sozialhilfe zu leben? Ich bin meinem ersten Chef, Kamil Sarisen, dafür unendlich dankbar. Das war die zweite wichtige Bestätigung für mich. Meine damalige Partnerin und spätere Ehefrau hatte zuvor ihren Job in Stuttgart gekündigt und war zu mir nach Köln gezogen. Zu *mir*! Das müssen Sie sich vorstellen! Nach gesellschaftlichen Maßstäben war ich ein Niemand, aber sie glaubte an mich, und zwar von Anfang an. Und indem mein neuer Arbeitgeber mich einstellte, sagte er im Prinzip das Gleiche. Beide wollten mich tatsächlich haben! Das machte es mir leicht, mich auch wieder zu wollen – so wie ich war. Dass ich dem Leben etwas geben konnte, schenkte mir so viel Energie, dass ich mir selbst auch wieder mehr zutraute – alles Teil der sich selbst erfüllenden Prophezeiung.

Kommt Ihnen das bekannt vor? Genau, im dritten Kapitel habe ich Ihnen eine meiner wichtigsten Erfolgsformeln vorgestellt: Ziele x Selbstvertrauen = Motivation.

Unterschätzen Sie bitte nicht die Wirkung dieser Formel. Sie scheint einfach, aber es ist nicht leicht, sie konsequent anzuwenden. An meiner Person können Sie sehen, dass sie aufgeht. Mein Ziel war es, etwas beizutragen. In dem Augenblick, in dem ich die Chance dazu bekam, wuchs mein Selbstvertrauen, und ich war noch mal doppelt so motiviert. Aber am Anfang stand selbst erzeugte, intrinsische Motivation, und nur so funktioniert das Ganze. Leider gibt es viele Menschen, die zwar verzweifelt nach Motivation schreien, aber dafür selbst keinen Finger rühren. Das ist die Zuschauermentalität, von der ich Ihnen schon erzählt habe. Alle rufen: »Motivier' mich, unterhalte mich, mach, dass ich energiegeladen bin.« Oder sogar: »Ich habe ein Recht darauf, dass jemand mich motiviert …« Doch diese Einstellung ist das genaue Gegenteil von dem, was ich meine. Vorsicht! Wenn jemand von Ihnen motiviert werden will, ist der Zeitpunkt für ein ernstes Gespräch gekommen. Motivation bekommt man nicht von anderen; man muss sie in sich selbst finden wollen und dafür sorgen, dass sie erhalten bleibt.

> *Wenn jemand von Ihnen motiviert werden will, ist der Zeitpunkt für ein ernstes Gespräch gekommen.*

Als ich bereits vier Jahre für das Unternehmen tätig war, passierte mir Folgendes: Wir saßen in einem Meeting, und ich berichtete von einer – wie ich fand – tollen Idee: eine Roadshow mit den neuesten Produkten in Deutschland, Österreich und der Schweiz! Eine Mitarbeiterin aus dem Vertrieb, die wusste, wie viel Arbeit auf sie zukam, schüttelte den Kopf und sagte: »Also, lieber Herr Grundl, das motiviert mich jetzt aber überhaupt nicht!« Schon damals bin ich wegen ihrer Reaktion aus der Haut gefahren. Ich antwortete ihr: »Liebe Frau Schlaumeier«, nennen wir sie ruhig mal so, »ich motiviere hier niemanden. Dazu bin ich nicht da! Ich arbeite mit motivierten Leuten zusammen und gebe ihnen Raum, damit sie sich entwickeln können!« Autsch! Natürlich klingt das erst mal ziemlich hart, aber die Haltung dieser Kollegin war wenig produktiv. Sie wollte den Erfolg, aber nicht den Preis dafür zahlen müssen. Sie wollte unterhalten und motiviert werden und sich die Arbeit sparen, sich selbst in einen motivierten Zustand zu bringen und dann die Motivation wie ein Feuer zu schüren und aufzupassen, dass es nicht erlischt.

Mit dieser Zuschauermentalität konnte ich mich noch nie anfreunden. Dass ich mit dieser Einstellung bei Kollegen auch hier und da Verwirrung hervorrief, können Sie sich sicher vorstellen – so auch bei einem Produktmanager in einer ehemaligen Firma, nennen wir ihn Günter. Günter hatte mich in die Firma geholt, und es irritierte ihn mächtig, dass ich ihm nicht täglich dafür huldigte. Ich war ihm durchaus dankbar für sein Angebot, aber damit hatte ich doch nicht meine Seele an ihn verkauft! Schließlich wollte er mich in der Firma, weil er mich für kompetent hielt, und nicht, weil er mir einen Gefallen schuldete. Aber vor allem war Günter irritiert, weil ich sein Anspruchsdenken und das der meisten anderen Kollegen nicht teilte und nicht in ihren »Ich habe ein Recht darauf«-Chor einstimmte. Aber ich wollte mich nicht zurücklehnen, und ich wollte schon gar keine Vergünstigungen oder Almosen, sondern mir alles selbst erarbeiten, und zwar Schritt für Schritt. Auch ihre Seilschaften habe ich gemieden, und bei Intrigen spielte ich nicht mit. Der Kommentar meiner Kollegen: »Wenn man dich so beobachtet, könnte man meinen, dir gehört das Unternehmen!« Ich habe es Ihnen erzählt: Genau das Gleiche sollte ich später als Coach in Herbert Großmanns Firma auch noch einmal von den Mitarbeitern hören. Nein, mir gehörte das Unternehmen nicht, weder dieses noch das andere. Ich liebte nur meinen Job, und ich nahm ihn wie immer sehr ernst. Mit meiner ehrlichen Arbeitshaltung war ich natürlich der Traum jedes Chefs, aber Günter begann, mich dafür zu hassen.

Es ging so weit, dass er ein halbes Jahr, nachdem ich ins Unternehmen gekommen war, kündigte. Bevor er ging, richtete er noch folgende Abschiedsworte an mich: »Wenn du mir noch einmal in die Quere kommst, dann mache ich dich fertig!« Zwei Jahr später erhielt ich einen Anruf von ihm. Er suchte einen Job.

Heute denke ich, dass mein Verhalten manchen Kollegen damals einfach überfordert hat. Wer noch nie in einer ähnlichen Situation war wie ich, wer nie Angst haben musste, alles zu verlieren, was ihm lieb und teuer war, der kommt wohl auch nicht auf die Idee, dass das Leben und auch der eigene Arbeitsplatz ein Geschenk sind! Wenn mich diese Kollegen heute fragen würden: »Warum zum Teufel warst du bloß so verdammt motiviert?«, würde ich ihnen antworten: Weil ich durch das Tal der Tränen gegangen bin und danach eine einmalige Chance geschenkt bekommen habe. Und weil ich sie auf jeden Fall nutzen wollte. Deshalb! Ich wollte, dass das Feuer in mir weiterbrennt; ich hatte es so lange vermisst. In der Zeit, in der ich keine Perspektive für mich sah und in der ich nicht motiviert, sondern nur völlig passiv und ohne Einfluss war, fehlte mir das Feuer der Motivation schmerzlich. Ja, wenn mich Günter oder meine damaligen Kollegen heute danach fragen würden, würde ich es ihnen wohl genau so erklären.

Warum können Menschen schlecht damit umgehen, wenn sie erleben, dass andere hochmotiviert sind? Weil es sie verunsichert? Ja, schon! Aber vor allem werden sie daran erinnert, wie sehr sie selbst unter ihren eigenen Möglichkeiten bleiben. Vielleicht hatten sie einmal große Ziele. Sie haben sie nicht erreicht. Nun gibt es zwei Möglichkeiten: Entweder wachse ich, bis ich so groß bin wie das Ziel, oder ich reduziere meine Ziele. Wenn ich meine Ziele immer weiter verkleinere, sinkt auch meine Motivation, und irgendwann resigniere ich. Aber diese Spirale funktioniert auch anders herum. Mir fällt David Ben-Gurion ein, der sagte: Wer nicht an Wunder glaubt, ist kein Realist. Tja, und dann kommt ausgerechnet so ein Krüppel daher und zeigt anderen wie es geht. Da fühlt sich mancher auf den Schlips getreten! Das Resultat: Sie sind neidisch. Und bevor sie zulassen, dass andere etwas haben, das sie nicht haben, versuchen sie, die Motivation des anderen zu untergraben. Das passiert mal bewusst, mal unbewusst. Wie auch immer, ich finde so ein Verhalten zum Kotzen! Auch Sie werden solche Situationen kennen, vielleicht sogar noch aus der Schule. Ein Lehrer stellt eine Frage, und der Schüler, der antwortet, weil er sich wirklich für das Thema interessiert, wird dafür von seinen Mitschülern gehänselt. Erinnern Sie sich? Ich hatte einen Mitschüler, der permanent mit seiner außergewöhnlichen analytischen Intelligenz glänzte. In manchen Schultest baute er absichtlich Fehler ein, um nicht als Streber dazustehen. Damals in der Klinik teilte ich das Zimmer mit einem alten Nazi, der an der Halswirbelsäule operiert werden sollte. Glauben Sie mir, er war wirklich ein Nazi. Seine pseudopolitischen Absonderungen will ich Ihnen ersparen, aber auf sein Verhalten will ich näher eingehen: Wenn Visite war, kroch er vor dem behandelnden Arzt im Staub und hinterließ eine breite Schleimspur, aber sobald wir allein auf unserem Zimmer waren, verspritzte er sein ekelhaftes Gift. Immer wenn ich vom Training kam und gut drauf war, machte er mich nieder. »Warum machst du das überhaupt? Das hat doch keinen Sinn! Dein Leben ist doch sowieso vorbei und alles andere als lebenswert.« So ging das in einer Tour! Seine Sprüche entsprangen vielleicht irgendeiner kranken Rassenideologie, hatten bei ihm aber einen anderen Hintergrund: Er wertete mich und meine Bemühungen ab, damit er sich selbst besser fühlte. Statt sich und seine Situation anzunehmen und an sich zu arbeiten, blickte er neidisch auf mich. Meine gute Laune konnte er nicht ertragen, weil ich ihm seine eigene Situation vor Augen führte.

Meine Reaktion war damals noch: »Dir zeig ich's! Morgen komme ich mit noch besserer Laune vom Training zurück. Da kannst du grün werden vor Neid!« Natürlich war das keine adäquate Antwort, sondern ein Abwehrreflex meines Reptiliengehirns. Ich hatte damals noch nicht herausgefunden, warum andere so auf mich reagierten und wie ich mich gegen solche Verletzungen wehren konnte. Verletzungen dieser Art sollten mir noch einige Male zugefügt werden, etwa als ich einmal abends das Krankenhaus verlassen durfte, um zu einem Konzert zu gehen. Ich hatte mich sehr darauf gefreut, den Krankenhausalltag mal hinter mir zu lassen, mal wieder Musik zu hören und unter Leute zu kommen. Ich war richtig gut drauf, bis ich dort einen alten Schulfreund traf, der mir vorwurfsvoll sagte: »Mit dir stimmt was nicht! Wie kannst du so gut drauf sein. In deiner Lage!« Ein anderes Mal war es ein Arzt, der mich doch tatsächlich untersuchen wollte. Auch er attestierte mir, dass ich nicht normal sei, so wie ich mich »aufführte«.

Auch später erlebte ich noch einmal eine ähnliche Situation: Ich wurde über einen Headhunter für einen irischen Konzern abgeworben und sollte dort Marketing- und Vertriebsdirektor für eine deutsche Tochterfirma werden. Die Ausgangsvoraussetzungen waren spitze. Ich bekam einen Verantwortungsbereich, der mich inspirierte, eine langfristige Perspektive und ein Topgehalt, aber das Wichtigste: Es gab einen Kollegen, der mein Mentor wurde, so ein Papatyp, der mich wirklich fördern wollte, ein ehemaliger Boeing-Spitzenmanager. Trotzdem wusste ich schon nach kurzer Zeit, dass das hier nur eine Übergangsstation für mich sein würde. Irgendwie hatte ich wohl etwas anderes erwartet. Kann passieren! Zudem geriet ich in einen Wertekonflikt – ausgerechnet mit dem neuen Europachef im Vertrieb, einem smarten Engländer. Er sprach mich eines Tages nach einer Sitzung an, die anderen verließen gerade den Besprechungsraum: »Bleib doch mal bitte kurz hier, Boris. Ich möchte mit dir reden.« Und dann unterbreitete er mir sein zweifelhaftes Angebot: Er habe vom Vorstandsvorsitzenden einen Einlauf bekommen. Die Zahlen für den europäischen Markt seien nicht gut genug. Das wolle er nächstes Jahr so nicht noch mal erleben. Kurz und gut, er wollte, dass ich das für ihn regelte. Er wusste, dass ich das konnte, und ich wusste es auch.

Und er bot mir an: »Du sorgst für die Ergebnisse, ich präsentiere sie und ziehe dich dann mit, wenn ich aufsteige!« No way! Abgesehen davon, dass es mich ganz und gar nicht motivierte, anderen in die Steigbügel zu helfen. Wer garantierte mir denn, dass er wirklich aufstieg und mich auch wirklich mitnahm? Wenn nicht, würde mich in der nächsten Firma noch mal ganz genau das Gleiche erwarten. Ich sollte also aus politischen Gründen Ergebnisse erzielen und damit meinen Status sichern? Darauf konnte ich gut und gerne verzichten! Wenn in einer Organisation das Statusdenken über dem Streben nach Ergebnissen steht, führt das zu überflüssiger Politik, und der Kunde wird aus den Augen verloren. Politik ist in Firmen nicht zu vermeiden, aber sie sollte niemals Hauptmotiv sein, sondern immer der Kunde. Abgesehen davon hatte die Firma nichts von einer Marionette, die ihre Arbeit von anderen erledigen ließ.

Wie die Geschichte ausging? Ich bin gegangen. Die Idee, mich selbständig zu machen, reifte damals schon einige Zeit in meinem Kopf. Mir war es wichtig, den Konflikt mit meinem Vorgesetzten so schnell wie möglich zu klären. Also sagte ich ihm, dass ich durch seine Forderung in Konflikt mit meinen Werten komme. Daraufhin wurde ich zum Gespräch gebeten – vor Zeugen. Man versuchte, mich zu demotivieren, mich einzuschüchtern. Das moderne Wort hierfür lautet wohl Mobbing. Man wollte mich dazu bringen, dass ich kündigte. Anstatt klar und offen über die Angelegenheit zu reden, begannen die mit Spielchen. Mann, dachte ich, wenn es Differenzen gibt, kann man doch darüber reden. Meine Vorgesetzten zeigten mir mit ihrem Verhalten auch, dass sie mich unterschätzten, und so entschied ich mich für einen Weg, den ich nie gern gegangen bin: Krieg. Angriff ist auch eine Verteidigung. Ich ließ den Behindertenbeauftragten in die Firma kommen und mal schauen, ob eigentlich alles in Ordnung sei. Für einen Medizinprodukte-Hersteller keine schöne Situation, wie Sie sich denken können. Sie finden das krass? Ich wehre mich nur gegen ihre Vorgehensweise, und ich wollte, dass sie mich mit Anstand gehen ließen.

Und zwar für das Geld, das ich auch wert war. Mein Anwalt riet mir sogar dazu, zu klagen, aber das wollte ich gar nicht. Ein Prozess hätte nur unnötig Energie und Zeit gekostet. Ich gab mich schließlich mit der Abfindung zufrieden, die sie mir boten. Sie wäre sicher doppelt so hoch gewesen, hätte man sich vor Gericht getroffen, aber ich wollte nicht um jeden Preis absahnen, sondern nur das, was mir zustand. Meine Abfindung war dann mein Startkapital für die Selbständigkeit. Auch hier hörte ich es übrigens wieder – zum hundertsten Mal: »Bist du wahnsinnig? Das schaffst du nie! Willst du wirklich so ein großes Risiko eingehen?« Nein, ich machte nur den nächsten Schritt. Ja, ich hatte auch ein bisschen Angst. Aber inzwischen war mein Selbstvertrauen ganz stabil.

»*Bist du wahnsinnig? Das schaffst du nie!*«

Dagegen, dass andere versuchten, mich zu demotivieren, konnte ich mich nicht immer erfolgreich wehren; vor allem musste ich auch erst einmal herausfinden, was da genau passierte. Nach und nach kam ich dahinter: Meist waren meine Kollegen neidisch auf einen Rolli, der schaffte, was sie noch nie versucht hatten. Das empfanden sie als Bedrohung, und deshalb griffen sie mich an.

Oder sie glaubten nicht an mich, weil sie entweder kein Vertrauen zu mir hatten oder weil ich etwas versuchen wollte, was sie sich selbst niemals trauen würden – ganz richtig, das Spiegelprinzip. Später sollte ich auch noch feststellen, dass sich gerade die, die mir anfangs nichts zutrauten, gerne bei mir anlehnten, wenn ich dann Erfolg hatte. All das verletzte mich anfangs, und ich wusste nicht, wie ich es ändern sollte. Wie lernt man, sich nicht demotivieren zu lassen? Irgendwann kam ich dahinter: Ich musste mich damit auseinandersetzen, warum ich auf manche Dinge so empfindsam reagierte. Auch heute passiert es immer wieder, dass jemand an etwas zweifelt, was mir wehtut. Aber ich versuche, mich dazu zu bringen, nicht den Zweifler zu kritisieren, sondern mich zu fragen, warum mir das so weh tut. Solange du merkst, dass es jemand schaffen kann, dich mit dem, was er sagt, zu demotivieren, guck' in dich rein und finde heraus, warum das so ist. Du wirst sehen: Je öfter du das tust, desto mehr Unsicherheiten wirst du in dir selbst auflösen können. Und andere werden weniger Macht über dich haben.

Lassen Sie nicht zu, dass andere Ihre Träume kaputt machen! Fragen Sie sich immer wieder, woran es liegt, dass andere es schaffen, Sie zu verletzen. Irgendwann wird Sie kaum jemand mehr demotivieren können. Aber um Ihnen zum Abschluss wenigstens noch eine positive Geschichte zu erzählen: Neulich kam ich morgens ins Büro und war – wie meist – gut gelaunt, total motiviert und wie aufgezogen. Der Kommentar einer meiner Mitarbeiter dazu lautete einfach: »Hallo, Herr Grundl, na, haben Sie wieder mit den Fingern in der Steckdose geschlafen?« Ich meine, das ist mal nett gemeint, oder? Und außerdem noch witzig! Da war einer mal nicht neidisch oder hat meiner guten Laune – und eigentlich meinen Fähigkeiten – misstraut. Mein Mitarbeiter hat gesehen, dass es bei mir prächtig läuft, und hat sich mit mir gefreut. Mit der Motivation ist es eben wie mit der Sonne – es ist unmöglich, dass sie nicht scheint. You can't tell the sun not to shine!

Welcher erwachsene Mensch muss von außen motiviert werden? Ich motiviere niemanden, aber ich arbeite mit motivierten Menschen zusammen. Innere Kündigung? Keine Lust auf Leistung? Zurücklehnen und sich bespaßen lassen? Natürlich, auch diese Entscheidung trifft jeder ganz für sich alleine. Ich rate Ihnen: Erlauben Sie niemandem, Sie zu demotivieren. Lassen Sie sich nicht Ihre Träume stehlen. Geben Sie anderen Menschen keine Macht über sich. Und wenn jemand schlechte Laune hat, ist das nicht Ihr Problem. Sagen Sie einfach: »Mann, tut mir das leid für dich, dass du dich heute dafür entschieden hast, so schlecht drauf zu sein.«

Wer sagt denn, dass du musst? – Orientierung kommt von innen

Das Glück wird den Menschen so selten zuteil,
weil sie es draußen suchen statt innen.
Walter Nigg

Kommen Sie, begleiten Sie mich in Gedanken noch einmal nach Mexiko. Kehren Sie mit mir zu jenem Tag zurück, der mein Leben grundlegend verändern sollte. An dem wir, mein Freund Stefan und ich, die Lagune besuchten. Und an dem ich mir den Hals brach ... Stefan und ich waren nach San Diego geflogen und hatten dort zwei Wochen bei seinen Verwandten verbracht. Dann fuhren wir von Kalifornien weiter nach Mexiko, mit dem Bus ging es die Halbinsel Baja California hinunter bis nach Cabo San Lucas, wo es die großen Schwertfische gibt. Mit der Fähre kamen wir wieder aufs Festland, nach Los Mochis, und fuhren dann mit dem Bus weiter nach Puerto Vallarta. Die Touristenmetropole liegt ungefähr 800 Kilometer nördlich von Acapulco und zählt zu den größten Seebädern Mexikos. Allerdings ist Vallarta um einiges jünger als Acapulco und Cancún und war damals noch nicht so überlaufen. An der größten Bucht der Pazifikküste erwarteten uns kilometerlange Sandstrände und jede Menge sportliche Aktivitäten und Abenteuer. Genau das Richtige für zwei vor Hormonen strotzende junge Männer! Vor allem hatte ich mir vorgenommen, Puerto Vallarta im Sturm zu erobern – zu Land, zu Wasser und am liebsten auch aus der Luft. Was kostet die Welt! Und dann machten wir eines Tages diesen Ausflug zu einer wunderschönen Lagune mit Wasserfall, die mitten im Dschungel, aber auch unweit des Meeres liegen sollte. Der Tagestrip, ein Bootsausflug entlang der Küste, wurde von einem Touristikbüro angeboten. Wir waren etwa fünfzehn Teilnehmer, die meisten Amerikaner, nur unser Reiseführer war Mexikaner. Auf dem Hinweg ankerten wir an wunderschönen Plätzen. Wer wollte, konnte vom Boot aus schnorcheln. Wir wollten natürlich. Und dann sollte es zum Schluss noch einen kurzen Abstecher zu einem Wasserfall geben.

Stefan und ich reisten damals nach Mexiko, weil wir noch einmal richtig aus der Normalität ausbrechen wollten. Davon hatte ich Ihnen erzählt. Wir wollten die große Freiheit erleben, bevor nach dem Studium das Berufsleben auf uns wartete. Eine komische Idee, denke ich heute manchmal. Wenn man aus seinem Alltagsleben ausbrechen muss, um mal richtig intensiv zu leben, stimmt doch mit diesem Alltag irgendetwas nicht. Aber damals sah ich diese wenigen Höhepunkte völlig losgelöst von meinem restlichen Leben. Ich lebte auf den einen großen Urlaub hin oder auf die tolle Party am Wochenende. Erstaunlich viele Menschen machen das so. Dabei war mein Leben doch ganz in Ordnung. Oder etwa nicht? Irgendwas fehlte mir scheinbar wirklich, sonst hätte ich mich nicht aufgemacht, um in Mexiko nach dem ultimativen Kick zu suchen. Dass mir an diesem Tag das Abenteuer meines Lebens bevorstehen sollte, wusste ich am Morgen noch nicht … Meine Erwartungen an unseren Ausflug? Ich würde eine großartige Lagune in einer eindrucksvollen Dschungelkulisse zu sehen bekommen und danach vielleicht noch schnorchelnd die Unterwasserwelt der Banderas-Bucht entdecken. Natürlich nahm ich mich dabei als Mittelpunkt dieser ganzen Aktion wahr. Ich war jung und voller Tatendrang. Ich, Boris Grundl, war das Zentrum meines eigenen vollkommen auf mich abgestimmten Universums.

Wir wollten die große Freiheit erleben.

Wir kamen zu der Lagune, einem wirklich paradiesischen Ort, nach der Bootsfahrt der perfekte Rastplatz. Auf dem offenen Meer waren wir der heißen mexikanischen Sonne ausgesetzt gewesen, und die gleißende Wasseroberfläche hatte uns geblendet. Nun konnten wir uns an dem dunklen Grün der Pflanzen kaum satt sehen, und unsere Augen erholten sich von der Weite des Horizonts. Das türkise, glasklare Wasser der Lagune lud zum Baden ein. Dieser natürliche Süßwasserpool versprach eine willkommene Abkühlung. Die meisten Mitglieder unserer Reisegruppe stürzten sich gleich ins Wasser. Auf diese Idee war auch schon jemand vor uns gekommen: Eine Gruppe mexikanischer Jugendlicher planschte vergnügt im Wasser herum. Einige sprangen von der Felswand hinab, über die der Wasserfall in die Lagune rauschte. Ich beobachtete sie. Sie kletterten links und rechts vom Wasserfall nach oben, suchten sich unterschiedlich hoch gelegene Punkte und ließen sich mal mit dem Kopf, mal mit den Füßen zuerst ins Wasser fallen. Lachend, laut juchzend – einfach entspannt. Ihre Freude und ihre Unbekümmertheit, ihre Leichtigkeit und ihr Spaß an der Sache waren ansteckend. Für mich war klar: Das würde ich auch versuchen!

Ich wartete, bis die meisten Badenden wieder aus dem Wasser kamen, dann machte auch ich mich daran, den Felsen hinaufzuklettern. Ich wusste ja durch die Jugendlichen, dass die Lagune tief genug war, um hineinzuspringen. Zuerst machte ich mehrere Sprünge von weiter unten. Das Wasser war herrlich erfrischend. Dann kletterte ich ein Stück höher. Und beim nächsten Mal noch ein Stück. Das war gar nicht so leicht, wie es von unten ausgesehen hatte. Der Felsen wurde vom Wasserfall in einen ewigen Sprühnebel getaucht, die Steine waren mit Moos bewachsen und sehr glitschig. Ich kam ins Schwitzen, aber das hielt mich nicht davon ab, immer wieder zu springen – jedes Mal von noch weiter oben. Stefan sprang nicht. Ich konnte ihn da unten im Sand liegen sehen. Er war bei so etwas zurückhaltender als ich und meinte, er müsse nicht überall raufklettern und runterspringen, um sich etwas zu beweisen. Das überließ er gerne seinem ungestümen Freund.

Dann machte ich mich auf den Weg nach ganz oben. Von dort, wo der Wasserfall über die Felsen in den Abgrund schoss, wollte ich zum letzten Mal springen. Das musst du wenigstens einmal gemacht haben, sagte ich mir. Während meines Aufstiegs hörte ich, wie der Wasserfall an mir vorbei in die Tiefe sauste. Er wurde immer lauter, und irgendwie war der Weg nach oben diesmal anders. Die Steine wirkten noch glitschiger als vorher und das Klettern schien viel anstrengender zu sein. Vielleicht war ich einfach schon ein bisschen müde vom Springen und Schwimmen, von der Sonne und dem ganzen Ausflug, dachte ich. Aber da war noch etwas anderes. Eine Stimme in mir sagte: Muss das denn sein? Wer sagt denn, dass du das machen musst? Aber ich hörte nicht auf diesen inneren Kompass und kletterte weiter. Na los, was man angefangen hat, bringt man auch zu Ende, trieb ich mich weiter an. Außerdem war es viel leichter, von hier oben zu springen, als den ganzen Weg über die rutschigen Felsen wieder runterzuklettern. Wenn ich schon den ganzen Felsen hinaufkraxelte, könnte ich auch gleich springen, alles andere wäre viel zu mühsam. Außerdem hätte es nach Kapitulation ausgesehen. Und überhaupt: Ich war jetzt schon von fast allen Punkten gesprungen. Dieser eine fehlte mir noch in meiner Sammlung. Der letzte Sprung von der höchsten Stelle. Das bringst du jetzt noch zu Ende, sagte ich mir!

Heute würde ich diesem 25-jährigen Klippenspringer gerne zurufen: »Wer sagt das? Wer sagt denn, dass du musst?« Aber hätte er auf mich gehört? Wohl nicht. Ich kann sein Handeln verstehen, aber er und ich, wir sind uns nicht mehr sehr ähnlich. Er wollte etwas zu Ende bringen. Ein Programm abspulen. Funktionieren. Er wollte nach dem Urlaub sagen können: Wir waren tauchen, surfen, Boot fahren und schnorcheln, und dann ich bin auch noch von dem höchsten Punkt einer Felswand, vom Rand eines Wasserfalls, in eine Lagune gesprungen. Der junge Mann wollte einen Haken an die Sache machen, so wie an all die anderen Abenteuer, die er schon erlebt hatte. San Diego – Haken dran, Puerto Vallarta – Haken dran, Lagunen-Tour mit Felsensprung – Haken dran. Würde ich diese Reise heute machen, dann nicht mit mir als Mittelpunkt des Universums. Ich würde die Zeit nutzen, um zum Mittelpunkt meines Selbst zu reisen. Ich wäre vielleicht ein paar Mal gesprungen, vielleicht aber auch nicht, hätte diesen friedlichen Ort einfach nur bestaunt, mich von seiner Ruhe anstecken lassen, den Jugendlichen zugeschaut und mich mit ihnen gefreut. Ich hätte alles in mich aufgesogen, um mich so lange wie möglich daran zu erinnern, einfach geatmet, in mich hineingespürt, gelebt.

Als junger Wilder, der ich damals war, hatte ich dafür noch keinen Blick und auf meiner Reise keinen Moment wirklich intensiv gelebt, gefühlt oder genossen. Dafür fehlte mir die Zeit, denn es galt ein Programm zu absolvieren, von A nach B zu reisen und jetzt noch diesen einen Sprung hier zu machen. Warum? Das fragte ich mich nicht. Sonst wäre mir vielleicht klar geworden, dass ich einem äußeren Zwang folgte. Deshalb hatte ich auch nicht die Leichtigkeit der Jugendlichen, die sprangen, ohne nachzudenken, und die aufhörten, wann immer sie keine Lust mehr hatten – und denen deshalb auch nichts geschah. Ich stand inzwischen ganz oben, und jede einzelne Zelle meines Körpers schien zu schreien: Lass es sein, spring nicht. Aber ich achtete nicht auf diese inneren Signale. Ich ignorierte, dass ich nicht eins war mit mir. Mein Kopf entschied gegen mein körperliches Empfinden, gegen mein Bauchgefühl und gegen mein Herz. Gleich würde ich springen. Ich hatte wackelige Knie, als ich auf den Felsen stand, und ein flaues Gefühl im Magen. Die Steine unter meinen Füßen waren rutschig, ich fand kaum Halt. Der Wasserfall machte hier oben ein schier ohrenbetäubendes Getöse. Ich schaute hinunter ...

Heute höre ich auf mein Bauchgefühl, meine innere Stimme oder meinen Kompass, wie immer Sie es nennen wollen. Ich schaffe es immer noch nicht an allen Tagen, das umzusetzen, was mir die Stimme rät. Aber ich bin sensibilisiert und höre in mich hinein. Wenn ich es nicht tue, falle ich früher oder später auf die Nase, und je länger ich die Signale ignoriere, desto schlimmer sind die Folgen. Es ist wichtig, auf seine innere Balance zu achten. Und ich verspreche Ihnen, auf dieser Reise erwartet Sie ein noch viel größeres Abenteuer – auch dies wird

Ihr Leben verändern. Aber keine Angst: Sie müssen sich nicht erst den Hals brechen. Erinnern Sie sich einfach daran, was ich über die Jugendlichen an der Lagune gesagt habe. Sie waren eins mit sich. Sie standen nicht unter dem Druck, eine bestimmte Anzahl von Sprüngen in einer bestimmten Zeit machen zu müssen. Ich rufe dieses Bild auf, wann immer ich merke, dass ich mich gerade wieder mal in einen Häkchen-Perfektionismus verrenne. So etwas kannten die Jugendlichen an der Lagune nicht. Sie sprangen einfach, weil es ihnen Spaß machte – und solange es ihnen Spaß machte.

Überhaupt sind gerade Jugendliche und auch Kinder ein gutes Beispiel für eine intakte Balance zwischen Kopf und Herz. Kinder hören noch auf ihre innere Stimme, sie machen vieles einfach instinktiv, noch nicht kopfgesteuert. Natürlich muss man sie genau aus diesem Grund auch manchmal beschützen, denn anfangs können sie die Welt, in der sie leben, in all ihrer Komplexität noch nicht einschätzen. Dafür brauchen sie die Hilfe von Älteren. Ihre Eltern sagen ihnen für gewöhnlich, was sie tun und lassen sollten, und das ist auch gut so. Sonst würde sich so manches instinktive Verhalten der Kleinen und auch ihr grenzenloses Urvertrauen ganz schnell als lebensbedrohlich herausstellen. Zuerst entscheiden deshalb Mama und Papa, was gut für sie ist und was nicht. Bestenfalls wissen sie, dass es gut für ihre Kinder ist, in die Schule zu gehen und fleißig zu lernen. Sie sind es, die ihnen sagen, dass sie sich die Zähne putzen und viel Obst und Gemüse essen sollen, und die Kinder gehorchen hoffentlich. Später wandeln sich die elterlichen Gebote dann in Ratschläge. »Ich denke, du solltest Jura studieren«, rät ein Vater seiner Tochter vielleicht. Optimalerweise berücksichtigt er dabei ihre Neigungen. Vielleicht erhofft er sich von dieser Wahl aber auch ganz pragmatisch Vorteile für sein Kind. Elterliche Entscheidungen und Ratschläge sind nie perfekt, aber darum geht auch nicht. Es geht um Richtwerte, um Wegweiser, aber vor allem darum, dass sie ihren Kindern ihre Sicht auf die Welt mit-

Elterliche Ratschläge sind nie perfekt.

teilen, ihnen ein Stück ihrer Lebenserfahrung mit auf den Weg geben, sie prägen. Irgendwann entscheiden die Eltern nicht mehr für ihre Kinder, bestenfalls ermuntern sie die jungen Erwachsenen noch hier und da. Die Kinder sind jetzt so weit, selbst zu entscheiden. Jetzt geht es darum, sich ihrer Prägungen bewusst zu werden, sie anzunehmen, aber auch ihre Muster zu hinterfragen und zu entscheiden, welche sie für hilfreich halten und welche Aspekte sie ablehnen und ändern wollen. Vor allem müssen sich junge Erwachsene klarmachen, dass ihre Art zu leben eine bewusste Entscheidung ist – und sie in jeder Minute die Möglichkeit haben, etwas zu ändern.

In dem Moment, in dem ich mich frei entscheide, etwas zu tun, übernehme ich übrigens nicht nur die Verantwortung für mein Tun, wie es für einen erwachsenen Menschen üblich ist. Ich darf etwas tun. Niemand zwingt mich, ich habe die Wahl. Zum Beispiel sage ich heute: »Ich darf Rollstuhl fahren.« Das hört sich im ersten Moment vielleicht extrem an, aber wenn Sie länger darüber nachdenken, wird Ihnen klar: Ich müsste es ja nicht tun. Für Sie gilt übrigens das Gleiche! Sie dürfen morgens aufstehen, Sie dürfen zur Arbeit gehen, und Sie dürfen für Ihr Handeln Verantwortung übernehmen. Ist doch super, oder? Und ganz im Ernst: Mit Müssen kommen Sie auf die Dauer nicht weit. Vielleicht reicht das für einen ersten Impuls, aber es ist energetisch ganz schwach aufgeladen – und auch negativ konditioniert. »Ich muss dies und das tun!« Das klingt, als würden Sie zu etwas gezwungen. Dabei haben Sie sich selbst für Ihre Art zu leben entschieden. Es gibt niemanden, der mir heute sagt, was ich tun soll. Und es gab damals niemanden, der mir sagte, ich *müsse* diesen Sprung machen. Ich trage die Verantwortung dafür – ganz alleine.

Der Weg vom Müssen über das Wollen zum Dürfen ist sehr erfolgversprechend. Ihn zu gehen verlangt nach einer bewussten Entscheidung – und nach einer Verschiebung der Perspektive. Es geht auch darum, die Dinge, ja die ganze Welt als Geschenk zu betrachten. Genau, da ist sie wieder, die Sichtweise des verdrehten Paranoikers: Alles auf dieser Welt hat seinen Sinn. Und ich *darf* auf dieser Welt leben. In dem Moment, in dem ich das wirklich so sehe, wird es wahr. Seit ich erlebt habe, dass ein Coach im Rollstuhl eine Erfolgsstory leben kann, seitdem ist das so. Das ist doch großartig! Tja, wahre Orientierung kommt von innen. So, wie ich die Welt sehe, so mache ich sie mir auch. Und: Wie wir die Welt sehen, sagt um einiges mehr über uns aus als über die Welt. Wir filtern die Welt durch unsere Wahrnehmung. Alles hängt von diesem Blick ab, und wie wir sie sehen wollen, ist unsere Entscheidung. Wenn wir meinen, wir *müssten* sie mit dem Blick des Paranoikers sehen, kann diese Welt nur ein Feind sein. Wenn wir sie aber mit dem Blick des verdrehten Paranoikers sehen *dürfen,* ist sie ein guter Freund.

Dass dieser Perspektivenwechsel funktioniert, wusste schon Pippi Langstrumpf: »Ich mach' mir die Welt, widdewidde wie sie mir gefällt«, singt die Tochter des Königs von Taka-Tuka-Land. Und sie hat Recht. Aber ist es wirklich so einfach? Na ja, vorausgesetzt, Sie wollen wirklich dürfen, dann wird in der Tat alles viel einfacher, denn mit der veränderten Perspektive ändert sich auch Ihre innere Einstellung. Wieder tun sich neue Wege auf, und Sie kommen dem »Dürfen« näher. Noch leichter wird es, wenn sich zu Ihrem Willen und zur Disziplin – auch hierüber sprachen wir schon – noch Ihr Talent dazugesellt. Wenn Sie Ihre Berufung gefunden haben, kommen das Dürfen und die Leichtigkeit von ganz allein. Deshalb ist es so wichtig, dass Sie Ihre Berufung finden; dann kämpfen Sie nicht mehr gegen Dinge an oder versuchen nur wegen eines äußeren Zwangs Sachen abzuhaken, sondern lassen alles auf sich zukommen, um sich von Ihren Erlebnissen durchströmen zu lassen. Sie stehen nicht mehr außerhalb eines Prozesses und müssen die Ergebnisse erzwingen, sondern dürfen Teil des Ganzen sein, Sie sind Talent pur und Sie dürfen ernten. Und was, wenn Sie Ihr Talent noch nicht gefunden haben? Sie entdecken es schon noch. Jeder hat ein Talent. Hören Sie mal in sich hinein. Haben

Sie den Mut, sich zu öffnen, und freuen Sie sich auf das, was sie finden.

Heute weiß ich, dass ich diesen Perfektionismus nicht brauche. Ich muss kein Programm absolvieren, um mir etwas zu beweisen. Und mit diesem Und-Denken – ich will surfen *und* tauchen *und* klettern *und* springen – mache ich mir das Leben unnötig schwer. Wenn ich an einem Punkt versage, ist das ganze Programm gescheitert. Wenn ich mir stattdessen eine gewisse Freiheit lasse – ich kann schwimmen *oder* schnorcheln oder paragliden *oder* Wasserski fahren *oder* springen – und nichts tun muss, ist der Tag schon ein Erfolg, wenn mir nur eine einzige Sache gelingt. Oder auch, wenn ich gar nichts davon mache.

Dieses Beispiel soll Ihnen zeigen, wie ich für eine Vielfalt an Möglichkeiten offen bleiben kann. Eine Dies-*oder*-das-Kombination lässt mir die Freiheit, mich dauernd und immer wieder neu zu entscheiden. Und sich umzuentscheiden bedeutet keineswegs einen Misserfolg oder einen verdorbenen Tag, Perfektionismus hingegen schränkt uns in unseren Möglichkeiten ein und bringt uns in eine verzwickte Lage. Wenn ich von allen Punkten des Felsens springen möchte, muss ich das auch von dem höchsten Punkt tun. Komme, was wolle! Merken Sie es? Es geht wieder darum, zu schauen, was da ist, und nicht, was fehlt. Perfektionismus geht erst einmal von einem Mangel aus, die Oder-Kette hingegen ist ein konstruktives System, bei dem es um einen Zugewinn geht. Ganz klar, dafür ist ein Umdenken vonnöten – ein Perspektivenwechsel. Aber wenn Sie sich diese Bedeutung klargemacht haben, spüren Sie, dass Sie immer die Wahl haben.

Es geht im Leben nicht darum, Haken um Haken hinter Erledigtes zu setzen, sondern um den Sinn. Und wahre Orientierung, die von innen kommt, ist immer sinnvoll.

> *Es geht im Leben nicht darum, Haken hinter Erledigtes zu setzen.*

Die Frage ist: Wozu nutzt mir etwas? Wozu dient es? Damals in Sydney habe ich mich das nicht gefragt. Ich wollte nicht wissen, warum ich die Medaille wollte. Ich wollte sie einfach. Vor allem: Ich! Und ich dachte nicht darüber nach, ob wir sie verdient hatten. Es ging nicht um Sinn, sondern um den Haken, den ich hinter meinen Programmpunkt setzen wollte. Und auch in Mexiko habe ich mich nicht gefragt, warum ich jetzt noch unbedingt diesen letzten Sprung machen muss. Aber mal ehrlich: Was nützt es, nach Sydney zu den Paralympics zu fliegen und selbst gar nicht richtig mit dem Herzen dabei zu sein? Und die gleiche Frage hätte ich mir auch auf jenem mexikanischen Felsen stellen können. Aber Sie kennen die Antwort. Ich habe meinen Preis bezahlt.

Müssen und dürfen – den Unterschied *dürfen* Sie sich selbst, aber auch Ihren Mitarbeitern stets ganz deutlich vor Augen führen, wenn Sie sich verantwortungsvolles, selbstbewusstes und motiviertes Personal wünschen. Von Ihnen braucht das Team eigentlich nur ein Signal: Ja, ich will Mitentscheider in meinem Unternehmen und keine reinen Gehaltsempfänger. Und wenn ich will, dass meine Mitarbeiter sogar zu Mitdenkern werden und Verantwortung übernehmen, muss ich als Chef grünes Licht dafür geben. Der Dreiklang lautet: Mitarbeiter – Mitentscheider – Mitdenker!

Vom Gegenteil erzählte mir einmal ein Abteilungsleiter eines Callcenters, der sich an mich wandte, weil die Stimmung in seinem Team schlecht war. »Herr Grundl«, sagte er, »stellen Sie sich vor, ich hatte meine Mitarbeiter an einer so langen Leine. Aber wenn Sie merken, dass Ihr Vertrauen immer wieder missbraucht wird, machen Sie doch irgendwann dicht, oder? Vielleicht haben andere Chefs da auch mehr Glück mit ihren Mitarbeitern, aber meine sind einfach nicht so weit, dass sie eigenverantwortlich Entscheidungen treffen könnten. Dazu haben sie mich auch zu oft enttäuscht …« Die Konsequenz? Der Abteilungsleiter schnappte zu wie eine Auster, zog sich zurück und übte von da an massiven Druck aus. Seine Mitarbeiter durften nicht mehr dürfen, sie mussten müssen, und auch er musste nur noch müssen, da er sich die Möglichkeit verbot, auf Vertrauen zu setzen.

Hart, aber fair – das war nun sein Credo, aber je mehr er seine Mitarbeiter kontrollierte, desto mehr ließen einige ihre Arbeit liegen. Der Chef machte ja eh alles selber! Andere wiederum fühlten sich in ihrer kreativen Freiheit beschnitten und rebellierten, so dass er sie noch mehr und noch mehr und noch mehr kontrollieren musste; eine sich selbst erfüllende Prophezeiung. Dass die Stimmung in seinem Team davon nicht besser wurde, wunderte niemanden.

»Manchmal wünsche ich mir, dass wir Erwachsenen uns mehr von den Kleinen abgucken würden«, sagte ich ihm damals. »Dass wir uns einfach die Fähigkeit erhalten könnten, nach Niederlagen immer wieder aufzustehen und weiterzugehen. Nehmen Sie zum Beispiel ein Baby an der Grenze zum Kleinkindalter, das gerade laufen lernt. Wie oft fällt das auf seinen Hintern? Zum Glück ist der meist windelweich gepolstert, aber manchmal tut es auch weh. Und was macht es dann? Es beruhigt sich wieder, wenn der Schreck nachlässt, oder es krabbelt zu Mama oder Papa und lässt sich trösten. Und dann macht es weiter. Und das ist sein ganz normales, tägliches Training. Würde es nach ein oder zwei Mal Hinfallen aus Angst vor weiteren Verletzungen nicht mehr weiterüben, könnte es doch nie laufen lernen.« – »Ich glaube, ich verstehe, was Sie meinen«, sagte der Abteilungsleiter. »Das ist ja eine ganz neue Sichtweise auf die Dinge! Bisher habe ich nach einer negativen Erfahrung immer den Schluss daraus gezogen, dass ich sie nicht noch mal machen wollte.« – »Ja«, antwortete ich, »aber erstens kann man sich vor negativen Erfahrungen nicht schützen, auch nicht, wenn man sich sein Leben lang in die Besenkammer sperrt, und zweitens …« – »Zweitens hat man dann noch nicht mal mehr die Chance, etwas dazuzulernen!«, führte er meinen Satz zu Ende.

Müssen, das ist nichts anderes als ein äußerer Zwang, dem man sich unterwirft. Wer meint, zu müssen, folgt oft den Befehlen anderer, nicht selten aus Angst, nicht perfekt zu sein. Hören Sie auf Ihre innere Stimme, dann führt der Weg vom Müssen über das Wollen zum Dürfen. Dürfen steht für Mündigkeit und die Freiheit, sich jede Minute neu zu entscheiden. Dafür braucht es nur einen kleinen Perspektivenwechsel, aber der Effekt ist enorm! Denken Sie daran, wenn Sie morgens aufstehen. Und sagen Sie sich: »Danke, dass ich darf …!«

Glücklich bin ich sowieso –
meine Frage ist: Was kann ich geben?

*Lerne nur das Glück ergreifen,
denn das Glück ist immer da.*
Johann Wolfgang von Goethe

Jedes Mal, wenn ich nach dem Aufstehen oder nach einem Vortrag mein Handy wieder einschalte, erscheint folgende Begrüßung auf meinem Display: »Alles ist gut!« Genau, Sie haben richtig gelesen. Nicht: »Alles wird gut« à la Nina Ruge, sondern: »Alles *ist* gut!« Dieses Motto soll mich daran erinnern, dass ich zu meinem Glück nichts anderes brauche. Die Voraussetzungen sind alle schon da – und zwar in mir. Es muss nicht erst irgendetwas passieren, denn es ist bereits gut. Sie wissen ja: Es ist alles eine Frage der Perspektive. Die Welt *ist* ein Paradies. Es liegt an uns, das zu erkennen … Manchmal habe ich auch Schwierigkeiten, das so zu sehen, und gerade dann soll mir dieser Satz helfen. Ich habe ihn übrigens vor ungefähr neun Jahren in einer Art Welterklärbuch gefunden. Auch darin ging es um die Sicht auf die Dinge, um unsere Perspektive auf die Welt, wenn Sie so wollen. Ich las damals alles, was mir zu diesem Thema in die Quere kam. Gerade hatte ich meinen ersten besser bezahlten Job angetreten und zum ersten Mal das Gefühl, dass genug Raum da war, mich selbst »weiterzubilden«. Es war die erste Zeit seit meinem Unfall, in der ich nicht mehr so sehr kämpfen musste, und ich empfand es als puren Luxus, gedanklich endlich mal etwas größere Schritte machen zu können. Erstmals hatte ich den Kopf frei von existenziellen Sorgen, konnte weiterblicken als bis zum nächsten Ziel und mir Gedanken über größere Sinnzusammenhänge machen. In der Startphase konzentriert sich der Flugkapitän auf die Details des

Startvorgangs. Erst in einer bestimmten Höhe kann der Pilot sein Augenmerk wieder auf andere Dinge richten.

Ich habe meinen neu gewonnenen Freiraum dazu genutzt, viel zu lesen und meinen Horizont zu erweitern, um mich in meinem bisherigen Verhalten zu bestärken beziehungsweise kritisch hinterfragen zu können. Welche meiner Eigenschaften wurden in diesen Büchern beschrieben? An welchen musste ich arbeiten? Welche meiner Entscheidungen waren intuitiv richtig gewesen? Und warum? Vor allem um das Warum ging es mir in dieser Zeit. Was Menschenführung anging, hatte ich ein gutes Händchen, das wusste ich inzwischen. Aber wieso? Welche Methode steckte dahinter? In welchem Buch stand eine adäquate psychologische Erklärung für mein Handeln? Das gleiche Interesse hatte ich an diesen sogenannten Welterklär-Themen. Ich wollte wissen, wie Gandhi, Sun Tzu, Nietzsche und Mutter Teresa die Welt sahen, wie Jack Welch oder John F. Kennedy sie erklärten. Und wie betrachten Philosophen, Psychologen, Naturwissenschaftler, Theologen oder Dichter das Wunder unseres Planeten? Viele Weisheiten bekannter und auch weniger bekannter Denker bestätigten damals meine eigene, aus mir selbst und meiner Geschichte heraus entstandene Philosophie. Manche Haltungen verwarf ich wiederum komplett. Die mochten anderen als sinnvoll erscheinen, meiner Entwicklung dienten sie nicht. Doch jener eine Satz, »Alles ist gut«, blieb haften. Ich programmierte ihn damals ins Handy, aber eigentlich auch ins Hirn. Er sollte mich all die Jahre begleiten und daran erinnern, dass ich mein Glück nicht erst zu suchen brauchte – ich trage es stets in mir.

»Was ist denn Ihre Definition von Glück, Herr Grundl?«, werden Sie nun fragen. Und darauf habe ich nur gewartet. Glück bedeutet für mich, eins zu sein mit der Welt. Unser Bewusstsein wird von zwei sehr starken Zuständen bestimmt. Mal bilden wir eine Einheit mit der Welt und empfinden das als unendliches Glück. Und ein anderes Mal ist unser Bewusstsein von der Welt getrennt, dann fühlen wir uns uneins mit uns selbst und sind vom Glücksgefühl weit entfernt. Ein schönes Bild für diesen zweiten Zustand: Adam und Eva, die das Paradies verlassen müssen, weil sie vom Baum der Erkenntnis gegessen haben. Ich stelle mir vor, dass es seit jenem Augenblick Phasen gibt, in denen die Menschen eine Trennung von Gott und der Welt als Abwesenheit von Glück erfahren. Wenn wir glücklich sind, sagen wir ja auch, wir hätten das Paradies auf Erden. Dann gelingt es uns, die Welt als paradiesischen Ort wahrzunehmen. Wir fühlen uns eins mit der Welt. Befinden wir uns im Zustand der Trennung, können wir das Paradies nicht sehen. Wir sind uneins mit der Welt. Ich habe für mich herausgefunden, dass diese beiden Zustände sich abwechseln und dass es wahrscheinlich nie gelingen wird, den der Einheit auf Dauer festzuhalten. Sie können nicht immer glücklich, aber vielleicht weniger unglücklich sein. Mit der Zeit werden Sie es schaffen, das Volumen des Glückszustands zu vergrößern, so dass die Augenblicke, in denen Sie glücklich sind, immer länger sind. Aber der Zustand der Trennung wird auch immer wieder an Ihre Türe klopfen.

Ich kann mich gut erinnern, wann ich den extremen Zustand des Getrenntseins von der Welt zum ersten Mal bewusst durchlebt habe. Damals lebte ich noch in Köln und ging einmal die Woche zum Meditieren in das Meditationszentrum *StadtRaum*. Ein Freund von mir, Werner Heidenreich, leitete es zu der Zeit, und ich nahm schon lange an dem Meditationskurs teil. Es war ein ganz normaler Abend; wir trafen uns, redeten wenig, setzten uns hin und meditierten nach der Tradition des Zen. Doch heute war irgendetwas anders als sonst. In meinem Kopf herrschte Krieg. Es gab keinen Grund dafür, aber einen krasseren Gegensatz zwischen der ruhigen, harmonischen Atmosphäre im Raum und dem Chaos in meinem Kopf hätte es kaum geben können. Ich fühlte nur Unordnung und Zerstörung in mir, bekam Panik und wollte am liebsten flüchten. So etwas hatte ich noch nie erlebt. Ich versuchte, die ganze Stunde über zur Ruhe zu kommen, aber es gelang mir nicht. Als ich schon am Rande der Verzweiflung war, kurz bevor ich es nicht mehr aushalten konnte, passierte es dann. Auf einmal und ohne erkennbaren Grund kehrte schlagartig Stille ein, als befände ich mich in einer Kapsel im Weltall. Da war sie plötzlich. Die Einheit. Mit mir, mit der Welt, mit allem, was ist. Seitdem weiß ich, dass diese beiden Zustände mein Sein bestimmen. Und beide haben ihre Berechtigung: Glück und Traurigkeit, Harmonie mit der Welt und mir selbst und andererseits die Losgelöstheit von meinem Umfeld. Aber der Zustand der Trennung ist nicht mit großem Unglück gleichzusetzen. Wir können das Glück in diesem Moment nur nicht als so stark empfinden. Ich erlebe dieses Gefühl beispielsweise nach einem Vortrag oder einer Veranstaltung, bei der ich alles gegeben und mich ganz und gar verschwendet habe. Wenn ich dann auf mein Handy schaue, werde ich ganz ruhig, denn es erinnert mich daran, dass sich der andere Zustand schon bald wieder einstellen wird.

Warum ich so zuversichtlich bin, dass das Glücksgefühl zurückkommen wird? Ich habe es schon so oft erlebt, ich weiß es einfach. Wenn Sie genauer drüber nachdenken, wissen Sie es auch. Und ich weiß, dass diese beiden Zustände zusammengehören, seit ich damals fast in der Lagune ertrunken bin und ein sogenanntes Nahtoderlebnis hatte. Seitdem habe ich die Gewissheit: Glück kann nicht ohne Unglück sein. Während ich damals unterging, habe ich sogar beides erlebt, als hätte sich mein Bewusstsein gespalten. Und während ich einerseits ums nackte Überleben kämpfte und wirkliche Todesangst empfand, stieg andererseits mein Geist frei und ohne Furcht empor, weitete sich aus und sah auf mich herab. Da spürte ich Einheit und Trennung zur gleichen Zeit. Außerdem hilft mir der Satz auf meinem Handydisplay dabei, herauszufinden, in welchem Zustand ich mich gerade befinde. Kann ich dem Satz zustimmen, weiß ich, dass ich eins mit allem bin. Kann ich das nicht, ist dies das sicherste Zeichen dafür, dass ich »außer mir« und von der Welt getrennt bin. Dann beruhigt mich der Satz und erinnert mich, dass dieser Zustand nicht ewig währt. Und er bringt mich dazu, nicht mehr so egozentriert zu denken. Nimm dich und deine Sorgen nicht so ernst, sagt er mir. Gegen das große Ganze bist du mit deinem Kram nur ein Furz im Universum.

Wie heißt es so schön? Glück kann man nicht erzwingen. Umso tröstlicher ist doch die Gewissheit, dass eine Pechsträhne, und dauert sie noch so lange an, irgendwann vorbei sein wird – wenn wir es zulassen. Wir dürfen uns Glück wünschen – es aber nicht erzwingen. Diese Erkenntnis könnte uns tatsächlich viel Gelassenheit oder Gottvertrauen schenken. Vielleicht nennen Sie es auch Weltvertrauen. Aber die meisten Menschen sind so sehr damit beschäftigt, dem Glück hinterherzujagen, dass sie es schnell mit einem guten Gefühl, mit einem kurzfristigen Kick verwechseln und gar nicht bemerken, dass das Glück ihnen viel näher ist, als sie denken. Oder sie sind so damit beschäftigt, unglücklich zu sein, dass sie das Glück deshalb kaum wahrnehmen. Sie werden auch kein Glück empfinden, wenn sie sich nicht öffnen, denn wirkliches Glück erfährt man nur, wenn man sich auf andere einlässt. Um glücklich zu sein, muss man Vertrauen haben, auch auf die Gefahr hin, gekränkt oder enttäuscht zu werden. Leider tun viele Menschen alles dafür, niemanden zu brauchen, um bloß nicht verletzt zu werden. Die gute Nachricht: Sich zu öffnen kann man lernen, das weiß ich aus eigener Erfahrung. Am Anfang wollte ich auch alles alleine schaffen, und ich habe erst später begriffen, dass man nur in der Gemeinschaft wahre Glückseligkeit empfinden kann.

Die meisten Menschen sind so sehr damit beschäftigt, dem Glück hinterherzujagen, dass sie es schnell mit einem guten Gefühl verwechseln.

Es ist eben nicht so leicht, sein Glück zu fassen, sagen Sie jetzt vielleicht. Das stimmt und stimmt auch wieder nicht! Mir hat es immer sehr geholfen, mich daran zu erinnern, dass das Glück schon da ist. Glück ist der natürliche Zustand des Menschen. Entgegen der Annahme, wir müssten es erst suchen, um es dann wie eine kostbare Zutat einem Menü *hinzuzufügen,* müssen wir vielmehr alles *wegnehmen,* was das bereits vorhandene Glück an seiner Entfaltung hindert. Stellen Sie sich vor, Sie seien ein Auffanggefäß voller Glück. Aber manchmal ist Ihr Kopf so voller Mist, als würden Sie einen schweren Deckel auf das Gefäß schieben. Es wird zugedeckt, und das Glück kann nicht mehr fließen. Eigentlich sollte es uns durchströmen, so wie wir das bei kleinen Kindern beobachten können. Sie befinden sich noch im Zustand der Einheit, und man kann das Glück – oder Urvertrauen – in ihren Augen funkeln sehen. Es durchströmt sie. Aber wenn niemand auf sie aufpasst, sie selbst es nicht bewahren, wird das Glück irgendwann überlagert. Als Erwachsene hängen sie dann dem Irrglauben nach, sie müssten das Glück irgendwo draußen in der Welt suchen, damit alles gut wird. Dabei reicht es, in sich hineinzuhorchen, um zu wissen – alles ist gut.

Nicht immer fällt uns das leicht. Im Krankenhaus hatte auch ich Tage, an denen ich Ihnen was erzählt hätte, wären Sie mir mit Glück gekommen. Trotzdem war ich niemals so unglücklich, dass ich schier verzweifelte. Schmerzen hatte ich, Selbstvorwürfe machte ich mir auch. Aber unglücklich? Eigentlich war ich immer mehr damit beschäftigt, etwas zu verändern. Ich wusste, dass ich etwas an mir verändern musste, damit es mir besser ging. Damals war mir noch nicht klar, was ich tun könnte, aber ich war völlig baff, als mir eines Tages jemand erzählte, dass sich einer meiner früheren Tennispartner das Leben genommen hatte. Sicherlich konnte ich mir vorstellen, dass es Situationen gibt, in denen man einfach nicht mehr kämpfen will. Viel mehr überraschte mich, dass man mir den Suizid meines Bekannten verschwiegen hatte. Mein Umfeld hatte tatsächlich Angst, ich käme womöglich auf ähnliche Gedanken. Da siehst du mal, dachte ich damals fast verwundert, für wie unwürdig dein Leben gehalten wird. Die würden sich an deiner Stelle alle umbringen! Das konnte ich kaum fassen. Ja, ich habe gelitten. Und ganz sicher war ich nicht eins mit mir. Aber Schluss gemacht hätte ich nie!

Ich will Ihnen von einer Begebenheit erzählen, die mir vor

Jahren mit meiner Tochter Vivien passiert ist und die für mich eine Trennung von der Welt hautnah spürbar gemacht hat: 1999, meine Tochter war damals sechs Jahre alt, begleitete ich sie zum Spielplatz. Es war ein herrlicher Tag, die Sonne schien, folglich waren wir nicht die Einzigen, die auf diese Idee gekommen waren. Als wir beim Spielplatz ankamen, waren dort schon andere Kinder, ebenfalls mit ihren Eltern. Meine Tochter sah einige ihrer Freunde und rannte los – aber plötzlich blieb sie abrupt stehen und sah sich nach mir um. Ihren Blick werde ich nie vergessen, er war wie ein Dolchstoß. Was war los? Dieser Kinderspielplatz hatte wie die meisten einen sandigen Untergrund. Schaukel, Rutsche, Wippe, alles lag in einem riesigen Meer aus Sand. In dem Moment, in dem meine Tochter sich nach mir umdrehte, bemerkte sie das, und ihr Blick sagte: Schade, dass du nicht mitkommen kannst, Papa! Es war kein Vorwurf. Sie bedauerte einfach, dass wir nicht zusammen losstürmen konnten. Sie können sich vorstellen, wie traurig ich darüber war! Ich litt damals sehr, weil ich dem Wunsch meiner Tochter nicht nachkommen konnte. Ein unausgesprochener Wunsch – aber ihre Augen sagten alles.

Oh nein, in diesem Moment war ich ganz und gar nicht eins mit der Welt, und der Zustand der Isolation spiegelte sich geradezu in der räumlichen Trennung von meiner Tochter. Ich wollte so gerne mit ihr spielen, wollte all die Dinge tun, die Eltern gewöhnlich mit ihren Kindern machen. Aber ich konnte nicht. Ich konnte ihr keinen Schwung geben, wenn sie auf der Schaukel saß, konnte sie nicht auffangen, wenn sie die Rutsche hinuntersauste oder wenn sie vom Klettergerüst in meine Arme sprang. Ich konnte nicht mal danebenstehen. Es tat mir unendlich leid für meine Tochter. Während ich meinen trüben Gedanken nachhing, beobachtete ich sie vom Rand aus. Plötzlich sah ich, wie andere Eltern, die uns kannten, meine Rolle übernahmen und mit meiner Tochter spielten, sie integrierten. Meine erste Reaktion: wahnsinnige Wut! Das ist doch meine Aufgabe, dachte ich bitter. Aber dann besann ich mich eines Besseren. Es geht nicht darum, dass dein Ego befriedigt wird, sagte ich mir. Es geht darum, dass deine Tochter glücklich ist. Und da empfand ich plötzlich eine aufrichtige Freude darüber, dass die anderen Eltern so aufmerksam waren und sich um meine Tochter kümmerten. Und ich konnte sie um ihretwillen loslassen. Später las ich einmal einen Satz von Georges Bernanos, der mich an diese Szene erinnerte: Seine Freude in der Freude des anderen finden können, das ist das Geheimnis des Glücks.

In diesem Moment habe ich meine Verlustängste, meinen Neid, meinen Trotz, meine Wut und mein Ego, den ganzen Ballast über Bord geworfen und mich geöffnet. Ich wollte, dass meine Tochter glücklich war, und plötzlich funktionierte es für uns beide. Sobald wir unser Ego überwinden und uns wirklich selbstlos geben, stellt sich der Zustand der Einheit ein. Deshalb ist es nicht nur immens wichtig zu wissen, dass Sie Ihr Glück bereits in sich tragen, sondern auch, dass Sie immer glücklicher werden, je mehr Sie geben können. Die spannende Frage ist: *Was* können Sie geben? Wahrscheinlich können Sie sich kaum vorstellen, Sie hätten der Welt nichts zu geben. Gut so! Das ging mir immer genauso. Bis auf die Zeit im Krankenhaus; da war ich mir zeitweise tatsächlich nicht mehr so sicher, und es ging mir deswegen schlecht. Bis eines Tages auch für mich wieder die Sonne aufging ...

Das ist absolut wörtlich gemeint! Im Krankenhaus trainierte ich auf ein eigenständiges Leben hin, aber trotzdem wurde mir viel abgenommen. Ich musste weder einkaufen noch waschen oder kochen; alles, was zu einem normalen Leben dazugehört, erledigten andere für mich. In dieser Hinsicht war das Krankenhaus auch sehr verführerisch. Die Gefahr, dass Patienten nicht selbständiger, sondern passiver wurden, bestand durchaus. Deshalb kam ich eines Tages auf die Idee, einfach auszuprobieren, was ich alles allein schaffen konnte. Ich wollte der süßen Verlockung entgegenwirken; mein Ziel: am nächsten Morgen bei Sonnenaufgang fix und fertig angezogen draußen auf einem Hügel zu stehen. Der Hügel war nicht wirklich hoch, aber für mich damals mein ganz persönlicher Mount Everest. Am Abend vorher legte ich meine Sachen raus und stellte den Wecker. Er klingelte um kurz vor vier. Bis zum Sonnenaufgang hatte ich das Komplettprogramm vor mir. Dazu gehörte das Auf- und Umsetzen in den Rollstuhl, Hygiene, Waschen, Duschen, Eincremen, Rasieren und Anziehen. Erinnern Sie sich? Eine Socke in 20 Minuten. Aber ich wollte es alleine schaffen, endlich mal wieder selbst und ohne fremde Hilfe eine neue Realität erschaffen. Und dann hatte ich noch dieses Bild im Kopf: Ich wollte bei Sonnenaufgang da oben stehen.

Als ich fertig war, verließ ich mein Zimmer; auf den Fluren war weit und breit kein Pfleger zu sehen. Ich fuhr durch die große Eingangshalle und hinaus. Die frische Morgenluft war herrlich und machte mich noch wacher, als ich sowieso schon war. Dass ich auf den Hügel kommen würde, wusste ich, zumindest hatte ich das schon einmal geschafft. Aber vorher musste ich noch über eine Rampe, die ich noch nicht alleine bewältigt hatte. Sie war sehr steil, ich musste mit Schwung hinauffahren. Wäre ich dort umgestürzt und aus dem Stuhl gefallen, hätte es einige Stunden gedauert, bis mich jemand gefunden hätte – aber ich stürzte nicht. Ich fuhr über die Rampe, dann noch über einen Weg – und auf den Hügel. Als ich oben ankam, wurde ich für meine Mühen mit einem spektakulären Schauspiel belohnt. Ich sah die ersten Sonnenstrahlen des Tages, dann eine orangefarbene Krone und schließlich die ganze hellgelbe Kugel über mir aufsteigen. Und die ganze Zeit liefen mir die Tränen über das Gesicht. Ich war glücklich. Ich erlebte mich zum ersten Mal wieder als erschaffendes Wesen, war ganz bei mir und eins mit der Welt. Und von da an wusste ich auch, dass ich der Welt noch viel zu geben haben würde.

Eigentlich ist es ganz logisch: Glücklichsein ist eine Voraussetzung dafür, dass wir loslassen und geben können. Und auch umgekehrt wird ein Schuh draus: Gebenkönnen macht glücklich. Je mehr Sie an sich selbst arbeiten und verstehen, was es heißt, glücklich zu sein, desto mehr fließt das Glück.

Glücklich kann man nur sein, wenn man sein Glück mit anderen teilt.

Dann geben Sie ganz automatisch, denn Selbstliebe und Nächstenliebe gehören zusammen. Glücklich kann man nur sein, wenn man sich selbst und andere liebt und sein Glück mit anderen teilt. Ich habe das spätestens auf dem Spielplatz gelernt. Aber schon vorher bemerkte ich im-mer wieder, dass ich anderen etwas geben konnte: Im Krankenhaus fühlten sich die Menschen in meiner Umgebung wohl, ich tat ihnen irgendwie gut. Die alten Freunde waren zwar zu geschockt, mich nach dem Unfall zu sehen, aber die anderen Patienten und Pfleger kamen gerne zu mir, wenn ihnen was auf der Seele lag. Ich inspirierte sie. Wir führten gute Gespräche.

Später, als Coach, setzte ich meine Fähigkeiten dann gezielter ein, beispielsweise wenn es um das Thema Führung ging. Oft musste ich frustrierte Manager aufbauen. Das waren keine dummen Menschen, und trotzdem dachten sie, sie hätten es nicht drauf! Was das Thema Führungsqualitäten angeht, herrscht in Deutschland fatalerweise die Devise: Entweder man hat's, oder man hat's nicht. Das ist besonders prickelnd für jene, die gesagt bekommen, sie hätten es nicht. Dabei ist das totaler Käse! Und im Übrigen zeigt sich hier nur wieder das alte Dilemma: Wenn ich von einem perfekten Bild ausgehe, in diesem Fall dem Bild einer idealen Führungspersönlichkeit, kann das, was ich leiste, nur defizitär wirken. Wenn ich versuche, eine Mischung aus Gandhi, Napoleon, Mutter Teresa und Jack Welch zu sein, kann ich nur verlieren. Das sage ich meinen Trainees und versuche, ihnen ihr Selbstvertrauen zurückgeben. Ich mache ihnen klar, dass es nicht darum geht, Defizite in den Vordergrund zu stellen, sondern das, was da ist – und daraus mehr zu machen. Klar, jeder von uns ist anders, hat andere Talente. Aber jeder von uns kann auch führen. Wir müssen nur herausfinden, ob sich jemand zum Führen in einer Regierung, in einem Unternehmen, in einer Ich-AG, in der Schule, auf dem Rettungswagen, als Bademeister oder in der Familie befähigt fühlt – welche Talente vorhanden sind und gestärkt werden können? Das ist es, was ich anderen geben kann.

Und noch etwas bringe ich den Menschen bei, ganz nebenbei: wie sie es schaffen, den ganzen Ballast abzuwerfen, um sich wieder aufs Wesentliche zu konzentrieren. Gerade für Entscheider, wie man heute so schön sagt, die ein Unternehmen leiten, ist das von immenser Wichtigkeit. Viele von ihnen sprechen eine fremde Sprache und benutzen seltsames Businessvokabular – »erst upgraden, dann downshiften, dann outsourcen« –, ohne überhaupt darüber nachzudenken und zu überprüfen, ob das ihre Worte sind und ob sie zu ihnen passen. Ich zeige ihnen, wie sie ausmisten können. Wir gehen zusammen auf den imaginären Dachboden und entrümpeln ihn – aber richtig. Unter dem alten Krempel kommen sehr wertvolle Dinge zum Vorschein. Um es mit Lao Tzus Worten zu sagen: Das Aussortieren des Unwesentlichen ist der Kern aller Lebensweisheit. Persönlichkeit, Ehrlichkeit, Authentizität. Worte, die viel besser zu ihnen passen; Eigenschaften, mit denen man glücklich werden kann, weil sie aus einem selbst heraus entspringen – weil sie echt sind.

Und ich erzähle meinen Kunden, dass sie ihr Glück stets in sich tragen, dass sie ein Gefäß sind, das immer offen bleiben sollte, damit das Glück strömen kann, damit sie sich ihre Leichtigkeit und ihr Gott- oder Weltvertrauen erhalten und ihr Schicksal empfinden können wie der verdrehte Paranoiker – positiv. Ich fordere sie auf, ihr Ego nicht nur zu befriedigen, sondern zu überwinden, um dem Glück Platz zu machen. Manchmal erlebe ich dann, wie es passiert: wie sich Menschen beim Coaching öffnen, wie sie loslassen, den Ballast über Bord werfen – und das Glück wieder strömen lassen. Dann wird das Glück des Trainees auch zu meiner Extraportion Glück.

Wenn Ihnen demnächst mal wieder jemand sagt, er sei nicht glücklich und überhaupt sei das Leben ungerecht, sagen Sie ihm einfach Folgendes: »Du brauchst niemanden, der dich glücklich macht. Glück ist sowieso da – genug für alle und völlig unabhängig von äußeren Umständen. Du musst es nur zulassen.« Und wenn die Leute fragen, wie man glücklich wird, dann kennen Sie ja nun auch die Antwort: »Das ist keine wirklich spannende Frage. Glücklich ist man, wenn man sich dafür entscheidet – das ist schon alles.« Viel spannender ist, wie und wo Menschen sich einbringen und wie sie anderen dienen können. Das sind doch herrliche Aussichten, oder?

Überall Mimosen – leiden können bringt Erfolg

*Keine Speise wird gar und kein Brot
wird gebacken ohne Feuer,
und doch will der Mensch reif werden ohne Leid.*
Chinesisches Sprichwort

Stellen Sie sich einmal folgende Situation vor: Da gibt es ein Unternehmen, dem es in den vergangenen Jahren richtig gut ging. Es beschäftigt etwa 6000 Mitarbeiter und verkauft in Japan hergestelltes Spielzeug nach Europa und Amerika. Innerhalb weniger Jahre verändert sich der Spielzeugmarkt jedoch völlig: Durch eine Gesetzesänderung steigen die Kosten für die Produktion – Stichwort Gesundheitsprüfung. Diverse Pressemeldungen haben zur Folge, dass die Verbraucher immer kritischer werden. Es gibt häufiger Materialprüfungen, und plötzlich tauchen zu alledem neue Billiganbieter am Horizont auf. Während das Unternehmen früher jeden Konkurrenten locker abgehängt hat, holen diese nun auf. Reagiert die Führungsriege nicht bald auf die Veränderungen, werden andere Firmen auf der Überholspur der Pfiffigen und Flexiblen an ihnen vorbeiziehen.

Mit dieser Situation wurde ich konfrontiert, als man mich – viel zu spät – für Geschäftsführung und Abteilungsleiter engagiert hatte. Später sollten meine Trainer die gesamte Belegschaft coachen. Als ich das erste Mal in die Firma kam, wirkten alle erstaunlich freundlich: »Toll, dass Sie da sind, Herr Grundl! Wir haben schon viel von Ihrer Firma gehört! Toll, wie Sie das alles so machen, Herr Grundl! Tolle Referenzen!« Toll dies, toll das – aha, dachte ich, daher weht der Wind. Die Damen und Herren versuchten, sich bei mir einzuschleimen. Ihre Freundlichkeit war alles andere als echt, aber das kannte ich schon von anderen Unternehmen. Je mehr eine Firma zu verstecken hat, oder je weniger kooperativ sich die Mitarbeiter zeigen wollen, desto mehr wird erst mal geschleimt. Auch in diesem Fall versuchten sie, mich auf diese Art ruhigzustellen. Aber da waren sie bei mir an der falschen Adresse! Und mir wurde schnell klar, was in diesem Unternehmen faul war: Eine Firma, die sich schon längst hätte umorientieren müssen, wurde von ihrem Management und den Abteilungsleitern noch tüchtig gemolken! Die Realität verdrängten die Führungskräfte, stattdessen hielten sie Scheinsicherheiten aufrecht. Als ich der Geschäftsführung mitteilte, was dem Unternehmen in Zukunft bevorstünde, war es mit der Freundlichkeit auch gleich vorbei, und ich wurde aufs Übelste beschimpft: »Was wissen Sie schon über unsere Branche? Ist das die Art, wie Sie Ihr Geld verdienen, mit Panikmache? Das müssen wir uns von Ihnen nicht sagen lassen! Was glauben Sie eigentlich, wer Sie sind?« Und natürlich auch der Klassiker: »Das haben wir schon immer so gemacht.«

Die Stimmung war angespannt. Aha, dachte ich, nun versuchen sie es auf die harte Tour. Das war mir lieber, denn jetzt waren sie wenigstens ehrlich. Dabei hatte ich ihnen lediglich die Wahrheit gesagt, und zwar ungefähr so: »Liebe Leute, ihr seht die Gefahr noch nicht, aber eigentlich hättet ihr schon längst auf die Veränderungen reagieren müssen. Euer Unternehmen ist ein riesiges Schiff, das lässt sich nicht schnell mal eben auf einen anderen Kurs bringen. Und den Kurs erst zu ändern, wenn der Eisberg schon in Sicht ist, das ist zu spät! Solange ihr nur an eure eigenen Pfründe denkt, muss das Schiff sinken. Wenn ihr aber alle die Ärmel hochkrempelt und zusammenarbeitet, könnt ihr die Katastrophe noch abwenden!« Ich weiß, eine unbequeme Ansprache, aber das war erst der Anfang. Der Weg der Erkenntnis war lang und steinig. Und doch waren einige schon jetzt beleidigt und empfanden meine Zusammenfassung als persönlichen Affront. Die meisten fühlten sich jedoch einfach in ihrer

Den Kurs erst zu ändern, wenn der Eisberg schon in Sicht ist, das ist zu spät!

seligen Ruhe gestört. All die Jahre war es so gut gelaufen, sie hatten sich zurücklehnen und zusehen können, wie das Geld zum Firmentor hineinfloss. Wieder andere dachten: Eisberge? Davon haben wir noch gar nichts gemerkt. Gut, es war ein bisschen kühler geworden in den letzten Jahren. Aber ist das ein Grund, gleich so viel Wind zu machen? Ich kannte dieses Verhalten. Heute verdrängen, morgen Insolvenz anmelden.

Und welche Rolle spielte ich dabei? Für gewöhnlich sah man in mir den Boten des Königs – der die schlechte Nachricht überbringt. Natürlich kann dieser Bote für die Katastrophenmeldung nichts, trotzdem ist es am Ende sein Kopf, der rollt. Aber so kann der König wenigstens seinem Ärger Luft machen, auch wenn die Nachricht dadurch nicht besser wird … All diese anfänglichen Ausweichstrategien und Abwehrtaktiken waren mir nicht neu, wenn ich auch diesmal die Heftigkeit beeindruckend fand. Aber ich wusste, dass das Management Zeit brauchen würde, um die Neuigkeiten zu verdauen, bevor wir zur Sache kommen konnten. »Überlegen Sie mal, wo Sie stehen und ob Sie tatsächlich in der Position sind, mich anzugreifen«, sagte ich, nachdem sich der erste Sturm gelegt hatte. »Ich kann Ihnen helfen, wenn Sie wollen!« Nach einer Pause kam der erste Kommentar: »Sie sind ganz schön hart, Herr Grundl!« Ein anderer sagte: »Die Wahrheit tut eben weh!« – »Nein!«, widersprach ich beiden. »Erstens: Ich bin nicht hart. Ich bringe Ihnen Klarheit. Sie haben die Realität sehr lange verdrängt. Und zweitens: Die Wahrheit tut nicht weh, nur der Abschied von der alten Realität. In Ihrem Fall von alten Gewohnheiten, Sicherheiten und guten Zeiten.«

»Was hätten wir denn anders machen sollen?«, kam es schließlich aus der Runde. Aha, dachte ich, diese Frage bringt uns der Erkenntnis doch schon einen guten Schritt näher. »Was Sie hätten anders machen sollen? Ich sage Ihnen mal, was ich sehe: Geschäftsführer und Abteilungsleiter, die an sich denken, nicht ans Unternehmen! Ich sehe, dass hier schon lange niemand mehr etwas für das Unternehmen riskiert hat. Sie lehnen sich zurück, erheben Anspruch auf Sicherheiten, die es nicht mehr gibt, und überlegen, wie Sie für sich noch mehr hamstern können.« Einige wütende Blicke trafen mich, aber ich fuhr fort: »Klar, bisher wirkten Sie alle ganz harmonisch. Sie bilden mir gegenüber eine geschlossene Front. Und das ist auch gut so! Sie verstehen sich alle ganz toll, es gibt keine Konflikte. Die wurden bislang unter den Teppich gekehrt. Solange nur alle ihren Bonus kriegten, war alles andere egal! Aber das ist nun vorbei. Ich kann doch schon spüren, wie in diesem Raum die Ellenbogen ausgefahren werden!«

> »*Ich kann schon spüren, wie in diesem Raum die Ellenbogen ausgefahren werden!*«

»Aber wir waren in den letzten Jahren sehr erfolgreich«, widersprach einer. »Und das ist sehr erfreulich«, antwortete ich ihm. »Aber dann sind Sie einer der größten Gefahren des Erfolgs erlegen: Er hat sie satt gemacht, arrogant und behäbig. Sie sind bequem geworden und haben es unterlassen, den Markt zu beobachten, haben Ihre Kunden nicht mehr nach ihren Bedürfnissen gefragt und sich nur noch um sich selbst gedreht.« Es herrschte betretenes Schweigen. Ich sprach weiter: »Statt um Ergebnisse geht es Ihnen um Statussymbole. Sie wollen Ihren Status halten. Verständlicherweise! Und Sie machen das über Seilschaften, das erscheint Ihnen einfacher als über ehrliche Arbeit. Aber die Ergebnisse sind nicht die gleichen! Ich sage Ihnen das, weil ich nicht dafür bezahlt werde, nett zu sein, sondern dafür, Ihnen Klarheit zu bringen. Doch ich höre Sie nur jammern und nörgeln, weil ich gesagt habe, Sie müssen jetzt alle die Ärmel hochkrempeln.« – »Dafür wurde ich auch nicht ausgebildet«, hörte ich in diesem Moment eine Nachwuchsführungskraft witzeln und sah, wie er mit einem spöttischen Grinsen zu seinem Nachbarn schaute. Oh Junge, was für eine Haltung! »Nein«, sagte ich direkt in seine Richtung, »das sind Sie wohl in der Tat nicht. Ich habe auch schon länger das Gefühl, dass deutsche Unternehmen immer mehr Weicheier einstellen! Sind Sie stolz auf Ihr Anspruchsdenken? Und haben Sie sich auch schon mal gefragt, was das Ihr Unternehmen kostet?«

Im Raum war es ganz still geworden. Ich kündigte eine kurze Pause an und verließ den Raum, um ihnen Gelegenheit zu geben, miteinander zu reden. In der Zwischenzeit dachte auch ich darüber nach, was gerade abgelaufen war. Solche Destrukteure wie der junge Mann gab es in jeder Firma. Meist war es eine ganze Truppe, deren Mitglieder sich gegenseitig im Nörgeln, Tratschen und Lästern überboten und ein ungeheuerliches Anspruchsdenken hatten. Kakerlakentreffen nenne ich das! Man merkt immer gleich, wenn man aus Versehen in eins hineingeplatzt ist, dann huschen sie alle feige auseinander wie Kakerlaken … Aber eigentlich war diese Haltung eher typisch für ältere Kollegen, die desillusioniert waren oder sich übergangen fühlten. Woran lag es, dass sie sich nun auch immer häufiger bei den Jüngeren einzustellen schien? Ich habe wirklich das Gefühl, dass in Deutschland die Tendenz immer mehr zum Durchschnittsweichei geht. Und meines Erachtens fängt das schon bei der Kindererziehung an: Immer mehr Eltern blasen ihren Kindern nur noch Zucker in den Arsch. Was auch immer ihre kleinen Lieblinge wollen, sie bekommen es! Der Klassiker: Jeder hat schon mal erlebt, wie so ein kleines Monster an der Supermarktkasse Theater macht, weil es ganz genau weiß, dass der gestresste Elternteil doch irgendwann nachgibt und das Überraschungsei kauft. Ja, das gab es schon immer. Aber ich habe das Gefühl, ich erlebe es immer öfter! Warum?

Wenn ich Eltern darauf anspreche, geben es manche sogar zu und sagen mit ratlosem Kopfnicken, sie empfänden es als anstrengend, immer konsequent zu sein. Das ist wohl wahr. Aber hätten sie sich das nicht vorher überlegen sollen? Von der Mehrzahl der Eltern höre ich jedoch folgende Antwort: Wir meinen es doch nur gut. Wir wollen eben nur das Beste für unsere Kinder. Aber genau das stimmt nicht! Sie wollen nicht das Beste fürs Kind, sondern das Beste für sich! Die Eltern wollen geliebt werden – das alte Problem. Wir alle wollen geliebt werden, aber niemand durchschaut das so früh wie ein Kind, das etwas haben möchte. Und Kinder wollen immer etwas haben! Auszuprobieren, ob sie es auch bekommen, ist sozusagen ihr Job, deshalb setzen Kinder genau beim Liebesbedürfnis ihrer Eltern an. Aber zu entscheiden, wann die Kinder etwas bekommen und wann nicht, ist nun mal Job der Eltern! Ja, richtig, es gibt Grenzen, und es ist manchmal in der Tat anstrengend, sie festzulegen. Deshalb brauchen Kinder dabei auch die Hilfe von Erwachsenen. Eltern möchten aber nicht nur die Liebe ihrer Kinder, sondern konstruieren oftmals eine künstliche Abhängigkeit, um sicherzugehen, dass ihre Kinder bis ins hohe Alter hinein immer wieder zu ihnen zurückkehren. Das ist nun definitiv nicht mehr das Beste fürs Kind und für beide Seiten alles andere als hilfreich. Die Eltern erkaufen sich falsche Zuneigung, und es entsteht keine ehrliche Beziehung. Die Kinder lernen lediglich, wie sie bekommen, was sie wollen. Tolle Erziehung!

Viele Kinder bekommen nur sehr selten ein klares Nein zu hören. Aussagen wie: »Schätzelein, wenn du jetzt ganz lieb bist und auf den Papa hörst, dann bekommst du nachher auch ein Eis« haben nichts mit klaren Regeln zu tun. Das ist Bestechung! Und wenn solche Kinder zu jungen Frauen und Männern heranwachsen, stellen sie fest, dass es draußen in der Welt ganz anders funktioniert. Und dann leiden sie, denn darauf haben ihre Eltern sie nicht vorbereitet. Wenn der junge Mitarbeiter im Meeting es auch nur ironisch meinte, steckte doch ein wahrer Kern in seiner naseweisen Bemerkung. Und was ist die Folge? Eltern erziehen ihre Kinder zu Weicheiern, und ich muss beim Coaching die eigentliche Erziehung nachholen. Nein, im Ernst, durch ein solches Eltern-Verhalten wird ein Anspruchsdenken entwickelt, das den Kindern schadet und auch den Institutionen, in denen sie später arbeiten werden – ganz zu schweigen von unserer Gesellschaft.

Ich versuche, unsere Kinder darauf vorzubereiten, dass das Leben nicht so bunt ist wie in Disneyland. Wenn die mich angucken, sehen sie das ja zwangsläufig, meinen Sie? Stimmt, aber ich sage meinen Kindern deswegen nicht, die Welt sei schlecht. Inzwischen sollten Sie mich besser kennen. Aber ich finde dieses erzieherische Erpressungsspiel äußerst kritisch. Liebe kann man nicht kaufen! Und mit Inkonsequenz machen wir es den Kindern letztendlich erheblich schwerer. Wenn Eltern beispielsweise mit ihren Kindern nicht über den Tod reden, wollen sie nicht die Kinder schonen, sondern eher sich selbst. Ich will meinen Kindern mit auf den Weg geben, dass sie sicher auch mal etwas werden einstecken müssen, dass Niederlagen dazugehören und ihren Sinn haben. Leidenkönnen bringt Erfolg! Aber es geht mir nicht darum, dass alle Kinder tough werden. Wir sind alle mal Mimosen. Und das ist okay – solange wir einen Sinn darin erkennen und unsere Lehren daraus ziehen. Ihr habt mal Mist gebaut? Da war mal jemand nicht nett zu euch? Lernt daraus, Kinder! Lernt, damit umzugehen und daran zu wachsen. Umso größer ist die Wahrscheinlichkeit, dass euch so etwas nur einmal passieren wird.

Oft laufen Eltern sofort in die Schule und beschweren sich, wenn ihre Kinder Probleme mit dem Unterricht eines bestimmten Lehrers haben. Das mag im Ernstfall richtig sein, aber doch nicht, weil der kleine Liebling nicht singen mag! Meine Kinder wissen, dass ich hinter dem Unterricht der Lehrer stehe, solange es nicht wirklich ernste Schwierigkeiten gibt. Ob das nun die singende Musiklehrerin oder der strenge Sportlehrer ist – ich respektiere sie als Autoritäten, weil meine Kinder Gehorsam lernen und erfahren sollen, dass es ganz unterschiedliche Sichtweisen auf die Welt gibt. Es schadet nicht, so viele unterschiedliche Herangehensweisen wie möglich kennenzulernen und sich damit auseinanderzusetzen. In ihrem Erwachsenenleben müssen sie damit auch klarkommen. Es hilft ihnen nicht, wenn ich immer alles für sie regele; sie müssen sich auch selbst einmal die Finger schmutzig machen.

Meiner Meinung nach sind konstruierte Abhängigkeiten die Hauptursache dafür, dass es in Deutschland immer mehr Weicheier und Mimosen gibt als Menschen, die mit Leiden umgehen können. Es ist ein Unterschied, ob ich mein Kind an mich binde, indem ich sage: »Komm her, Papa macht das für dich«, oder ob ich mein Kind selbst herausfinden lasse, wie etwas funktioniert. Selbstverständlich kann es mich immer um Unterstützung bitten, aber wenn es einmal etwas allein geschafft hat, weiß es ganz sicher, wie es funktioniert – und ist wieder ein Stück unabhängiger geworden. Darüber freue ich mich! Haben Sie Respekt vor der eigenen Erfahrung des Kindes. Wenn es sich das Knie aufgeschlagen hat, sagen Sie zum Beispiel nicht: »Hättest du mal besser aufgepasst!«, sondern »Lass mal sehen, tut bestimmt ganz schön weh, was? Darf ich dir helfen, das Knie zu verbinden?« Maria Montessori (1870 bis 1952), eine sehr kluge Frau, hat das schon sehr früh erkannt und folgenden Satz aus Sicht des Kindes geprägt: »Hilf mir, es selbst zu tun!« Dass dabei auch mal ein Knie zu Schaden kommt, ist in Ordnung, denn es schärft das Bewusstsein für Gefahren. Packen Sie Ihre Kinder nicht in Watte. Und das Wichtigste: Bringen Sie ihnen bei, dass Schmerzen, Enttäuschungen und Niederlagen dazugehören. Helfen Sie ihnen, diese richtig einschätzen zu lernen, aber bewahren Sie sie nicht davor. Irgendwann, spätestens wenn Sie nicht mehr da sind, müssen sie es doch alleine schaffen – und niemand lebt ewig.

In Zeitung, Radio und Fernsehen hingegen wird unser heutiges Anspruchsdenken liebevoll kultiviert. Wenn mal etwas nicht gleich so ist, wie es sein soll, wird genörgelt. War der Sommer heiß, stöhnen alle, ist es im nächsten Jahr zu kalt, beschwert man sich ebenso. Dabei ist das nur eine Frage der Perspektive. Für einen Afrikaner sind die deutschen Sommer sicher nicht sehr heiß, für einen Grönländer dagegen sehr wohl! Wir täten besser daran, nicht immer alles auf uns zu beziehen und uns über Ungerechtigkeiten zu beschweren. Die Bewohner unseres Landes, die in den letzten 40 Jahren groß geworden sind, haben nicht wirklich viel erlebt, was sie als ungerecht bezeichnen könnten. Das wird mir immer wieder klar, wenn ich die Geschichten alter Menschen höre, die den Krieg überlebt und richtig harte Zeiten durchgemacht haben. Sie mussten hungern, haben Angehörige verloren und gelitten. Aber wenn sie davon erzählen, haben sie manchmal auch ein Glänzen in den Augen – weil sie gemeinsam etwas wiederaufgebaut, etwas erschaffen haben. Auch sie haben sicher nicht freiwillig die Ärmel hochgekrempelt; sie hatten keine Wahl! Aber im Nachhinein waren sie stolz, als es langsam wieder bergauf ging. Und davor habe ich immensen Respekt! Schauen Sie sich die Unternehmer der Nachkriegszeit an, die Unglaubliches geleistet haben – nicht die, die sich am Krieg gesundgestoßen haben, nicht die Nazis, sondern alle anderen. Heute haben wir mit den Nachwirkungen der 68er zu kämpfen, und damit meine ich nicht den sinnvollen Kampf gegen verstaubte Autoritäten und für die Gleichstellung von Minderheiten, sondern die antiautoritäre Erziehung. Warum müssen es immer gleich Extreme sein? Was ist falsch an Gehorsam und Disziplin, die nicht als Machtmittel, sondern als neutrale Orientierungswerte und Richtlinien gelten?

Zwischen Leiden und Wachsen besteht für mich ein Zusammenhang. Wenn man immer ausweicht, nicht auf andere hört, es sich leicht macht und nichts aushalten muss, leidet man nicht. Und wenn man nicht leidet, wächst man auch nicht – so einfach ist das. Wahrscheinlich hatte ich Glück, nach meinem Unfall jemanden wie Heinz zu treffen, denn auch unter uns Rollis gibt es viele Drückeberger, die lieber ihre Zeit als Vollzeitbehinderter verbringen. Aber irgendwann driften sie ab in Selbstmitleid, Depression und Aggressionen. So wollte ich nicht enden, und zum Glück hatte ich die Wahl! Natürlich, unter den Strapazen und der Einsamkeit litt ich auch, aber weil ich mich ihnen immer wieder stellte, wurde der Umgang mit diesen Gefühlen zunehmend leichter. Das Leid brachte mich weiter.

Zu dieser Anstrengung kam allerdings noch etwas hinzu: die Diskriminierung. Ich hatte schon genug damit zu tun, den Tag zu bewältigen. Aber als ich Karriere machen wollte, stellten

> **Wenn man nicht leidet, wächst man auch nicht – so einfach ist das.**

sich mir immer wieder Leute in den Weg. Statt mich wirklich zu unterstützen, wollten sie mir lieber weiterhin die Tür aufhalten. Diese Art von Hilfsbereitschaft hatte es in sich! Wie bei der Kindererziehung ging es dabei nicht um mich, aber ich war stur, machte trotzdem Karriere. Ich ließ mich nicht von meinem Weg abbringen, und schon gar nicht durch Diskriminierung! Manche suchen die Diskriminierung förmlich und werden natürlich auch fündig, je mehr sie ihr Augenmerk darauf richten. Aber wenn ich schon in eine Sonderstellung gedrängt werde, dann ziehe ich mir den Schuh so an, wie er mir gefällt! So oder so muss ich immer ein Mehr an Leistung erbringen; dann kann ich auch anderen damit den Weg bereiten! Manchmal fragte ich mich allerdings, welchen Sinn diese Anstrengung noch hatte, denn ich änderte durch mein Verhalten weder die Menschen noch die Welt. Und trotzdem gab es einen Sinn: Ich konnte immer besser mit Widerständen umgehen, und ich half denen, die nach mir kamen. An der Sporthochschule in Köln beispielsweise haben inzwischen einige Rollstuhlfahrer Sportwissenschaften studiert.

Heute teile ich den Umgang mit Widerständen in drei Phasen ein: Klappe halten – leiden – wachsen. Ich erzähle Ihnen dazu ein kurzes, aber sehr einprägsames Beispiel: Als ich im Krankenhaus lag, kam meine damalige Freundin eines Tages zu mir und erzählte mir etwas, das mich eigentlich an der Menschheit hätte verzweifeln lassen sollen: »Du glaubst es nicht«, sagte sie, »ich war gestern Abend mit Susanne ein Bier trinken, und wir haben deinen alten Bekannten Ralf getroffen. Er hatte von deinem Unfall gehört und sich nach dir erkundigt. Aber dann besaß der Kerl doch die Frechheit, mir seine Dienste als Ersatz-Liebhaber anzubieten! Ja, du hast richtig gehört! Er meinte, wo du doch jetzt gelähmt bist, könntest du mich ja nicht mehr befriedigen!« Einundzwanzig, zweiundzwanzig, dreiundzwanzig ... es ging nicht, ich konnte mich nicht beruhigen! Schon wieder wurde ich mit einem Bild konfrontiert, das sich andere von mir machten. Und diese Verletzung saß tief! Sie sollte sich erst ganz auflösen, als meine Tochter geboren wurde. Es tat mir gut, zu sehen, wie sehr sich auch meine Freundin über den Vorfall aufregte. Aber trotzdem setzte erst einmal mein Reptiliengehirn ein. Ich hatte Gewaltfantasien: Was für ein Arschloch! Doch dann, nach einer langen, langen Weile, gelang es mir, mich zu beruhigen. Bestandsaufnahme: Was war da jetzt gerade abgelaufen? Gut, ich war verletzt worden, aber nicht von meiner Freundin. Auf sie konnte ich zählen, sie hatte mir ja schließlich davon erzählt und regte sich auch furchtbar auf. Was hat bei mir also diesen wahnsinnigen Schmerz ausgelöst? Ich horchte in mich hinein und musste zugeben: Neben einem kurzen Moment der Unsicherheit, was meine Freundin anging, war vor allem mein männliches Ego getroffen worden. Dagegen musste ich arbeiten, sonst bliebe ich Sklave dieser Verletzung, und so etwas würde mir immer wieder passieren. In diesem Fall ging es gut, weil ich offen mit meiner Freundin darüber reden konnte. Wir wussten, was wir voneinander wollten. Und letztlich zogen wir beide einen Gewinn aus dieser vermeintlichen Demütigung. Es machte uns stärker!

Selbst wenn Sie nicht gleich das Gefühl haben, Sie könnten eine Verletzung oder einen Schmerz gut verarbeiten: Geben Sie sich Zeit, und bleiben Sie am Ball! Nur so werden Sie wachsen. Und vergessen Sie nicht: Eine Niederlage nicht gleich auflösen zu können heißt auch immer, dass es *so* nicht oder *noch* nicht geht! Und wenn es nicht funktioniert: Klappe halten. Leiden. Weiter dran arbeiten. Dann werden Sie wachsen.

Das habe ich übrigens auch der Geschäftsführung der Firma gesagt, von der ich Ihnen zu Anfang erzählt habe, und wir haben gemeinsam erarbeitet, was das Management anders machen könnte: umdenken, sich flexibel zeigen, Änderungsbereitschaft signalisieren. Sie stellten ihre Uhr im Kopf auf null, und wir überlegten, wo die Qualitäten ihrer Firma lagen, worin die Talente ihrer Mitarbeiter bestanden, was sie als Team ausmachte. Aber das Wichtigste: Alle packten gemeinsam an. Plötzlich sahen sie neue Wege. Und schließlich gingen sie zusammen los.

Es führt kein Weg daran vorbei: Wer Erfolg will, muss bereit sein zu leiden. Ein Indianer kennt keinen Schmerz? So ein Blödsinn! Er läuft nur nicht vor ihm davon, sondern hält ihn aus, verdrängt ihn nicht. Verwechseln Sie Verarbeiten nicht mit Verdrängen. Verdrängen wird zum mentalen Krebsgeschwür, Verarbeiten zum geistigen Wachstum. Schmerzen bringen uns weiter, genau wie die drei großen Ds: Disziplin, Demut und Dankbarkeit. Bleiben Sie offen für Misserfolge. Wenn Ihnen jemand einen Knüppel zwischen die Beine wirft, sagen Sie: »Ja, danke! Hab' kapiert.« Und weiter geht's!

Ich erfülle meine Pflicht – und bin voller Freude

Ich schlief und träumte, das Leben sei Freude.
Ich erwachte und sah, das Leben ist Pflicht.
Ich tat meine Pflicht, und siehe da, das Leben ward Freude.
Sir Rabindranath Tagore

Einer meiner Mentoren sagte einmal zu mir: »Seit ich Sie kenne, Herr Grundl, muss ich beim Aufstehen immer daran denken, dass Sie morgens, wenn Sie in die Firma kommen, schon weit mehr Anstrengungen hinter sich haben als andere nach einem ganzen Arbeitstag!« Da ist etwas Wahres dran. Wenn mein Wecker klingelt, liegt ein zweistündiges Programm vor mir, das ich absolvieren muss, bevor ich sicher in den Tag starten kann. Und das jeden verdammten Morgen! Und ich habe oft nicht wirklich Lust dazu, und die immer gleichen Handgriffe sind eine lästige Pflicht. Was nutzt mir Pflicht, außer dass sie – wie bei allen anderen auch – die Voraussetzung dafür ist, überhaupt aus dem Haus gehen zu können? »Aber das ist doch schon etwas!«, höre ich eine vernünftige Stimme sagen. »Nur dass dies bei mir mal eben zwei Stunden dauert!«, möchte ich am liebsten antworten. Es ist immer das Gleiche: Bevor ich mich überhaupt irgendwie hochwuchten kann, leere ich im Liegen meine Blase. Dann erst setze ich mich auf, und manchmal denke ich: Mann, heute bist du aber schwer! Mein Körper ist wie ein nasser Sack. Aber an manchen Tagen wirkt er noch schwerer als an anderen, dann sind meine Arme nicht so fit oder noch müde vom Vortag. Ich muss ja alles mit den Armen machen: mich aufsetzen, meine Beine vom Bett hinüber in den Stuhl hieven, meinen Körper umsetzen, meine Beine sortieren. Dann geht es erst mit der Hygiene los. In der gleichen Zeit hat sich meine Frau angezogen und ist schon längst zur Tür hinaus.

Wie gesagt, oft habe ich keine Lust auf die ganze Prozedur. Aber meist gelingt es mir, nicht darüber nachzudenken. Ich versuche, es der alten Dame gleichzutun, die einmal den ganzen Weg von San Diego nach New York zu Fuß gegangen sein soll. Auf die Frage, wie sie das geschafft habe, antwortete sie: »Ich habe einfach immer den nächsten Schritt gemacht.« Das hätte von mir sein können! Bei mir ist es morgens genauso. Ich wache auf. Ich atme. Ich denke nicht. Ich fange einfach an. In den ersten sechs bis zehn Minuten fällt es mir manchmal noch schwer, dann wird es langsam besser. Ich bemühe mich, daran zu arbeiten, diese tägliche Pflicht mit dem geringsten Widerstand oder sogar mit Freude zu erfüllen.

Pflicht ist Arbeit. Und Pflicht bleibt Arbeit. Nicht selten ist sie sogar Quälerei. Aber wahrscheinlich kommt das Wort Qualität auch von *quälen*. Sie können sie nicht austricksen, aber Sie können sich an sie gewöhnen. Irgendwann nehmen Sie nur noch kurz zur Kenntnis, dass Sie sich gerade quälen, und es kann sogar vorkommen, dass Sie Ihren Pflichten meditativ nachgehen. Sie denken nicht mehr, sondern machen einfach. Oder, und das ist die beste Variante, Sie haben sogar Freude daran. Wenn ich darüber nachdenke, hatte ich auch schon vor meinem Unfall Freude an meinen Pflichten. Als Schüler habe ich beispielsweise für fünf Mark pro Stunde Getränkekisten gestapelt. Ich habe es gern getan. Die Pflichten bei der Bundeswehr haben mir nichts ausgemacht. Ganz selten entwickeln sich aus Pflichten sogar Rituale und liebe Gewohnheiten, die etwas sehr Hilfreiches, Beruhigendes und Positives haben. Aber meist bleibt die Pflicht einfach Pflicht. Trotzdem ist eine freudige Pflichterfüllung hundertmal besser, als täglich einen Kampf gegen innere Widerstände auszufechten, damit laufen Sie mental nur gegen die Wand und tun sich selbst keinen Gefallen.

»Und wenn es mal gar nicht geht?«, fragen Sie jetzt bestimmt. Und zu Recht! Dann geht es eben nicht, ich bin keine Maschine. Auch ich gebe ab und zu mal nach. Wenn es gar nicht geht, bleibe ich – an freien Tagen – eben bis elf Uhr liegen. Umso besser geht es am nächsten Tag weiter. Dann ist der Widerstand wieder geringer, ich denke nicht, ich hadere nicht mit meinem Schicksal, sondern tue einfach, was ich tun muss. Seien auch Sie kein Prinzipienreiter. Machen Sie nicht den Fehler, sich zu oft zu zwingen. Vergleichen Sie Ihre Tätigkeiten mit einem Fluss. Ihre Pflichten sind Steine, die Sie aus dem Fluss holen müssen, damit er fließen kann. Wenn Sie sich aber zwingen, keine Pause machen und irgendwann nicht mehr können, holt niemand die Steine aus dem Wasser. Versuchen Sie deshalb alles im Gleichgewicht, im Fluss zu halten. Auch die Dinge, die Ihnen leicht von der Hand gehen, die Ihnen Spaß machen, Ihre Talente, die Kür quasi, fließt erst, wenn Sie auch Ihre Pflichten ernst nehmen und im Idealfall mit Freude erfüllen. Pflicht und Kür gehören zusammen, ihre Talente bringen auch immer neue Pflichten mit sich – so wie das Lebenswerk aus dem Tagwerk entspringt, das große Ganze aus den kleinen Schritten. Deshalb kann die Pflicht Ihnen Freude bereiten.

Ihre Pflichten sind Steine, die Sie aus dem Fluss holen müssen, damit er fließen kann.

Führen Sie sich auch einmal vor Augen, wie Sie Ihre Kinder erziehen, dann wird es Ihnen schnell klar. Solange die Kinder klein sind, sagen wir ihnen lauter vernünftige Sachen. Wenn meine Tochter früher genölt hat, sie habe keine Lust zum Zähneputzen, konnte sie bei mir damit nicht landen. Mein einziger Kommentar: »Los, du machst das jetzt!« Aber wenn sie fertig war, fragte ich sie: »Und wie geht es dir jetzt?« Wie zu erwarten, war ihre Antwort: »Gut!« So ist das mit der Pflicht. Sie ist nicht angenehm, aber sie bringt uns nicht um, sondern am Ende sogar weiter. Meine Tochter muss heute dadurch seltener zum Zahnarzt. Auch später, als sie in der Schule war, habe ich ihr zu erklären versucht, dass es keine sinnlosen Pflichten gibt. Wenn sie mir erzählte, auf Mathe und Physik habe sie keine Lust – »Und außerdem werde ich das später nie brauchen!« –, antwortete ich: »Woher weißt du das?« Ja, ich bin ein grausamer Vater! Im Ernst, ich finde, man sollte vieles ausprobieren, um herauszufinden, was die eigene Berufung ist. Und auch wenn meine Tochter schon früh eine leise Ahnung davon zu haben schien, dass Mathe und Physik nicht dazugehörten – man kann nie sicher sein. Vielleicht will sie zuerst Jura studieren, jobbt dann vielleicht ehrenamtlich in einem Altersheim, und dann ist er auf einmal da, der große Traum vom Medizinstudium. Und beim Physikum könnten Mathe und Physik durchaus behilflich sein ... Irgendwann liegt die Entscheidung darüber, was sie machen will, in ihrer eigenen Verantwortung. Aber bis dahin liegt es in meiner, ihr so viele Wege aufzuzeigen wie nur möglich, damit sie hoffentlich eines Tages ihr Talent entdeckt.

Niemand, der sich immer nur daran orientiert, was er möchte, wird seine Berufung herausfinden. Viele haben das noch nicht verstanden. Stellen Sie sich vor, Sie schauen am Ende Ihres Lebens auf Ihren langen, spannenden und sicher nicht geradlinig verlaufenen Lebensweg zurück. Als Vorbereitung auf diesen Augenblick sollten Sie sich schon heute fragen: »Was wünsche ich mir später einmal, getan zu haben – und zwar für andere?« Zu überlegen, was ich als Nächstes tun möchte, ist zu kurz gedacht. Es geht darum, was ich in mir freisetze, um andere zu beschenken. Es geht um ein Talent, eine Berufung – um das herauszufinden, bedarf es im Leben sehr vieler Pflichtübungen. Niemand kann diese Aufgabe für Sie übernehmen, auch wenn es Ihnen so mancher verspricht. Erwarten Sie diese Erkenntnis nur von sich selbst. Wenn ich mich heute frage, ob ich Tennis oder Klarinette oder Saxophon für *mich* gespielt habe oder für *andere,* muss ich ehrlicherweise zugeben: Ich habe zwar oft vor anderen gespielt, aber nicht für andere. Im Gegensatz dazu gibt es Menschen, bei denen es keinen Zweifel gibt, dass sie ihre Musik für andere machen; der Klezmer-Klarinettist Giora Feidman zum Beispiel. Und sicher gibt es auch Tennisspieler, die das können. Alle anderen dürfen natürlich auch mit großer Freude weiter Tennis oder Klarinette spielen, aber zur Berufung gereicht ihr Können nur den wenigsten. Auch ich gehörte nicht dazu.

Ich erlebe häufig, dass Menschen ihrer eigenen Berufung gar nicht erst nachspüren. Kinder berühmter Eltern beispielsweise machen einfach das Gleiche wie ihre Ahnen, ohne dass sie wirklich Talent hätten; Julius August Walter von Goethe hat sich beispielsweise nie von dem riesigen Schatten seines Vaters zu befreien vermocht. Auf seinem Grab in Rom steht bezeichnenderweise: Hier ruht Goethes Sohn. Warum ließ er das Schreiben nicht einfach sein? Andere studieren Medizin, ohne die Begabung eines Heilers zu besitzen, sondern nur, weil die Eltern eine Praxis haben. Natürlich kann das auch funktionieren, und der erste Weg war gleich der richtige. So war das vielleicht bei Mozart oder bei Boris Becker, auch wenn die Eltern da jeweils tüchtig nachgeholfen haben. Am Anfang ist es normal, dass Heranwachsende gelenkt werden, ich habe es Ihnen am Beispiel meiner Tochter beschrieben. Und auch die Institutionen, die Kinder durchlaufen, sollen unter anderem helfen, ihre Begabung zu finden. Vieles wird vorgegeben, alles beeinflusst die Kleinen und auch noch die Größeren. Aber je älter Kinder werden, desto stärker werden ihre eigenen, ihrem Charakter gemäßen Bedürfnisse. Und dann ist der nächste normale Schritt die Loslösung von den Eltern. Jetzt müssen sie selbst Entscheidungen treffen, die nicht mehr auf Vorstellungen oder Erwartungen Dritter basieren!

Natürlich können die Heranwachsenden nicht wissen, wo sie in 30 Jahren stehen werden. Und sie müssen auch nicht alles zu Ende bringen – Sie erinnern sich? Wenn man merkt, dass etwas nicht den eigenen Bedürfnissen und Talenten entspricht, ist es sogar besser, man lässt davon ab und verschwendet nicht zu viel Energie darauf. Vielmehr sollte man auf dem Weg weiterhin versuchen, zu erkennen, was die Berufung sein könnte, und sich darauf konzentrieren. Es liegt in der Verantwortung eines jeden, sie dann auch zu verwirklichen. Bin ich wirklich ein Heiler oder nur Arzt, weil meine Eltern das wollten? Bin ich wirklich ein berufener Musiker? Oder habe ich da ein Hobby zum Beruf gemacht, das lieber ein Hobby hätte bleiben sollen?

Woran erkennt man seine Begabung? Daran, dass man Dinge sehr schnell lernt und sie einem leicht fallen. Fragen Sie doch mal andere, was sie an Ihnen beeindruckend finden; denen fällt es meist leichter, Sie zu beurteilen. Eine Begabung ist etwas, das Sie gut können, nicht unbedingt etwas, das Sie sofort gerne tun. Aber mit der Zeit wird Ihnen diese Berufung unendlich viel Freude bereiten, und Sie werden mit Ihrem Talent einen Mehrwert erzeugen. Bei mir, Sie wissen es längst, war es der Umgang mit anderen Menschen. Ich half anderen schon immer dabei, Lösungen für ihre Probleme zu finden, ob das im Krankenhaus war oder später im ersten Job, wenn Kollegen schwierige Kunden am Telefon oder Probleme in der Ehe hatten. Egal, welche Berufung die Ihre ist – sie sollte sich immer mit den folgenden Fragen überprüfen lassen: »Was wünschen Sie sich später getan zu haben – für andere? Und was ist der Mehrwert? Wie kann ich nutzen?« Sie müssen sich diese Fragen ernsthaft stellen und so mutig oder so konsequent sein, notfalls etwas abzubrechen, um dafür etwas Neues zu beginnen. Auch das ist ein Weg, die eigene Begabung herauszufinden: Probieren Sie so viel wie möglich aus, aber brechen Sie es auch wieder ab, wenn es nicht das Richtige ist. Sie wissen ja: Sie haben immer die Möglichkeit, sich neu zu entscheiden. Jederzeit.

Eine Begabung ist etwas, das Sie gut können, nicht unbedingt etwas, das Sie sofort gerne tun.

Eines dürfen Sie dabei nicht vergessen: Das wenigste, was wir den lieben, langen Tag machen, ist Kür. Die täglichen Pflichten werden nie weniger, egal, wie gut Sie irgendwann sind. Aber da Pflicht und Kür zusammengehören, ist es umso wichtiger, dass wir beides mit Freuden tun. Dazu ein Beispiel: Als Picasso schon älter war, malte er Bilder auf einer Vernissage, und das manchmal in nur zehn Minuten. Auf einer dieser Ausstellungen verkaufte er ein solches »Schnellbild« für 15 000 Dollar – in den fünfziger Jahren eine enorme Summe. Als ein Journalist ihn daraufhin fragte, wie er das rechtfertige, fragte er zurück: »Wieso rechtfertigen? Sehen Sie, was Sie für zehn Minuten halten, waren bei mir 55 Jahre, sieben Monate, zwei Wochen, drei Tage, 15 Stunden und zehn Minuten.« Er hatte sich sein ganzes Leben weiterentwickelt, und dies war auch seinen Bildern anzusehen. Deshalb konnte er einen so großen Wert in so kurzer Zeit schaffen. Aber auch Picassos Leben war durch tägliche Pflichten bestimmt. Sie können davon ausgehen, dass von den 55 Jahren, sieben Monaten, zwei Wochen, drei Tagen, 15 Stunden und zehn Minuten seines Lebens im Verhältnis vielleicht 20 Prozent reine Kür waren. Vielleicht ein bisschen mehr, vielleicht ein bisschen weniger.

Junge, aufstrebende Manager denken, dass sie ganz, ganz nach oben müssten, und erst auf ihrem Weg bemerken sie, wie viele Pflichten das Managerdasein mit sich bringt – und dass sie ihnen nicht unbedingt alle leicht fallen. Sie tun gut daran, zu überprüfen, ob sie noch auf dem richtigen Weg zu ihrer Begabung sind. Wenn sie klug, mutig oder beides sind, merken sie noch früh genug, dass sie viel eher zum Produktmanager taugen, und wechseln die Spur. Genauso ist es mit dem Studium: Nur weil Sie die Zeit an der Uni genossen und vielleicht, weil's so schön war, noch eine Promotion angehängt haben, heißt das nicht, dass Sie auch ein guter Professor wären. Um welchen Bereich es auch immer geht: Folgen Sie Ihrer Berufung.

Und noch etwas ist wichtig, um Ihrer Berufung nachzugehen: die richtige Position. Nicht alle können Häuptling sein. Die typische Schreibkraft ist gut, in dem was sie tut, sogar sehr gut, meckert aber gerne mal über ihren Chef. Was sie nicht alles besser machen würde … Was wäre wohl los, wenn sie nur einen Tag lang auf dem Chefsessel Platz nähme? In den meisten Fällen wäre den Schreibkräften dieser Welt schnell klar, dass sie sich einer Illusion hingegeben haben und dass ihre Chefs genauso viele Pflichten erledigen müssen wie sie auch. Und sofort wollen alle wieder an ihre Arbeitsplätze und erfüllen ihre Pflicht mit Freude. Wetten? Und die, die wirklich ein guter Chef wären, haben die Möglichkeit, sich weiterzubilden, und die Chance, ihr Leben zu ändern. Aber immer nur meckern, das gilt nicht!

Umgekehrt, mit dem Chef auf einem Schreibkraftsessel, würde das übrigens genauso aussehen. Es würden sich jedoch die wenigsten Chefs vom Gehalt einer Schreibkraft überzeugen lassen ... Nicht alle gehören auf einen Chef- und nicht alle auf einen Schreibkraftsessel – jeder gehört auf seinen Platz. In einer Gesellschaft kann jeder seinen Platz finden, aber Sie sollten auch so ehrlich sein, sich einzugestehen, was Sie können. Und genauso wichtig ist es, dass genug Indianer sich ihrer Pflichten bewusst und motiviert sind, denn sonst können alle Häuptlinge dieser Welt einpacken. Alle Menschen sollten sich ihrer Pflichten bewusst werden und voreinander und den Pflichten der anderen Respekt haben. So wie ich die Menschen respektiere, die sagen: »Herr Grundl, ich bin kein Häuptling. Sagen Sie mir einfach, was ich machen soll!«, ebenso wie diejenigen, die weiter wollen und bereit sind, den Preis dafür zu zahlen. Werden Sie der Chef in Ihrem eigenen Sessel – und in Ihrem eigenen Leben. Je deutlicher Sie Ihre Berufung erkennen, desto mehr erkennen Sie Ihren Platz und den Sinn des großen Ganzen.

Wie Sie morgens aufstehen, ist Einstellungssache. Ich nehme mir die Freiheit heraus, meine Pflicht mit Freude zu erfüllen – anstatt mich oberflächlich des Lebens zu freuen und in den Tag hineinzuleben. Jedenfalls meistens! Die Freude kommt angesichts des Tagwerks, das Sie schaffen. Und angesichts Ihres Talents; auch das entsteht aus der täglichen Pflicht. Übernehmen Sie auch Verantwortung dafür. Und seien Sie voller Freude! Erst säen, dann ernten. Und vergessen Sie nicht die Frage: Was wünsche ich mir später getan zu haben?

Werde dir deiner Größe bewusst – und bewege dadurch andere

Alles Große in unserer Welt geschieht nur,
weil jemand mehr tut, als er muss.
Hermann Gmeiner

1972 gründeten meine Eltern die »Tennisschule Grundl« in Trossingen, wo ich auch heute wieder lebe. Dazu entschieden sie sich im Zuge des ersten großen Tennis-Booms, der dazu führte, dass der Tennissport nicht mehr als elitär angesehen wurde. Bei uns in der Provinz waren meine Eltern echte First Mover. Mein Vater war von Haus aus Elektriker und ein pragmatischer Mensch. »Gebrauchsanweisung? Ach, lass mal, die brauch' ich nicht. Das kriege ich auch so hin!« Als Sportler fühlte er sich eigentlich auf dem Fußballfeld am wohlsten, aber als Tennis mehr und mehr in Mode kam, wurde er selbst ruckzuck ein hervorragender Spieler. Und da er sich als angestellter Elektriker nie gern vor anderer Leute Karren spannen ließ, war die Möglichkeit, sich mit einer Tennisschule selbständig zu machen, für ihn attraktiv. Außerdem hatte er Freude am Unterrichten. Er war richtig happy, wenn er andere dazu bringen konnte, sich weiterzuentwickeln. Das galt genauso für meine Mutter, die in der Tennisschule das Kinder- und Jugendtraining schmiss. Ich weiß noch, dass sie beim Essen oft begeistert davon erzählte, wie sie bei ihren Schützlingen erste Fortschritte beobachtet hatte. Nach dem Motto: Hurra, ich habe wieder jemandem dabei geholfen, etwas dazuzulernen. Sie sehen da gewisse Parallelen? Na ja, irgendwoher muss es ja kommen!

Wie Sie sich die Tennisschule Grundl vorstellen dürfen? Meine Eltern betrieben keine

Hurra, ich habe wieder jemandem dabei geholfen, etwas dazuzulernen.

Tennishalle. Nein, damals fuhr man als Lehrer von Club zu Club. Mein Bruder und ich machten das später auch so. Alles, was wir zum Unterrichten brauchten, fand sich in unserer Garage: eine Bespannungsmaschine, Schläger und vor allem Bälle. Bälle waren überall. Auch im Haus verteilt gab es Nester mit Bällen in diesem typischen Kükengelb. Ich wuchs also damit auf, dass sich in unserer Familie alles um Tennis drehte. Wir lebten davon. Mein großes Vorbild war John McEnroe, nur hielt ich mich schon damals nicht für einen so genialen Spieler, wie er es war. Ja, ich spielte sehr gern Tennis. Meistens. Und ja, ich war gut. Später war ich Württembergischer A-Meister, dann spielte ich Regionalliga in Köln und gehörte zu den ersten Hundert der deutschen Rangliste. Aber ich war bestimmt kein Ausnahmetalent! Trotzdem wurde ich zum Vorzeigekind für die Tennisschule, und spätestens 1985, als dann die Boris-Becker-Zeit anbrach, gab es genug Klassenkameraden, die mich um mein Leben beneideten. Sie sahen nicht, dass es für meine Eltern etwas ganz anderes war, täglich viele Stunden zu unterrichten, als in der Freizeit mal zwei Stunden die Woche auf dem Platz zu stehen, so wie ihre Eltern das vielleicht machten. Und sie sahen auch nicht, wie viele Stunden meiner Kindheit ich dort zubrachte.

Klar, was den Sport anging, hielten mich andere wohl tatsächlich für privilegiert. Ich selbst fühlte und setzte mich in bestimmten Momenten ganz schön unter Druck. Meine Eltern waren nicht mit denen einer Martina Navratilova zu vergleichen. Gott sei Dank! Aber natürlich freuten auch sie sich über meine Erfolge – auch wegen der Tennisschule. Am meisten forderte ich mich wohl selbst. Es reichte mir nicht, gut zu sein! Ich wollte sehr gut sein! Und obwohl ich schon damals unbewusst spürte, dass ich mental nicht stark genug war, wollte ich Tennisprofi werden. Ich wollte Aufmerksamkeit, wollte Anerkennung, wollte geliebt werden. Und ich hatte schnell verstanden: Liebe bekam ich, wenn ich Leistung brachte. Also versuchte ich, dafür zu sorgen, dass dieser Regelkreislauf nicht unterbrochen wurde. Natürlich gab es auch noch eine andere Möglichkeit, Aufmerksamkeit zu bekommen: indem ich unangenehm auffiel. Besonders für Außenstehende wie Lehrer oder die Eltern von Freunden musste es damals offensichtlich gewesen sein, dass ich auch viel Mist baute, um beachtet zu werden. Hier ein peinliches Beispiel: Als Hausaufgabe sollten wir einen Aufsatz zu einem bestimmten Thema schreiben. Ich hatte nichts geschrieben. Die Lehrerin ließ einen Aufsatz nach dem anderen vorlesen und beendete schließlich das Vorlesen. Die Hefte sammelte sie nicht ein. Man hätte meinen können, ich sei erleichtert gewesen, wie all die anderen auch, die ihre Hausaufgabe ebenfalls nicht gemacht hatten. Aber ich hatte nichts Besseres zu tun, als mich plötzlich doch noch zu melden und zu fragen: »Darf ich meinen Aufsatz noch vorlesen?« In der Psychologie spricht man von negativer Konditionierung. Das bedeutet so viel wie: Egal wie, Hauptsache auffallen! Auch wenn man sich danebenbenimmt und das Verhalten an Dummheit grenzt.

Neben Tennis war mein zweites Steckenpferd – und die zweite große Chance, zu gefallen – die Musik, und Trossingen ist eine Musikstadt mit Tradition, die das *Hohner Konservatorium für Akkordeon* und eine Staatliche Hochschule für Musik beheimatet. Ich spielte Saxophon und Klarinette und hätte mir durchaus vorstellen können, Musik zu studieren. Auf der einen Seite schulte die Musik meine kreativen Fähigkeiten, und das war so etwas ganz anderes als die Welt des Sports – ein guter Gegenpol. Auf der anderen Seite hatten Musik und Tennis auch einiges gemeinsam; ich musste für beides fleißig üben und viel Disziplin aufbringen. Später improvisierte ich auch gerne auf dem Saxophon. Allerdings war ich darin immer erst nach mindestens zwei Bier richtig gut – wenn ich meine rationale Gehirnhälfte etwas betäubt hatte.

Disziplin, Gehorsam, Willensstärke: Das sind Eigenschaften, die mich am besten beschreiben und die mich damals zum Teil geprägt haben. Und das ist in Ordnung. Auch wenn ich Ihnen das eine oder andere erzählt habe, was vielleicht hätte anders laufen können, darf man nicht vergessen, dass ich ein Dach über dem Kopf und zu essen hatte, eine gute Ausbildung bekam und meine Eltern mich liebten, forderten und förderten. Und es wäre naiv zu denken, dass Eltern, egal welche, dies völlig selbstlos täten. Kein Elternteil, und sei es auch noch so reflektiert, kann sich davon frei machen, Erwartungen an die eigenen Kinder zu haben. Trotzdem oder gerade deswegen bin ich mit meiner Kindheit und Jugendzeit im Reinen und vor allem sehr dankbar. Und natürlich: Es geht immer auch schlimmer. Aber auch dann wäre es meine Aufgabe gewesen, das als erwachsener Mensch aufzuarbeiten. Dass wir von unseren Eltern, Geschwistern, von unserer Familiensituation geprägt werden, ist eine Tatsache. Jeder hat seine Geschichte. Die Hauptsache ist, dass man irgendwann anfängt, zu reflektieren, *was* einen geprägt hat. Dass Eltern einen immer nur so weit fördern, wie sie selbst sehen und denken können, ist auch völlig normal. Und es ist für sie auch immer leichter, ein Kind in dem zu unterstützen, was man schon ein bisschen kann, was man sieht. Das passiert oft ganz von alleine und ist meist auch richtig. Deshalb: Erkennen Sie an, was Ihre Eltern Ihnen mit auf den Weg gegeben haben. Egal, wie viel oder wenig es war.

Wenn Sie Ihre Prägung angenommen und für sich sortiert haben, was Sie beibehalten und was Sie ändern wollen, können Sie darauf aufbauen. Denn die Prägung, die Sie durch Ihre Eltern und Ihr Umfeld erfahren haben, ist wie ein Sockel – ein mehr oder weniger stabiles Fundament. Auch wenn nicht Mutter Teresa aus Ihnen wird – aber wir wollten ja auch nicht mehr in diesen absoluten Größen denken, sondern schauen, was da ist, stimmt's? Durch dieses Fundament wird Ihr Leben nach einem bestimmten Kurs ausgerichtet, was wiederum nicht heißen soll, dass Sie ihn nie mehr verlassen können. Sie wissen inzwischen, dass Sie das können. Jederzeit. Es ist immer möglich, an sich zu arbeiten. Nur austauschen lässt sich der Sockel nicht. Nehmen Sie an, was Sie für hilfreich halten. An den überkommenen Mustern, die Sie blockieren, arbeiten Sie, aber akzeptieren Sie das Fundament erst einmal. Das ist wichtig, um zu verstehen, woher Sie kommen und wie Sie ticken. Erst dann entscheiden Sie, was hilfreich ist und was Sie auf Ihrem Weg aufhält. Letzten Endes ist Ihr Fundament auch der Ausgangspunkt für Ihre innere Größe.

Mit innerer Größe meine ich bestimmte Fähigkeiten und so etwas wie eine Philosophie, die ich mir erhalten habe, auch wenn ich heute kein Tennis oder Saxophon mehr spielen kann. Es geht hier auch nicht um die Disziplin, die ich vor meinem Unfall hatte, sondern um die Einstellung, die ich mir dabei angeeignet habe. Und die ist mir erhalten geblieben, unabhängig davon, was ich heute tue. Sie macht meine innere Stärke aus. Wie das geht? Als ich damals intensiv Tennis gespielt und Musik gemacht habe, musste ich sehr viel üben. Dabei habe ich besagte Eigenschaften – Disziplin, Gehorsam, Willensstärke – erworben. Es spielte keine Rolle, in welchem Zusammenhang ich mir diese Fähigkeiten angeeignet habe. Kanupolo hätte es auch getan, und ich hätte auch Harfe, Drehorgel oder Dudelsack spielen können. Bei allem habe ich letztendlich nichts anderes geübt als diszipliniert, gehorsam und auch durchsetzungsstark zu sein. Das ist die Philosophie, die dahintersteckt. Auch meine Eltern haben, indem sie mich gefordert haben, meine Persönlichkeit geschult, aber am meisten habe ich selbst dafür getan. Auch die Dinge, die mir im Nachhinein an meiner Prägung nicht gefallen – dass ich durch Leistung Liebe erlangen wollte und deshalb so sehr auf extrinsische Motivation angesprungen bin –, sind Anteile, die sich seit damals gehalten haben. Ich sage nur: Sydney. An denen arbeite ich, seit ich sie das erste Mal reflektiert habe. Und es wäre naiv, das nicht als Lebensaufgabe anzusehen.

Aber auch die positiven Seiten meines Fundaments mussten mir erst bewusst werden, und ich musste mir darüber klar werden, was noch alles dazugehört. Sie ahnen es schon? Na ja, ich habe es inzwischen auch oft genug gesagt: Meine Eltern waren Tennislehrer, und auch mein Bruder und ich haben unterrichtet. Und schon damals hatte ich die Möglichkeit ins Auge gefasst, dass ich, falls ich nicht Tennisprofi oder auch professioneller Musiker werden würde, eben eins von beiden oder beides unterrichten könnte. Diese Vorstellung gefiel mir durchaus! Und wie Sie sehen, gefällt sie mir noch immer, und zwar so gut, dass sie heute zu meiner Berufung geworden ist. Nur dass ich die Menschen nicht im Tennis oder in der Musik weiterbringe, sondern mit ihnen zusammen ihre innere Größe entdecke. Ob sie diese dann wiederum im Tennis, als Schlangenbeschwörer oder Industrietaucher anwenden, ist im Prinzip egal! Mir geht es als Coach darum, gemeinsam mit meinen Trainees deren ganz persönliche Philosophie herauszuarbeiten, die wiederum viel mit ihren Talenten zu tun hat. Die dazugehörige Disziplin findet sich dann. Dass es mir leichtfiel, zu lehren, habe ich schon damals als Tennistrainer gemerkt, und auch dass die Schüler aus meinem Unterricht etwas mitnahmen. Mein Stundenplan als Trainer war immer voll, ich bekam gutes Feedback, egal, welcher Schicht oder Gruppierung meine Schüler angehörten, welches Alter sie hatten oder welche politische Gesinnung. Bei mir gab es auch keine Fluktuation wie bei anderen Trainern, denen die Schüler auch mal sagten: »Ich will zu einem Neuen.«

Dass mein Unterricht so gut klappte, lag vor allem daran, dass ich gut erklären konnte und sehr geduldig war. In dem Fall war es wirklich von Vorteil, dass ich eben kein Knipser war, der überhaupt nicht über das nachdenken muss, was er da tut, und alles ganz intuitiv geschehen lässt – gerade der kann nicht so gut vermitteln, worauf es ankommt, weil er sich den Weg zum Ziel nie erarbeiten musste. Ich selbst war nicht einfach so vorangekommen, ich hatte mich immer sehr intensiv mit dem Weg zum Erfolg auseinandersetzen müssen. Daher kannte ich die einzelnen Phasen und Zwischenschritte und wusste auch, wo es vom Verständnis her mal haken konnte. Es ist immer der Arbeiter, der methodisch stärker ist als das Genie. Diese Erkenntnis lässt

Es ist immer der Arbeiter, der methodisch stärker ist als das Genie.

sich auf jeden anderen Bereich übertragen. Das Talent macht die Zwischenschritte, ohne darüber nachzudenken, und kann sie deshalb nicht erklären. Da ich immer darüber nachdenken musste, bin ich heute stark im Erklären. Methodische Stärke, das ist mein Talent. Ich kenne das Gefühl, das andere haben, wenn sie dazulernen, sehr gut, kann sie dort abholen und auf ihrem Weg zur Erkenntnis begleiten und unterstützen.

Meine innere Größe ist durch den Unfall nicht abhanden gekommen, sondern seitdem sogar immer weiter gewachsen. Es hat einige Jahre gedauert, bis ich mir nach und nach darüber klar wurde, wo meine Stärken liegen. Heute reflektiere ich die positiven Erfolgsfaktoren sehr klar und bin froh darüber, wie ich geprägt wurde und was für ein Fundament in meiner Kindheit und Jugend gelegt wurde. Zum ersten Mal bewusst wurde mir beispielsweise meine Willensstärke oder Zielstrebigkeit in der Zeit vor und nach dem Abitur. In der elften Klasse fragte ich unseren Schuldirektor, ob wir nicht einen Sportleistungskurs bekommen könnten. Genug Leute würden sich dafür schon finden, davon war ich überzeugt. Er war da anderer Ansicht und versuchte mich abzuwimmeln, indem er sagte: »Wenn du neun Unterschriften zusammenbekommst, kriegst du deinen LK.« Ich brachte ihm die neun Unterschriften – aber er hielt sein Wort nicht, sondern weigerte sich weiterhin. Falsche Versprechungen konnte ich noch nie leiden! Deshalb zog ich durch, was erst keiner glauben wollte. Ich wechselte die Schule und machte mein Abitur woanders. Auch nach dem Abi, als ich zu Hause auszog und zur Bundeswehr ging, gab ich bei der Musterung eine kleine Kostprobe von meinem Grundl'schen Durchsetzungsvermögen: Ich wollte zu den Fallschirmjägern. Man sagte mir jedoch, ich könne mir das nicht so einfach aussuchen. Daraufhin antwortete ich, sie sollten mich zu den Fallschirmjägern stecken, sonst würde ich verweigern. »Bitte, wenn Sie auf einen Leistungssportler in Ihrer Truppe verzichten wollen.« Zwei Wochen später hatte ich die Zusage im Kasten.

Klar, dass ich Leistungssportler war, das hatten die auch begriffen, als sie mich die ganzen Tests machen ließen. Insofern war mein Wunsch, zu den Fallschirmjägern zu kommen, ja auch kein Größenwahn. Aber mir geht es hier um etwas anderes: Bei dieser Entscheidung hatte mich niemand mehr beeinflusst. Zu dieser Elitetruppe zu gehen war meine ganz persönliche und autonom getroffene Entscheidung gewesen. Klar, ich ordnete mich da ein, wahrscheinlich auf Grund des Fundaments, das ich mitbekommen hatte. Sie sehen also, meine Willensstärke habe ich mir nicht erst als Rolli angeeignet. Heute hilft sie mir oft. Aber sie ist kein Ergebnis meiner Behinderung, ich kompensiere oder überspiele damit nichts. Sie gehört zu mir. Das war schon immer ich. Aber je mehr ich mir meiner inneren Größe bewusst wurde, desto besser bin ich darin geworden. Was das für mich und meinen Beruf als Führungsexperte bedeutet, wissen Sie inzwischen. So wie ich früher Tennis unterrichtete, lehre ich heute andere, ihr Potential voll auszuschöpfen und systematisch zu entwickeln.

Meine Willensstärke habe ich mir nicht erst als Rolli angeeignet.

Dazu gehört auch, dass ich anderen zeige, wie sie ihre innere Größe erkennen können, damit sie wiederum andere bewegen und die wieder andere und so weiter. Ich will Ihnen noch eine kurze Geschichte erzählen – von einem sehr ungleichen Paar, zwei Führungskräften, die sich von mir zur gleichen Zeit beraten ließen: Da war zunächst einmal der Gründer und Geschäftsführer eines mittelständischen Unternehmens, Ludwig Neuport. Herr Neuport hatte mal irgendwo gelesen, dass es schick sei, in der gesamten Firma die Türen offen stehen zu lassen. Für eine bessere Unternehmenskommunikation, wie er seiner Sekretärin sagte. Da er es gut meinte mit seinen Mitarbeitern und sich als großer Förderer der Kommunikation in seinem Unternehmen verstand, ließ er von nun an auch die Tür zu seinem Chefbüro geöffnet. Sonst änderte er nichts. Als Führungskraft beging er den gleichen Fehler wie viele Eltern – er meinte es gut, aber ohne zu wissen, was er da eigentlich tat. Die Konsequenz aus seiner neu eingeführten Regel: Seine Mitarbeiter gingen davon aus, dass ihr Chef gebraucht werden will. Und sie suchten sich lauter fadenscheinige Gründe, warum sie ihn dringend sprechen mussten. Ihm zuliebe machten sie aus Kinkerlitzchen künstliche Probleme und rannten ihm damit die Bude ein.

Bei dem anderen Klienten handelte es sich um den Chef einer angesehenen Unternehmensberatung, Christian Kleinwyl. Herr Kleinwyl wiederum hatte in seinem Unternehmen alles getan, um eine größtmögliche Distanz zu seinen Mitarbeitern zu schaffen. Man sah ihn nie im Betrieb, und sein Chefbüro lag hinter zwei Vorzimmern, bewacht durch je eine Sekretärin. Er wollte nicht, dass seine Mitarbeiter ihn fürchteten; er wollte Respekt. Seiner Meinung nach gehörte das dazu, wenn man eine Autoritätsperson war. Außerdem wimmelte er jeden Mitarbeiter mit »Keine Zeit!« ab. Kommunikation war für ihn Zeitverschwendung. Das führte dazu, dass die eine Hälfte seiner Mitarbeiter ihn noch nie gesehen hatte und die andere Hälfte, die sich bis zu ihm vorkämpfte, immer nur zu hören bekam, er habe keine Zeit.

Was habe ich den Herren Neuport und Kleinwyl wohl gesagt? Richtig, es zeuge weder von innerer Größe, sich die Bude einrennen zu lassen, nur weil man als Chef gemocht werden will, noch sich hinter Vorzimmerdamen zu verbarrikadieren, nur weil man Angst habe, verletzt zu werden. War das ein Augenöffner? Aber ja! Wahre Größe ist zu wissen, dass man immer wieder verletzt werden wird, und trotzdem vertraut! »Das nennt man Leben!«, sagte ich zu Herrn Kleinwyl. »Und wahre Größe ist, darauf zu vertrauen, dass Sie die Mitarbeiter weiterhin schätzen, auch wenn Sie mal die Tür hinter sich zumachen«, lautete mein Tipp für Herrn Neuport. »Sie sind beide dazu da, Ihren Mitarbeitern zu dienen! Eigentlich sollten Sie ihnen helfen, ihre innere Größe zu entdecken!« Aber vorher machten wir uns auf die Suche nach weiteren Bausteinen ihrer Fundamente, um herauszufinden, woraus ihre innere Größe bestand, damit die beiden danach losgehen konnten, um bei ihren Mitarbeitern dasselbe zu tun. Und wenn sie nicht gestorben sind, dann bewegen sie ihre Mitarbeiter noch heute …

Sie haben Erfolg? Dann fragen Sie sich nicht, was Sie noch erreichen müssen! Irgendwann genügt es nicht mehr, immer noch eins draufzusetzen, genauso wie Wohlstand ab einem bestimmten Punkt nicht noch glücklicher macht. Wirklicher Erfolg stellt sich erst dann langfristig ein, wenn man sich in seinem Bewusstsein anderen zuwendet, sie inspiriert und weiterbringt.

Mach dich überflüssig – während die Ergebnisse besser und besser werden

> *Man kann die Erfahrung nicht früh genug machen,*
> *wie entbehrlich man in der Welt ist.*
> Johann Wolfgang von Goethe

Vor einiger Zeit, es war ein Donnerstagnachmittag, rief mich ein Auftraggeber und ehemaliger Trainee an, Matthias Mensching. Er ist Geschäftsführer eines kleinen Imperiums in der Chemieindustrie, bestehend aus neun Werken mit insgesamt 6000 Mitarbeitern. »Mensching hier, guten Tag, Herr Grundl!« – »Hallo, Herr Mensching, wie geht es Ihnen?« – »Mir geht es sehr gut, Herr Grundl, deshalb rufe ich auch an: Es ist Donnerstagnachmittag, ich sitze in meinem Büro und habe nichts mehr zu tun!« Pause. »Und nun wollen Sie mich fragen, ob das mit rechten Dingen zugeht?« Pause. »Ja, eigentlich schon …« – »Gehen Sie Golf spielen, Herr Mensching! Es ist alles in Ordnung!« – »Auf Wiederhören, Herr Grundl, Ihnen auch noch einen schönen Tag.« Ich musste lächeln. Tja, dachte ich, so kann's gehen. Und aus meinem Lächeln wurde ein Lachen. Ich freute mich riesig für Herrn Mensching. Er hatte alles umgesetzt, was ich ihm vorgeschlagen hatte, und er hatte Erfolg damit. Das schlug sich in einem Mehr an Zeit nieder. Als wir uns zum ersten Mal bei einer Podiumsdiskussion begegnet waren, hatte ich gleich ein gutes Gefühl. Aber dass eine so fruchtbare Zusammenarbeit daraus werden würde, wer konnte das ahnen?

Die hiesige Kreissparkasse hatte damals ehemalige Leistungssportler eingeladen, damit sie von den Höhen und Tiefen ihrer Laufbahn und über ihren Neustart in ein Berufsleben nach Beendigung ihrer Profikarriere erzählten. Insbesondere für die Tiefen, aber auch für den erfolgreichen Neustart war ich ihnen eingefallen ... Neben mir hatten sie die Skirennläuferin Christa Kinshofer und den Rennrodler Georg Hackl eingeladen. Moderiert wurde das Ganze von Michael Antwerpes, der mir auch gleich eine prima Vorlage lieferte, als ich auf die Bühne rollte: »Darf ich vorstellen, meine Damen und Herren, Boris Grundl! Herr Grundl, soll ich aufstehen oder sitzen bleiben?« Ich antwortete: »Wenn Sie nichts dagegen haben, bleibe ich sitzen!« Das Eis war gebrochen. Antwerpes, Hackel, Kinshofer und ich hatten unseren Spaß. Das kam auch beim Publikum gut an – die Veranstaltung wurde ein Erfolg. Anschließend sprachen mich mehrere Unternehmer an, unter anderem besagter Herr Mensching. »Guten Tag, Herr Grundl, Mensching mein Name. Das hat mir sehr gut gefallen eben.« – »Das freut mich, Herr Mensching. Und was genau hat Ihnen gut gefallen, wenn ich fragen darf?« Ich wollte mit dieser Nachfrage erforschen, was er von mir wollte. Nur mal »Hallo« sagen, oder hatte er ein ernsthaftes Anliegen? Mensching hatte ein Anliegen. Er erzählte mir, dass er selbst eigentlich eher ein Zahlen-Fakten-Typ alter Schule sei, dass ihm aber an meinen Statements gerade die Balance zwischen Humanem und Fakten gefallen habe, wie er sich ausdrückte. Interessant, dachte ich. Normalerweise polarisiere ich eher. Tough Guys und knallharte Controller kriegen bei meinen Softthemen Pickel, während umgekehrt die Soft Guys bei einer bestimmten Unternehmensberater-Coolness anfangen zu kotzen. Ihm gefiel also die Balance. Trotzdem blieb er pragmatisch. Er sah in mir ein Werkzeug, sagte er mir, das er wie im Baumarkt einkaufen und mit dem er seinem Unternehmen helfen konnte. Das gefiel mir.

Dies zu erkennen gelingt nicht jedem. Aber bevor ich weiter davon berichte, wie Herr Mensching nicht nur seinem Unternehmen, sondern auch sich selbst half und schließlich nicht nur zu einem verlängerten Wochenende, sondern generell zu einem Mehr an Zeit und besseren Ergebnissen gekommen ist, möchte ich Ihnen erst noch eine Geschichte von einem anderen Unternehmer erzählen. Nennen wir ihn Heinrich Hundertmark. Es geht mir hier nicht darum, zwei Klischeebilder zu zeichnen, und es geht mir auch nicht um Richtig oder Falsch. Vielmehr will ich an Heinrich Hundertmark zeigen, wie leicht man durch seinen Einfluss als Führungskraft auch hemmend wirken kann, vor allem, wenn die eigenen Motive nicht klar sind – und an Matthias Mensching, wie man so etwas erfolgreich ändern kann. Hundertmark war Inhaber und Geschäftsführer eines 130 Mitarbeiter starken Unternehmens, das sich seit 30 Jahren in der Elektronikindustrie behauptete und sich auf Zubehör für Elektrogeräte spezialisiert hatte. Er persönlich hatte sich darauf konzentriert, Macht anzuhäufen. In seiner Firma war er der absolute Herrscher. Ihm ging es nicht darum, ob seine Geschäfte profitabel waren, sondern um Anerkennung, um Erfolg, darum, dass er gesehen wurde. Sein einziges Ansinnen in diesem Leben war es bisher gewesen, immer mehr Macht zu produzieren und zu horten. Stellen Sie sich einen charismatischen Typen vor, einen Macher und Selfmademan; eher bodenständig und konservativ, ohne dickes Auto. Sein Gegenpart ist dominant, stur, arbeitet wie ein Tier und glaubt, dass nur er allein weiß, wie es richtig geht.

Seine Aufgaben als Führungskraft? Die hatte Heinrich Hundertmark nie definiert. Er kannte nur egoistische Motive, schwankte zwischen Daseinskämpfen und Retter-Sucht, er war jemand, der sich ständig feiern ließ, um das Gefühl zu haben, am Leben zu sein. Er kreierte dauernd Situationen, die ihm Aufmerksamkeit bescherten. Was bedeutete, dass seine Mitarbeiter vor lauter Huldigung ihres gottgleichen Chefs kaum zu ihrer eigentlichen Arbeit kamen. Seine Firma schien nach außen erfolgreich, da sie aber lediglich dazu diente, die Bedürfnisse eines Einzelnen zu befriedigen, lief sie gerade nur auf Sparflamme. Ohne den Chef lief nichts. Kein Wunder! Der Alltag war geprägt von Unbeständigkeit, Unsicherheit und inkonsequenten Entscheidungen, von Chaos und Hektik. Ständig wurde etwas umstrukturiert und improvisiert. Die Mitarbeiter glichen einem aufgescheuchten Hühnerhaufen. Und sie waren frustriert. Verständlicherweise – denn immer wenn etwas anstand, beispielsweise ein Meeting der zweiten Managerebene, in dem die Personalstrukturen besprochen werden sollten, konnten sie sicher sein, dass im nächsten Moment jemand mit einer Nachricht vom Chef um die Ecke bog und die ganze Planung über den Haufen warf. Dann schreckten alle auf und liefen wieder wie die Hühner durcheinander – und hinter dem Chef her.

Dass Hundertmark seine Mitarbeiter durch seinen Aufmerksamkeitswahn steuerte, war auch an der Unternehmenskommunikation zu merken. Sätze wie: »Darum kümmern wir uns später!«, »Das ist jetzt wichtiger!«, »Das war doch nicht vorherzusehen« oder »Kann denn keiner dafür sorgen, dass das nicht aus dem Ruder läuft!« waren an der Tagesordnung. Die Art und Weise, wie er sein Team steuerte, war subtil – und ihm selbst sicher auch nur zum Teil klar. Unbewusst zeigte er immer und überall, dass er Aufmerksamkeit brauchte und die alleinige Macht wollte. Und seine Leute liefen hinter ihm her und versuchten, seine Bedürfnisse zu befriedigen. Sie packten ihm zum Beispiel seinen Postkorb randvoll, wenn er aus dem Urlaub kam, damit er sah, dass er geliebt wurde und es ohne ihn nicht lief. Und seine Sekretärin teilte ihm mit: »Gut, dass Sie wieder da sind, Herr Hundertmark. Sie haben 300 E-Mails in Ihrem Postfach. Und so vieles davon konnte ich einfach nicht ohne Sie entscheiden!« Wann immer er also sagte: »Ich will, dass ihr mir demonstriert, wie toll ich bin!«, zeigten seine Mitarbeiter es ihm, und ihre Dienstleistung war genauso aufrichtig wie die Liebe auf der Reeperbahn.

Als Hundertmark mich engagierte, bestand meine Aufgabe darin, ihm klarzumachen, dass er nach seinem Urlaub eigentlich Folgendes hätte denken müssen: 300 E-Mails? Was für eine Scheiße! Es läuft nicht ohne mich! Warum habe ich eigentlich keine Mannschaft, die mir den Rücken freihält? Und ich musste ihm klarmachen, dass er Mitarbeiter hatte, die sehr wohl allein Entscheidungen treffen und sich um seine sämtlichen Postfächer kümmern konnten. Er musste sie nur lassen. Wie ich bei einem solchen Despoten vorging? Sicher nicht, indem ich in Konkurrenz zu ihm ging. Und auch nicht, indem ich ihn bewertete. Als Coach trage ich meinen Kopf immer ein Stück tiefer als der Auftraggeber. Wenn dir jemand vertrauen soll, dann musst du ernsthaft demütig sein. Dazu kommen überzeugende Kompetenz, absolute Diskretion und Loyalität. Und er konnte mir ja auch vertrauen. Nachdem er das merkte, lud ich ihn ein, sich die Welt gemeinsam mit mir mal aus einer anderen Perspektive anzuschauen. Ich zeigte ihm eine Zukunft, die schöner war als seine Gegenwart. Damit weckte ich bei ihm den Wunsch nach neuen Strukturen. Hätte ich meinen Kopf über seinem getragen, hätte er mich als Konkurrenz wahrgenommen, und er hätte meine Vorschläge torpediert. Ich musste sein Vertrauen und sein Herz gewinnen, damit er sich auf die neuen Strukturen einließ. Und ich musste ihn davon überzeugen, dass ihn das Ganze am meisten anging. Natürlich glaubte er zunächst nicht, dass er sich würde verändern müssen; die neuen Strukturen waren selbstverständlich nur für seine Mitarbeiter gedacht. »Nein«, sagte ich ihm daraufhin, »alle brauchen dringend neue Strukturen! Aber zuerst müssen Sie als Chef etwas dafür tun. Ich habe in Ihnen den Wunsch nach einer besseren Zukunft geweckt. Und Sie haben gefragt, wie das funktioniert. Also arbeiten wir jetzt zuerst mit Ihnen und danach zusammen mit Ihren Mitarbeitern. Denn sie alle müssen sich mit dem Unternehmen identifizieren und begreifen, dass es um ihre Prozesse geht. Wer zieht schon gern ein Kind von anderen auf?«

Dann analysierten wir sein Verhalten. Es war kein Problem, dass er Anerkennung, Macht und Einfluss haben wollte. Das wollte ich auch. Aber er durfte sie eben nicht für sich wollen, sondern nur, um anderen damit zu dienen; dann allein sei sein Einfluss auch von Dauer! Macht als Selbstzweck sei ein Problem; damit gehe fast immer ein Machtmissbrauch einher ... »Sie sagen, Sie würden gebraucht«, fuhr ich fort. »Aber dahinter verstecken Sie eigentlich nur Ihre Machtgier, weil Sie wis-

> *Ich zeigte ihm eine Zukunft, die schöner war als seine Gegenwart.*

sen, dass es sich dabei um ein gesellschaftliches Tabu handelt. Es ist nicht politically correct, machtgeil zu sein. Und das hat seinen Grund! Statt also immer wieder Situationen zu kreieren, in denen Sie Ihre Macht spüren können, sollte Ihnen Macht nur als Mittel zum Zweck dienen. Um wiederum andere zu eigener Macht und Verantwortung zu führen. Schenken Sie Ihren Mitarbeitern so viel Verantwortung, dass Sie sich selbst überflüssig machen können!«

Hundertmark sah mich an, als habe ich ihm gerade vorgeschlagen, nackt in ein Terrarium mit Giftschlangen zu steigen.

»Überflüssig?« Hundertmark sah mich an, als habe ich ihm gerade vorgeschlagen, nackt in ein Terrarium mit Giftschlangen zu steigen. »Wieso denn überflüssig?«

»Weil es bei der Mitarbeiterführung darum geht, andere weiterzubringen und ihnen immer mehr und mehr Verantwortung zu geben, bis Sie als Chef selbst überflüssig werden und sich wichtigen, neuen Aufgaben zuwenden können. Sich überflüssig zu machen heißt, darauf zu vertrauen, dass es auch ohne Sie läuft. Und darauf zu vertrauen, dass man für die Mitarbeiter trotzdem wichtig ist und dass sie Respekt vor einem haben, auch ohne heuchlerische Ehrenerweisungen und ein volles Postfach.«

Aber wie funktionierte es, sich überflüssig zu machen? Ich erklärte Hundertmark, eine wirkungsvolle Führungskraft erkenne man daran, dass sie nicht das Kapital oder sich selbst, sondern die Menschen in seiner Firma in den Mittepunkt stelle. »Jau«, sagte er daraufhin, »das haben die Kannibalen auch schon immer gesagt ... War ein Witz! Ich habe es kapiert!« – »Wirklich?«, fragte ich. »Ja, ja, Geld und Erfolg sind wichtig, aber das ist nicht alles«, hörte ich ihn sagen. »Ich darf die Menschen nicht vergessen. Erst wenn mir meine Mitarbeiter wirklich wichtig sind, werden wir auch nachhaltig erfolgreich sein. Finanziell gesehen; aber wir werden auch alle gemeinsam und jeder für sich mit unseren Aufgaben wachsen.« – »Schöner hätte ich es nicht sagen können. Wollen Sie bei mir einsteigen?« – »Lieber nicht«, sagte er. »Erklären Sie mir lieber, wie ich mich als Chef wirklich überflüssig machen kann.« Und ich erzählte ihm von Herrn Mensching, der nach meinem Coaching plötzlich schon donnerstags die Zeit fand, auf den Golfplatz zu gehen. »Das glaub' ich ja nicht!« So war es aber.

Wie war es mit Herrn Mensching weitergegangen? Er hatte die *Grundl Leadership Akademie* beauftragt, und das nicht ohne Grund, denn seine Firma lief zwar ganz passabel, aber auch nicht überragend. Aber erst einmal kam Mensching selbst nicht ganz aus der Deckung. Er wollte mal schauen und probierte sein Werkzeug deshalb nicht gleich an sich selbst aus, sondern schickte seine mittlere Managementebene vor; das kannte ich schon. Ich fuhr also hin. Der Gebäudekomplex, in dem die Führungsriege saß, war schon älter und ziemlich unprätentiös. Man sah ihm an, dass es seinen Bewohnern in erster Linie um Inhalte ging, das fand ich schon mal angenehm. Auch Menschings Büro war nicht luxuriös, sondern ganz normal. Die Firmenstrukturen ähnelten dem ganzen Haus – alles alte Schule. Ohne Fleiß kein Preis. Eine Hand wäscht die andere. Hierarchie – Bürokratie – Autokratie. Als ich damit begann, die zweite Führungsebene zu coachen, merkte ich schnell, was da im Argen lag. Matthias Mensching hatte mit seinem Gefühl, dass mit dem Gleichgewicht etwas nicht stimmte, den richtigen Riecher gehabt. Natürlich waren es vordergründig die Ergebnisse, die nicht stimmten, aber vor allem wünschte er sich auch eine andere Kommunikation zwischen seinen Mitarbeitern und eine Balance zwischen »Humanem und Fakten«, wie er damals bei der Podiumsdiskussion gesagt hatte. Nur wusste er nicht, wie er das erreichen sollte.

Da ich von außen kam – und dies mein Talent ist –, konnte ich wie ein Detektor ziemlich schnell genau sagen, was in seinem Unternehmen los war. In diesem Fall war es sogar ganz einfach. Es mangelte den Führungskräften an Vertrauen in die Mitarbeiter und umgekehrt. Und auch Mensching war niemand, der einfach so vertraute. »Vertrauen, das ist doch etwas Privates«, sagte er mir, »ich vertraue meiner Frau.«

»Verstehe«, antwortete ich und dachte: Und genau hier liegt

dein Problem!«Sie wollen Ihrem Unternehmen etwas Gutes tun. Sie haben sich gedacht, da hole ich mal den Grundl, vielleicht verändert der was. Zumindest haben Sie mich ja engagiert, oder?« – »Ja schon, aber ...«

»Und damit haben Sie auch eine wichtige Voraussetzung erfüllt. Aber das klappt nur, wenn Sie als Chef mitmachen. Ihre erste Aufgabe besteht darin, Ihren Mitarbeitern zu vertrauen. Und zwar so sehr, dass Sie sich irgendwann überflüssig machen können.«

»Bitte erklären Sie mir das genauer«, bat mich auch Mensching.

»Es ist gar nicht so kompliziert«, sagte ich. »Ich nenne es den Dreiklang aus Willensstärke, Wegen und Entwicklung: Zuerst müssen Sie die Voraussetzungen dafür erfüllen. Sie müssen sich überflüssig machen wollen. Unbewusst haben Sie das schon getan. Sie haben mich darum gebeten, in Ihrem Unternehmen eine Balance herzustellen – zwischen Humanem und Fakten. Und damit wären wir schon beim zweiten Punkt: Ihre Mitarbeiter sind Ihnen wichtig. Sonst hätten Sie mich nicht engagiert. Aber wenn das so ist, stellen Sie sie auch ganz bewusst in den Fokus. Fördern Sie sie. Und sagen Sie sich selbst: Ich bin nicht so wichtig, ich bin ersetzbar! Und bringen Sie Ihren Kollegen das Vertrauen entgegen, das sie verdienen. Sie sind gut, sie können mehr, als Sie denken. Geben Sie ihnen Verantwortung. Holen Sie alles aus ihnen raus. Geben Sie ihnen so viel davon, dass Sie selbst sich überflüssig machen können. Denn das ist der dritte Aspekt des Dreiklangs. Wenn Sie wirklich wollen, dass es ohne Sie läuft, müssen Sie Ihre Leute sich entwickeln und dann Verantwortung übernehmen lassen. Wie das geht, werde ich Ihnen zeigen.«

»Aber wieso denn eigentlich? Warum soll ich mich selbst überflüssig machen?«, fragte mich Mensching mit verwundertem und etwas traurigem Blick. »Ich kann doch nicht immer schon donnerstags Golfen gehen?«

»Ich kann doch nicht immer schon donnerstags Golfen gehen?«

»Klar können Sie«, sagte ich. »Aber der eigentliche Grund ist ein anderer. Ich sage: Mach dich selbst überflüssig, während die Ergebnisse besser und besser werden, weil ich will, dass Sie Vertrauen haben und Ihren Mitarbeitern die Verantwortung schenken, die sie verdienen. Denn wenn diese immer mehr von Ihren Aufgaben übernehmen, können Sie sich wertschöpfenderen Aufgaben und Projekten zuwenden. Natürlich werden Sie nicht immer schon donnerstags auf den Golfplatz gehen können. Aber ich habe gehört, dass man da seinen Kopf auslüften kann. Manche schwören drauf und meinen, sie hätten beim Golfen die tollsten Ideen für neue Projekte – und sie pflegen Kundenbeziehungen!«

Und so erkannte Matthias Mensching, der Mann für Zahlen und Fakten, wie die Ergebnisse besser und besser werden konnten, obwohl er am Donnerstag auf dem Golfplatz stand und sich neue Projekte ausdachte. Heinrich Hundertmark wiederum sah ein, dass ein volles E-Mail-Postfach nicht von wirklicher Führungsqualität zeugte. Auch er versuchte, sich zu ändern. Mit beiden telefoniere ich heute seltener, aber regelmäßig erzählen sie mir, dass ihre Mitarbeiter auch etwas gelernt haben: Sie haben auf einmal Lust darauf bekommen, Dinge auszuprobieren, die sie sich vorher niemals getraut hätten. Und je mehr sie probierten, desto mehr klappte auch und desto mehr entlasteten sie sich selbst. Glauben Sie mir, ich habe auch erst mühsam kapieren müssen, dass diese Strategie wirklich funktioniert. Gerade in meinem Job ist es sehr verführerisch, Menschen von sich abhängig zu machen. Das ist ganz ähnlich wie bei der Kindererziehung. Gerade am Anfang müssen sich Coaches, die neu im Geschäft sind, ziemlich prostituieren. Aber es ist ein Irrtum zu denken: Wenn ich die Leute schnell wieder los bin, verdiene ich kein Geld! Das Gegenteil ist ja der Fall. Ich verdiene sogar mehr, wenn ich die Kunden so bald wie möglich dazu bringe, alleine klarzukommen – mich also überflüssig mache. Dadurch habe ich wieder Kapazitäten für neue Aufträge. Eigentlich geht es natürlich auch hier vor allem um den Dreiklang: den *Willen*, sich überflüssig zu machen, die *Wege* und Strukturen zu erkennen, mit denen das funktioniert, und den Wunsch, andere *zu entwickeln*.

Wenn Sie also demnächst jemand fragt, woran man Ihrer Meinung nach einen guten Chef erkennt, was sagen Sie dann? Richtig: »Am leeren Postfach! Und daran, dass er nicht in der Firma sein muss – sein Laden läuft auch ohne ihn, und zwar hervorragend.« Dass ein Firmenchef ganz bewusst mal aussteigt, kommt immer noch ziemlich selten vor. Aber neulich habe ich von einem Mann gelesen, der das Unglaubliche gewagt hat. Nach sieben Jahren harter Aufbauarbeit in seiner Beratungsfirma übergab er einem Mitarbeiter die Geschäfte mit allen Vollmachten und ging für ein halbes Jahr auf Weltreise. Und die Belegschaft tanzte nicht auf dem Tisch, während er weg war, sondern akquirierte Kunden, managte das Geschäft und verdoppelte Umsatz und Ertrag.

Die Ergebnisse von heute –
sind die Gedanken von gestern

*Das Glück deines Lebens hängt von der
Beschaffenheit deiner Gedanken ab.*
Marc Aurel

Manchmal nehme ich bei einem Vortrag einfach mein Wasserglas vom Tisch und frage meine Zuhörer: »Was halte ich hier in der Hand?« Natürlich kommen erst die vorhersehbaren Antworten. Jemand ruft: »Ein Glas!« Ein anderer versucht es mit: »Ein Glas mit Wasser drin!« Dann: »Ein halbvolles Glas.« »Nein, ein halbleeres!« Aber darauf will ich nicht hinaus. »Ein Gefäß?«, wird das Ratespiel dann oft allgemeiner. »Oder geht es Ihnen darum, dass es fabrikgefertigt ist?« – »Nein«, bohre ich weiter, »es geht darum, was ich hier eigentlich in der Hand halte!« Meist bewegen sich die Spekulationen dann weiter in Richtung Herstellungsprozess: »Ist es handgefertigt?«, »Geht es darum, dass Glas eigentlich nichts anderes ist als Sand?«

»Auch, aber nicht nur!«, ist mein Kommentar immer wieder. Schließlich kommen wir auf die Steinzeit, auf den Urknall, bis es dann plötzlich jemand sagt: »Jemand muss sich das ausgedacht haben, aus Sand beziehungsweise Quarz ein Glas zu machen.«

»Genau«, sage ich endlich, »darauf wollte ich hinaus. Ich halte hier nichts anderes in der Hand als einen Gedanken, eine Idee, die jemand vor langer, langer Zeit einmal hatte. Eine Idee, die sich durchgesetzt hat.

*Ich halte hier nichts
anderes in der Hand
als einen Gedanken.*

Die Ergebnisse von heute sind nämlich nichts anderes als die Gedanken von gestern. Oder: Ihre Ergebnisse von heute sind nichts anderes als zeitlich verschobene Philosophie – das, was Sie früher einmal gedacht haben! Wenn Sie also bessere Ergebnisse erreichen wollen, was muss sich als Erstes ändern? Richtig, Ihr Denken!«

Einen ähnlichen Aha-Effekt vermittle ich Leuten, die mir im Seminar mit dem typischen »Das ist doch alles nur Theorie«-Statement kommen. Ein anderer beliebter Satz, um mir klarzumachen, dass sie als Teilnehmer an der Realisierbarkeit meiner Ideen zweifeln, lautet: »Wie sollen wir das denn in der Praxis umsetzen, Herr Grundl? Also, im wirklichen Leben?« Das ist natürlich eine berechtigte Frage. Aber damit die Seminarteilnehmer verstehen, dass es bei meiner Philosophie keine Trennung zwischen Theorie und Praxis gibt, explodiere ich wie auf Knopfdruck oder spiele tödlich beleidigt. Voller Empörung und emotional sichtlich getroffen rufe ich aus: »Was? Wollen Sie mir damit etwa sagen, mein ganzes Leben, das ich hier gerade vor Ihnen ausgebreitet habe, sei nur graue Theorie?« In dem Moment tue ich natürlich nur so. Stellen Sie sich das ungefähr so vor wie damals beim Fernsehduell, als Stoiber versuchte zu punkten, indem er sich über Menschen mit einfacher Herkunft lustig machte. Schröder wusste das sofort als Steilvorlage zu nutzen und konterte rhetorisch brillant, indem er seinem Kontrahenten sinngemäß an den Kopf schleuderte: »Was für eine Arroganz, Herr Stoiber. Auch ich komme aus ärmlichen Verhältnissen. So denken Sie also über den kleinen Mann auf der Straße ...« Autsch! Und schon hatte Schröder die Torchance seines Kontrahenten elegant abgewehrt und in ein Stoiber'sches Eigentor verwandelt. Ich demonstriere gewöhnlich mit der vorgetäuschten Beleidigte-Leberwurst-Nummer, was ich auch Ihnen gerne zeigen möchte. Ich wiederhole es noch einmal in den Worten Arthur Schopenhauers: Unsere Gedanken sind unser Schicksal.

Jegliches Denken wird also zu zeitlich verschobener Praxis in Ihrem Leben. Es sei denn, bestimmte Ideen oder Theorien taugen nichts, dann werden Sie damit auch keine Ergebnisse produzieren. Aber solche Theorien werden sich nicht durchsetzen und haben keine Existenzberechtigung. Wie unser Denken Ergebnisse produziert, das möchte ich Ihnen gerne und wie schon so oft an meiner eigenen Geschichte erklären: Als ich als Vertreter Rollstühle verkaufte, freute ich mich trotz all der Mühen, die ich dafür auf mich nahm, immer tierisch auf meine Termine. Ich fuhr hinaus in die Welt, war hochmotiviert und stolz, dass ich das überhaupt möglich gemacht hatte. Jeder Tag war ein Geschenk! Dann kam ich zu meinen Kunden in ein Krankenhaus, in eine Reha-Klinik, in ein Sanitätshaus, und ich sah nicht, dass sie in ihrer eigenen Welt lebten und ihre eigenen Bedürfnisse hatten. Was die Wünsche meiner Kunden waren? Ich wusste es nicht. Ich dachte auch nicht darüber nach, sondern kreiste nur in meinem eigenen Universum mit mir selbst als Zentrum und überfuhr sie regelrecht mit meiner Begeisterung und mit meiner Dankbarkeit, am Leben zu sein. Ich dachte, um sie von meinen Produkten zu überzeugen, würde es ausreichen, wenn ich stark, sexy und optimistisch rüberkäme. Denkste! Als Erfolgsrezept reichte das nicht aus. Zuerst traten mir die Kunden zwar mit Wohlwollen entgegen. Sie hielten mich für einen netten Typen, der sich ganz offensichtlich und gezwungenermaßen mit Rollstühlen auskennen musste … Und sie waren auch an dem Produkt interessiert. Aber sie wollten auf keinen Fall überredet oder gar belehrt werden. Also wurden sie immer zurückhaltender, je lauter und begeisterter ich wurde. Irgendwann kippte die Stimmung. Das nahm ich durchaus wahr, aber ich wusste nicht, warum es passierte, und textete die Leute deshalb nur umso mehr zu, weil ich glaubte, noch mehr Überzeugungsarbeit leisten zu müssen. Und hinterher wunderte ich mich, warum sie nicht kauften. Das Gespräch mit ihnen war doch so gut gewesen!

»Woran lag es? Was kann ich besser machen?«, fragte ich mich regelmäßig. Es reichte mir wieder mal nicht aus, gut zu sein, denn ich wusste, ich hätte auch sehr gut sein können! Natürlich war ich im ersten Moment versucht, die Ursachen woanders zu suchen als bei mir. Es dauerte eine Weile, bis ich verstand: Mein Fehler war, dass ich damals gar nicht das Produkt an den Mann bringen wollte. Hätte ich mir das Ziel gesetzt, Rollstühle zu verkaufen, dann hätte ich sie verkauft. Aber tief in mir hatte ich ein anderes Ziel: Ich wollte mich zeigen, mich darstellen, mich mitteilen, mich in die erste Reihe drängeln. Ich wollte das Gespräch dominieren, wollte siegen. Besiegen, anstatt die Menschen zu gewinnen. Sie erinnern sich? Und genau dieses Ziel erreichte ich auch! Meine Gedanken wurden zu meinem Schicksal. Meine Ideen wurden zeitlich verzögert zur Realität. Und bei allem, was ich sagte, stand das Wort Ich an erster Stelle: »*Ich* rate Ihnen, kaufen Sie diesen Rollstuhl. *Ich* zeige Ihnen, was Sie damit alles machen können.« Und vor allem: »*Ich* sage Ihnen, was Sie noch besser machen können. Mit diesem Rollstuhl, aber auch überhaupt im Leben. Denn *ich* habe den totalen Durchblick!« Vielleicht habe ich das nicht wortwörtlich und genau so gesagt. Aber bestimmt kam ich so rüber. Hand aufs Herz, würden Sie so jemandem irgendetwas abkaufen? Ich nicht!

Wie ich all das herausgefunden habe? Sicher nicht alleine, dazu fehlte mir ein klarer Blick von außen. Nach einer Weile hatte ich zwar schon das seltsame Gefühl, dass sich etwas wiederholte, das ich schon vom Tennis kannte. Aber ich wusste nicht, wie ich es abstellen konnte, sondern dachte immer wieder: Ja, leck mich doch! Willst du dich die nächsten 40 Jahre so quälen müssen, Boris? Warum ist das nur wieder so schwer? So viel Arbeit für das bisschen Erfolg? Irgendwas stimmt da nicht! Richtig klar wurde es mir eigentlich erst mit der Hilfe meines damaligen Mentors. Er machte mir deutlich, dass immer die Gedanken in Erfüllung gehen, die wir in uns tragen. »Das ist eine sich selbst erfüllende Prophezeiung. Das, was du denkst, wirst du auch tun. Deshalb ist es am allerwichtigsten, zu begreifen, wie und was du denkst!« Und er sagte mir, was ich heute oft meinen Trainees weitergebe: »Denke in Ergebnissen. Dann wachsen deine Ergebnisse in den Himmel!« Und: »Du musst dich öffnen. Auch auf die Gefahr hin, verletzt zu werden. Du musst wollen, dass andere den Finger genau in die Wunde legen. Du musst aufhören, den tollen Hecht zu spielen wie in deiner Jugendzeit. Erkenne die alten Muster, versuche, sie aufzulösen und abzulegen. Lerne stattdessen, dich wirklich für andere zu interessieren. Höre ihnen zu.« Er hatte Recht! Er nahm mich wahr, wie ich war. Und sah, was ich bisher nicht hatte sehen können: dass ich immer noch – oder immer wieder – die Anerkennung anderer suchte. Außerdem wollte ich damals schon meine Erkenntnisse anbringen, die ich zum Teil auch heute als Coach weitergebe. Aber sowohl als Vertreter als auch anfangs als Coach musste ich lernen, dass es dabei nie um mich, sondern immer um die anderen ging. Ich hatte das Thema gründlich verfehlt. Setzen. Sechs.

Aber diese Erkenntnis, dass unser Denken unser Schicksal bestimmt, hatte natürlich auch etwas sehr Positives für mich: Ich erkannte, dass alles, was mir im Leben widerfuhr, von mir selbst herbeigeführt worden war. Ich war der Erschaffer meiner eigenen Realität. Wer sich dafür entscheidet, nur das Schlechte im Leben zu sehen, kann seinen Arsch darauf verwetten, dass ihm das Leben auch übel mitspielen wird. Aber war das nicht auch eine echte Chance? Denn das hieß doch wiederum auch, dass ich diese Realität jederzeit verändern konnte,

Wer nur das Schlechte sieht, kann seinen Arsch darauf verwetten, dass ihm das Leben übel mitspielen wird.

wenn ich nur wollte. Und ich wollte. Ich wollte dienen lernen. Ich machte eine totale geistige Kehrtwendung! Natürlich bereitete es mir auch Höllenqualen, einzusehen und anzuerkennen, dass ich mich in die zweite Reihe stellen musste. Als ich den Perspektivenwechsel, von dem ich Ihnen so viel erzählt habe, das erste Mal selbst nachvollziehen wollte, war das für mich kein Zuckerschlecken. Nein, es war verdammt schwer! Dazu hatte ich mich all die Jahre viel zu selbstverständlich nach vorne gedrängelt. Aber dann gelang es mir nach und nach, an meiner Stelle die anderen Menschen in den Fokus zu rücken. Ich wollte sie kennen lernen, ihre Bedürfnisse begreifen – und ich begann, mich in sie hineinzuversetzen. Damit kam ich auch viel weiter als jemals zuvor. Indem ich lernte, die Klappe zu halten und anderen Raum zu geben, lernte ich auch einen anderen Boris Grundl kennen. Dieser Boris Grundl musste anderen nicht mehr ständig widersprechen. Der versuchte jetzt, den vorher ständig geführten Kampf der Weltbilder abzustellen. Jeder hat ein Recht darauf, zu sein, wer er ist. Ich lernte zu verstehen, ohne einverstanden zu sein. Die höchste Kunst des Zuhörens.

Im Grunde wollte ich schon immer Coach sein. Ich wollte, dass die Leute zu mir kamen, aber damals war ich noch weit von Ergebnissen entfernt, die ich ihnen heute anbieten könnte – wie ein Therapeut, der selbst noch nicht mit sich im Reinen ist, wie ein Trainer für Zeitmanagement, der selbst zum Beratungsgespräch zu spät kommt, oder ein Finanzberater, der noch nie erfolgreich angelegt hat. Ich war ein Rollstuhlverkäufer, der zwar selbst im Rollstuhl saß, der aber eigentlich eine Lebensphilosophie verkaufen wollte. Aber dazu hatte ich mir dann wohl den falschen Beruf ausgesucht. Zumindest produzierte ich dauernd mäßige Ergebnisse. Eine ähnliche Situation gab es später noch mal, als ich mich als Coach gerade selbständig gemacht hatte. Ich wollte auf der Bühne glänzen, hatte festgestellt, dass meine Vorträge ganz gut ankamen bei den Leuten, und war sehr präsent. Also gab ich Gas! Ich wollte geliebt werden. Also nutzte ich die Bühne, um dem Publikum zu geben, was es liebte, damit es mir dafür Anerkennung zurückgab. Ein Deal, der zwar kurzfristig aufging, aber alles andere als nachhaltig war. Klar, einige Referenten sind mit diesem Ansatz sehr erfolgreich. Jedem das Seine. Aber für mich würde das bedeuten, meine Ideale zu verraten!

Als ich bemerkte, was Sache war, schaltete ich einen Gang nach dem anderen zurück. Was mein Unterbewusstsein an Ergebnissen eingefordert hatte, war nicht das gewesen, was ich eigentlich hatte erreichen wollen. Ich wollte doch dienen. Ich wollte andere weiterbringen, nicht bespaßen. Tja, dafür hatte ich mich aber wieder mal zu weit nach vorne gedrängelt. In einem Vortrag, der zu einer Comedy-Show auf RTL-II-Niveau verkam, war kein Platz mehr für Inhalte. Aber eigentlich waren mir doch die Inhalte wichtig! Es sollte um Entwicklung gehen, um mentale Disziplin, um Leiden als Erfolgsstrategie, aber vor allem darum, andere weiterzubringen! Aber die Inhalte, die Sie in diesem Buch hier lesen, gingen bei einer reinen Unterhaltungsshow unter. Zum Glück kannte ich mich inzwischen schon ein bisschen besser. Ich wusste, dass ich die Ursachen für mein Verhalten nur in mir selbst zu suchen hatte. Wenn ich zu hören kriegte: »Sie machen eine tolle Show, Herr Grundl!«, dann hatte ich allein das provoziert – und niemand sonst! Und wenn mir das nicht passte, dann war es an mir, Verantwortung für mein Handeln zu übernehmen und es zu ändern.

Der Satz »Die Ergebnisse von *heute* sind die Gedanken von *gestern*« ist übrigens nicht ganz so wortwörtlich zu nehmen. Warum nicht? Weil es sich dabei um einen sehr langwierigen Prozess handelt. Wie lange es dauert, sich mit seinen Mustern und Prägungen auseinanderzusetzen, sehen Sie an mir. Nie habe ich an irgendeiner Stelle im Buch geschrieben: »Und dann konnte ich dies oder das.« Oder: »Bis in alle Ewigkeit blieb ich der König der Disziplin!« Oder: »Ich war für immer glücklich!« Und deshalb ist dieses Buch auch nicht wie ein Kochrezept geschrieben, sondern wie eine Lebensgeschichte, weil der Prozess ein ganzes Leben lang andauert. Auf die Standardfrage von Journalisten: »Herr Grundl, ab welchem Zeitpunkt sind Sie mit Ihrer Behinderung klargekommen?«, gebe ich immer die gleiche Antwort: »Nie. Es gibt keinen Zeitpunkt. Es geht immer gleich weiter.« Natürlich stehen in diesem Buch auch Rezepte. Aber keine, die man abhaken kann, keine How-to-do-Rezepte, sondern eher Wegweiser und Augenöffner. Aber wenn man sich erst mal darauf eingelassen hat, dann kann man gar nicht mehr anders, als weiterzuwachsen! Dass dieser Prozess unterschiedlich schnell in Gang kommt und dann andauert, merke ich auch an meinen Trainees. Ein Geschäftsführer, der sich dazu entschieden hatte, nach einem Firmentraining im Einzelcoaching bei mir zu bleiben, sagte mal am Telefon: »So langsam komme ich dahinter, was du meinst, Boris!« Das war nach drei Jahren. Und glauben Sie mir: Der Mann war nicht auf den Kopf gefallen! Jeder hat *sein* Tempo.

Es dauert einfach, eingefahrene Muster aufzulösen. Die Dinger stecken in jeder Pore unseres Ichs und sind hartnäckiger als Feinstaub! Das spürt man in privaten Bereichen genauso wie im Job. Ob jemand gebraucht werden will und sich deshalb nie traut, nein zu sagen, oder ob ein Vertriebsleiter jahrelang darauf trainiert war, umsatzorientiert statt profitorientiert zu denken ist ein gewaltiger Unterschied! Ob in einem Unternehmen immer nach einem Schuldigen gesucht wird, an dem man ein Exempel statuieren kann, so dass sich schließlich niemand mehr traut, Verantwortung zu übernehmen, oder ob Organisationen der Anwesenheit ihrer Mitarbeiter mehr Anerkennung schenken als der Wirkung, die sie erzielen – was es auch ist, es dauert, so etwas abzustellen. Aber solange Sie es nicht wenigstens versuchen, werden Sie immer weiter Ergebnisse produzieren, die Sie gar nicht unbedingt gewollt haben. Und dann wundern Sie sich: »Das habe ich doch gar nicht bestellt?« Auf Dauer werden Sie feststellen, dass die Energie, die Sie benötigen, um weiterzugehen, immer geringer wird. Und wer seine Prägungen gar nicht hinterfragt, läuft irgendwann Gefahr, ihr Sklave zu werden. Dann wird es eng. Burnout, Depressionen, Übersprungshandlungen sind die Folgen. Also beißen Sie doch lieber in den ziemlich sauer schmeckenden Apfel – und schauen mal so tief wie möglich in sich hinein. Nach einer Weile werden Sie feststellen, dass er süßer schmeckt, als Sie anfangs dachten. Sie erinnern sich? Kurzfristiger Schmerz – mittelfristig anhaltende Freude. Natürlich bin ich auch nicht ständig in der Lage dazu, etwas an mir zu ändern. Das ist eher so, als würde ich einen Bumerang wegwerfen und dann noch einen und noch einen. Ich beschäftige mich eine Weile mit einem Gedanken, dann lasse ich ihn mal wieder fallen, um mich davon zu erholen und Abstand zu gewinnen. Und das ist auch gut so, denn sonst würde ich mich irgendwann nur noch im Kreis drehen. Und man soll ja seine Neurosen auch nicht zu sehr pflegen. Sonst wachsen sie nur umso mehr. Irgendwann, ich habe vielleicht gerade gar nicht daran gedacht, macht es plötzlich Peng, und etwas stößt mich im wahrsten Sinne des Wortes vor den Kopf. Und ich denke: Guck an! Da ist er ja wieder, mein Bumerang! Wann habe ich den denn noch mal weggeworfen? Und ein Problem hatte sich gerade wie von selbst in Luft aufgelöst. Ganz ohne Anstrengung. War gar nicht so sauer, der Apfel!

Guck an! Da ist er ja wieder, mein Bumerang! Wann habe ich den denn noch mal weggeworfen?

Also ist es wirklich so, wie Pippi Langstrumpf singt: »Ich mach' mir die Welt, widdewidde wie sie mir gefällt«? Ich bin der Erschaffer meiner Welt? Ja, schon! Aber nicht nur. Sicher geht es darum, sein Schicksal selbst zu denken und zu gestalten. Und es geht auch darum, andere zu bewegen. Aber hinter all dem steckt noch ein größerer Zusammenhang. Und in dem spielen wir nur eine ganz kleine Rolle, wie ein winziges Zahnrad in einem riesigen Uhrwerk. Ich persönlich habe erkannt, dass sich die Welt nicht nur um mich dreht, sondern vor allem um die anderen Menschen. Mir wurde klar: Erst wenn du gelernt hast, dich selbst und deine Interessen komplett auszublenden, kannst du den anderen ganz wahrnehmen. Ich lernte, dass ich dazu bestimmt war, das Werkzeug der Menschings, Kleinwyls und Großmanns dieser Welt zu werden. Aber von einer anderen Ebene aus betrachtet, war ich nur ein sehr kleines Werkzeug zu einem viel größeren Plan. Und für diesen Plan geht es nicht darum, was ich vom Leben will, sondern darum, was meine Aufgabe ist auf dieser Erde. Wofür ich bestimmt bin. Es hat seinen Grund, dass es im Vaterunser nicht »mein Wille geschehe« heißt, sondern »dein Wille geschehe«. Aber das wurde mir erst klar, als ich mich noch weiter zurücknahm und mir bewusst wurde, wie unbedeutend mein kurzer Aufenthalt auf diesem Planeten ist – und dass dieser Gedanke letzten Endes auch etwas Beruhigendes hat.

Sie merken schon, eigentlich spreche ich gerade über Gottvertrauen und über Glauben. Und wenn Sie mich fragen würden: »Glauben Sie an Gott?«, dann würde ich Ihnen mit den Worten von Marie von Ebner-Eschenbach antworten: »Schaffen führt zum Glauben an einen Schöpfer!« Es geht nämlich nicht nur darum, zu glauben. Es geht auch darum, sich irgendwann damit beschenken zu lassen. Das ist das größte Geschenk, das Sie sich selbst geben können, Gottes Nähe. Sie müssen sich nur öffnen. Genauso wie ich mich mit der Vorstellung beschenke, dass die Welt das Beste für mich möchte. Und selbst, wenn ich das mal nicht so sehe, weil ich gerade vielleicht nicht eins bin mit mir und dieser Welt, weiß ich doch, dass es eigentlich so ist. Und so wie ich ein Auffanggefäß für Glück bin, bin ich auch eins für die Liebe Gottes. Oder nennen Sie es Nähe, seine Gnade, wie Sie wollen. Stellen Sie sich von mir aus einen umgedrehten, geöffneten Regenschirm vor oder ein Fass, eine Tonne, eine Vase, einfach ein Gefäß, mit dem es ganz leicht ist, viel von dem Glück dieser Erde, Gottes Liebe oder auch Weltvertrauen aufzufangen. Ich weiß, all das macht Sinn: Die größten und schönsten Dinge kann man sich nur schenken lassen. Und manchmal geschieht das völlig unverhofft. Frühmorgens etwa, wenn ich an meinem Schreibtisch sitze und darüber nachdenke, was ich da gerade geschrieben habe. Dann schaue ich zum Fenster hinaus und muss plötzlich gleichzeitig lachen und weinen. Weil ich merke – es war alles schon immer da.

Der Erfolg ist da – was jetzt?

> *Richte dein Augenmerk auf dich selbst,
> und wo du dich findest, da lass ab von dir.*
> Meister Eckhart

Erinnern Sie sich an den Europavertriebschef, für den ich eine Zeit lang arbeitete? Den Engländer, der mich von seinen Wertemaßstäben überzeugen und vor seinen Karren spannen wollte? Ich habe ihm damals eine Absage erteilt und bin meiner Berufung gefolgt. Es gab drei Möglichkeiten. Ich hätte mich anpassen, dagegen ankämpfen oder weitergehen können. Ich bin weitergegangen. Es ist ein Privileg, die Wahl zu haben, das musste ich erst erkennen. Gerade in dieser Zeit kam ich auch das erste Mal seit meinem Unfall dazu, darüber nachzudenken, wofür mein Dasein hier auf diesem Planeten eigentlich gut ist. Ja, genau, ich stellte mir die Sinn-Frage. Und wieso gerade zu diesem Zeitpunkt, fragen Sie? Ich lebte endlich nicht mehr am Existenzminimum und hatte mir so viel Sicherheit erarbeitet, dass ich das erste Mal seit langem das Gefühl hatte, nicht mehr so strampeln, nicht mehr jede Chance nutzen, jeden Job annehmen und jeden nächsten Schritt auf der Karriereleiter machen zu müssen. Bisher hatte ich einfach immer nur *gemacht*, ohne groß darüber nachzudenken. Jetzt war der Zeitpunkt gekommen, mal nachzufragen, *warum* ich das tat. Als der Engländer damals anfing, mich zu überreden – »Mensch Boris, du machst das, und ich ziehe dich dann mit. Ich weiß, dass du das kannst!« –, antwortete ich deshalb: »Klar, kann ich das. Aber warum sollte ich das tun? Und vor allem: Was kommt danach? Was kommt dann?«

Manche Menschen verpassen den Moment, sich das zu fragen. Sie arbeiten wie wild auf das nächste Ziel hin und sagen sich die ganze Zeit: »Und wenn ich dies noch erreicht habe und das noch geschafft habe, dann bin ich frei und kann mich mal damit beschäftigen, wo ich eigentlich stehe, wo ich hin will und wofür das alles gut ist.« Aber vor lauter guten Vorsätzen übersehen sie, dass es schon längst an der Zeit gewesen wäre, mal innezuhalten und zu fragen: »Der Erfolg ist da – was jetzt?« Ich fing damals gerade damit an. Aber erst das Angebot des Vertriebschefs brachte mich dazu, mir – und auch ihm – diese Frage in aller Deutlichkeit zu stellen. Warum nicht schon früher? Ich hatte vorher den Kopf nicht frei. Erst jetzt fühlte ich mich sicher genug. Im Nachhinein ein ganz einfacher Grund. Aber auch ein immens wichtiger. Durch eine gewisse finanzielle Absicherung schuf ich mir einen Freiraum und eine innere Ruhe, die es mir endlich ermöglichten, über den Sinn meines Daseins nachzudenken. Jeder Mensch braucht Sicherheit. Der eine mehr, der andere weniger. Das sind ganz archaische Ängste, wirkliche Urängste, die aus einer Zeit stammen, als der nackte Homo sapiens sich mit bloßen Händen schützen und für sein Essen große Gefahren auf sich nehmen musste. Heute kann man sich vom Jagen und Sammeln freikaufen, und damit auch von so manchen Ängsten, die damit zusammenhängen. Aber das Geld dazu will erst mal verdient sein. Und als ich damals so weit war, mir Sicherheit leisten zu können, musste ich erst mal wieder lernen, mich zu entspannen. Nach langen Kämpfen wollte das gar nicht so schnell in meinen Kopf rein. Durch meinen Unfall hatte ich ja erst so richtig erlebt, was es hieß, Existenzängste zu haben. Das Wissen, zu 90 Prozent gelähmt zu sein und im eigenen Haus keinen Nagel in die Wand hauen zu können, keinen Schlauch an der Waschmaschine austauschen und keinen Abfluss in der Spüle reparieren zu können – all das verstärkte mein Sicherheitsdenken um ein Vielfaches. Ich wusste, ich würde mein Leben lang ein Netzwerk von Leuten um mich herum brauchen, die für mich erledigten, was ich selbst nicht tun konnte. Das musste ich mir erst mal leisten können. Und ich wollte die Leute ja auch gut dafür entlohnen, dass sie mir halfen, meinen Lebensstandard aufrechtzuerhalten. Dabei ging es gar nicht um den Luxus, mir einen Gärtner leisten zu können. Wie gern hätte ich, wie jeder meiner Nachbarn auch, den Rasen gemäht.

Rasenmähen oder Klempnerarbeit: Ich hätte es toll gefunden, so etwas selbst erledigen zu können, hätte es doch bedeutet, weniger abhängig zu sein von anderen Menschen. Klar, unter dem Brennglas betrachtet sind wir alle voneinander abhängig. Und ich selbst habe Ihnen in den letzten Kapiteln immer wieder gepredigt, es sei ein Geschenk, sich auf andere einlassen zu dürfen und dass man viel dafür zurückbekomme. Und das ist auch korrekt. Aber meine Abhängigkeit übersteigt die anderer Menschen erheblich, weshalb es mir einfach wichtig war, ein gewisses Maß an Freiheit und Unabhängigkeit dazukaufen zu können – einfach um mich auch mal entspannen zu können. Direkt nach meinem Unfall konzentrierte ich mich nur auf das Naheliegende. Ich wollte aus dem Drehbett herauskommen und erst mal die notwendigen Voraussetzungen erfüllen – gesund und körperlich fit werden, meine Ernährung in den Griff kriegen, den Führerschein machen, mein Studium abschließen und einen Job finden. Erst als ich dann anfing, Geld zu verdienen, eigentlich erst mit der finanziellen Sicherheit, notfalls ein ganzes Jahr nicht arbeiten zu müssen, konnte ich mich etwas zurücklehnen und auch meinen Geist entspannen. Das war vor ungefähr sieben Jahren. In dieser Zeit habe ich damit angefangen, mal über größere Zusammenhänge nachzudenken als immer nur über den nächsten Schritt. Ein paar Jahre vorher hatte ich schon begonnen, die Welterklärbücher zu lesen. Auch die brachten mich dazu, zu fragen: Was jetzt? Davor haben meine Existenzängste so etwas wie ein befreites Denken gar nicht zugelassen. Jeder Brief, der in meinem Postkasten lag, löste bei mir Panik aus. Was würde da wieder drin stehen? Hatte ich eine Rechung bekommen, die den Rahmen sprengte? Etwas, dem ich noch nicht gewachsen war?

Es ist eine ganz einfache Wahrheit: Mit Geld kann man sich

eine gewisse Freiheit kaufen. Geld verändert das Leben. Nur wird das gerade bei uns in Deutschland in den seltensten Fällen so offen und direkt angesprochen. Im Gegenteil: Viele Äußerungen über Geld sind geradezu scheinheilig, wenn zum Beispiel behauptet wird, Geld sei nicht alles, und Reichtümer allein machten nicht glücklich. Oder noch schlimmer: Geld verderbe den Charakter. Nicht, dass das nicht stimmen kann, aber dass Menschen durch Not unglücklich und unfrei werden und dass Armut den Charakter verdirbt, kann genauso zutreffen. Die Nation war geschockt, als die PISA-Studie ans Licht brachte, dass in Deutschland Kinder aus sozial schwächeren Familien weniger gute Chancen haben, Karriere zu machen. Einmal Unterschicht, immer Unterschicht! Aber davon wird so gut wie nie gesprochen. Dabei ist es ganz logisch: Existenzielle Sorgen beschäftigen die Menschen viel zu sehr, als dass sie sich noch mit etwas Höherem befassen. Schlimm ist, dass wir das jetzt schon so lange wissen und diese Kinder trotzdem keine zusätzliche Förderung bekommen. Ich kann diesen Teufelskreis gut nachvollziehen; als ich damals Monat für Monat zum Sozialamt ging, nicht wusste, wie ich sonst die nächsten Wochen hätte überstehen sollen, und ständig auf der Suche nach einer Lösung war, die mich aus diesem Dilemma befreite, blieb mir einfach kaum Energie übrig für *Höheres*. Erst durch mehr Geld kam ich in eine Position, die es mir erlaubte, bestimmte Knöpfe zu drücken, die dafür sorgten, dass andere mir bei dem halfen, was ich allein nicht konnte. Geld bedeutete deshalb nicht nur mehr Sicherheit, sondern auch mehr Freiraum, um an etwas anderes zu denken, als immer nur an den nächsten Kontoauszug. An die eigenen Zukunft zum Beispiel. Nein, Geld allein macht bestimmt nicht glücklich. Aber es lindert Not.

Aber auch ich bin ein Kind unserer Kultur und geprägt von dem Gedanken, viel Geld mache die Menschen prinzipiell nicht besser. Auch ich musste mich erst freimachen von einer gewissen Doppelmoral. Aber Sie wissen, vor wenigen Jahren war ich noch Sozialhilfeempfänger. Und wenn ich auf meinem

Weg eines über Geld gelernt habe, dann Folgendes: Immer wenn ich dachte, ich bekomme zu wenig für das, was ich leiste, beschwerte ich mich darüber und kämpfte um Gerechtigkeit. Klar, das war eine Möglichkeit. Irgendwann merkte ich aber, dass eher andersherum ein Schuh draus wurde: indem ich überlegte, was genau ich wert war und ob ich genau so viel bekam. Dann suchte ich nach Wegen, meinen Wert zu erhöhen, mehr Wert zu produzieren. Und jetzt dürfen Sie zwei Mal raten, welcher Weg am Ende zu einem Mehr an Geld führt. Schon wieder haben Sie die Wahl. Interessant, oder?

Trotzdem wird in Deutschland einerseits die Nase gerümpft, wenn man viel verdient. Auf der anderen Seite will natürlich auch niemand arm sein. Verständlicherweise. Was eigentlich dahintersteckt und was gerade für viele Männer ein Thema zu sein scheint, ist die Tatsache, dass wir mit unserem Einkommen zeigen wollen, ob wir es zu etwas gebracht haben. Natürlich: Finanzielle Sicherheit war mir immer wichtig, um »Na und?« sagen zu können, wenn die Waschmaschine mal schepperte, der Auspuff meines Autos abfiel oder die nächste Rechnung in den Briefkasten flatterte. Aber es ging mir wie vielen Menschen auch darum, gut vor mir selbst und vor anderen dazustehen. Zu funktionieren. Zu zeigen, wer ich bin und was ich kann. Dass ich gute Gene habe. Und dass ich als Mitglied einer Gemeinschaft einen Beitrag leisten kann. Es ist irre, aber seit Urzeiten glauben wir Menschen, all das spiegle sich in den materiellen Werten wider, die wir unser Leben lang anhäufen. Sie wissen schon: Mein Haus, mein Auto, mein Drei-Millimeter-Rasen.

Ja, ich musste das auch erst einmal schnallen. Trotzdem lockte mich nicht nur das liebe Geld. Die Voraussetzung, eine gewisse Sicherheit erlangen zu können, war für mich nicht allein an ein dickes Portemonnaie gebunden, sondern immer auch an einen wachen Geist. Denn mir war klar, ich würde nie zu Wohlstand kommen, wenn ich nicht den blassesten Schimmer einer Ahnung hatte, wie ich das anstellen könnte. Was für mich noch mehr zählte als Knete, war die Fähigkeit, Wohlstand zu schaffen. Ich will Ihnen dazu kurz erzählen, was ich in Dallas gelernt habe. Auf einem Vertriebsseminar fragte mich der Seminarleiter: »Stellen Sie sich vor, da steht jemand vor Ihnen und hat in jeder Hand eine Plastiktüte. Und Sie dürfen sich eine davon aussuchen. In der einen Tüte sind eine Million Dollar und in der anderen stecken die Fähigkeiten, eine Million Dollar zu machen. Welche Tüte würden Sie spontan auswählen?« So wichtig mir auch eine gewisse finanzielle Unabhängigkeit war – ich hätte nicht den Bruchteil einer Sekunde gezögert. Die meisten hätten sich für das Geld entschieden. Ich nicht! Sie meinen, mir waren die Fähigkeiten wichtiger, weil mein Kopf alles war, was mir geblieben war? Ich denke, dass ein schlauer Geist Freiheit bedeutet, und dass sich mit ihm gutes Geld verdienen lässt, leuchtet auch jedem Fußgänger ein!

Welche Tüte würden Sie wählen?

Dann stellte ich irgendwann fest: Geld ist vor allem eine Form von Energie, die zwischen den Menschen hin- und herfließt, und zwischen diesem Energiefluss und dem, was ich für andere Menschen tue – oder sie für mich –, besteht ein Zusammenhang. Jeder Mensch ist eine Energieform. Wenn ich Ihnen nun etwas gebe, Erkenntnis in Form dieses Buches zum Beispiel, dann fließt in anderer Form, in Form von Geld, das Sie für dieses Buch bezahlt haben, Energie an mich zurück. Und an den Verlag, die Druckerei und an alle, die an der Produktion und dem Vertrieb beteiligt waren. Aber mir geht es noch um etwas anderes: Menschen, denen ich etwas gebe und die mich dafür bezahlen, sollen einen Mehrwert haben. Nur so bleibt der Energiefluss bestehen. Auch für Sie sollte etwas mehr dabei herausspringen, als Sie für Geld kaufen können, im besten Fall so etwas wie eine Erweiterung Ihres Bewusstseins durch einen Bewusstseinsaustausch mit mir. Das ist der Mehrwert, den ich in jedem Seminar, in jedem Vortrag und auch in diesem Buch zu schenken versuche.

Gut, Geld war für mich eine Voraussetzung, um sich mit der anfangs gestellten Frage – Was jetzt? – beschäftigen zu können.

Schön, dass wir das geklärt haben. Aber wohin bringt mich diese Frage? Was ist des Rätsels Lösung? Ich habe es im letzten Kapitel schon angedeutet: Nachdem ich mich um meine Sicherheit, den persönlichen Erfolg und den anderer Menschen gekümmert habe, sollte sie mich als Nächstes auf eine andere Ebene bringen. Und hier sollte ich mich um meine »spirituelle Weiterbildung« bemühen. »Mit anderen Worten, Herr Grundl, Sie kaufen sich frei, nur um sich einer weiteren Verantwortung zu stellen und sich mit dem Sinn des Lebens und mit Spiritualität zu beschäftigen?« Oh ja! Und jetzt geht's ans Eingemachte! Aber keine Angst, wenn Sie es clever angehen, wirken nur die Fragen komplex. Jenseits dieser Komplexität wird alles einfacher!

So ging es mir zumindest, als ich eines Tages feststellte, dass ich mit dem langen und beschwerlichen Weg vom Drehbett bis hierher das Schlimmste hinter mir hatte und dass alles, was jetzt noch folgen sollte, immer leichter werden würde – wie bei einer Reise, deren Vorbereitungen und das Packen länger dauern als die Tour selbst. Jetzt, da ich einmal so weit gekommen bin und in größeren Zusammenhängen denke, empfinde ich alles andere als weniger mühsam. Aber der Reihe nach: Was meine ich mit alldem? Einfachheit jenseits der Komplexität? Größere Zusammenhänge? Spiritualität? In größeren Zusammenhängen zu denken bedeutet für mich wieder mal, den Blickwinkel zu verändern. Ein paar Beispiele: Wenn andere Menschen sehen, dass es Frühling wird, denke ich in Prozessen. Ich denke wachsen, grün werden, erblühen und verblühen. Wenn andere Frühling, Sommer, Herbst und Winter denken, dann denke ich in Produktzyklen, Tagesabläufen oder Lebenskreisläufen. Und wo andere über Probleme reden und überlegen, wie sie sie abschaffen können, stelle ich mir die Frage, wo genau der Ursprung ist und was passieren muss, damit sie erst gar nicht auftauchen. Ein kleiner Tipp dazu von Albert Einstein: Probleme kann man niemals auf derselben Ebene lösen, auf der sie entstanden sind. Es braucht nur eine leicht verschobene Wahrnehmung, als würde ich von oben auf etwas draufschauen oder durch etwas hindurchsehen. Es geht darum, sich allgemeine Lebensgesetze zu erschließen und anzuwenden. Ich versuche, Hintergründe mitzudenken und Zusammenhänge zu deuten. Wenn wir einen Stift aus der Hand fallen lassen, fällt er zu Boden. Die Schwerkraft zieht den Stift nach unten. Ob wir daran glauben oder es wissen. Genauso ist es mit den Lebensgesetzen. Ihnen ist es egal, ob wir sie beachten oder nicht. Sie wirken, immer und überall. Die Frage sollte nur sein: Wie können wir im Einklang mit diesen Gesetzen leben? Ja, sie sogar für uns und andere nutzen?

> *Probleme kann man niemals auf derselben Ebene lösen, auf der sie entstanden sind.*

Und immer wenn mir das gelingt, wird alles andere viel einfacher. Dann offenbart sich mir die Einfachheit jenseits der Komplexität. Wann ich diese größeren Zusammenhänge erkenne? Immer wenn ich es schaffe, aus dem täglichen Existenzkampf auszusteigen. Auch wenn es sich dabei nur um eine Momentaufnahme handelt: Wenn ich es schaffe, loszulassen, werde ich von Erkenntnissen durchströmt. Dann folgen wieder Augenblicke, in denen ich meine, kämpfen zu müssen. Manche Leute kämpfen immer. Andere kämpfen nie. Aber eigentlich ist es ein Wechselspiel. Mal kämpfe ich, dann gelingt es mir wieder loszulassen. Tja, und natürlich hat das etwas mit Spiritualität zu tun. Manchmal frage ich mich, warum das Wort heute immer seltener gebraucht wird und warum nur wenige Menschen von sich aus erkennen, wie wichtig es ist, seine spirituellen Bedürfnisse anzuerkennen. Ob Sie beten, Yoga machen oder meditieren, spielt keine Rolle. Hauptsache, Sie halten einen Moment inne, tanken Kraft und weiten Ihren Geist, um zu erkennen, wie bedeutungslos alles andere ist – auch Sie selbst. Und um Ihr Ego loszulassen. Wenn Sie das schaffen, wird Spiritualität zu einem energetischen Prozess. Stellen Sie sich vor, es gibt verschiedene Wege, Ihren Energietank wieder aufzufüllen. Indem Sie dienen und nicht zum Selbstzweck Macht anhäufen zum Beispiel, tanken Sie Kraft. Dienen statt herrschen. Irgendwann merken Sie, dass es darüber hinaus noch einen anderen Kraftstoff gibt, der alles nährt – Spiritualität. Gott. Das große Ganze. Wie auch immer Sie es nennen wollen. Ich erkenne es in der Einfachheit jenseits der Komplexität. Um sie zu erlangen, müssen Sie vor allem eines tun – Ihr Ego loslassen, immer wieder. Dann überwinden Sie die scheinbare Trennung zwischen Ich und Wir.

Wenn Sie nicht üben, Ihren Geist zu weiten, und stattdessen ständig um sich selbst kreisen, passiert das, was ich in den letzten Kapiteln schon so oft beschrieben habe. Dann wird Macht Selbstzweck. Das passiert schneller, als Sie gucken können. Unser Ego ist hungrig, es will wachsen und kennt viele Tricks, um an Nahrung zu kommen. Erfolg beispielsweise, den wir nicht teilen, nährt unser Ego. Eine Weile kann man auch auf diese Weise Erfolge produzieren. Denken Sie nur an Orson Welles' *Citizen Kane*. Der Film zeigt, wie ein ganzes Medienimperium auf einem verletzten Ego erbaut wurde, aber auch, wie hoch der Preis dafür ist. So schwer es uns auch fällt, unsere Ich-Bezogenheit zu erkennen, denn sie hat viele Gesichter: Wir dürfen unser Ego nicht nähren! Auch nicht durch eine scheinheilige Spiritualität, die nur nach außen getragen wird; auch so eine Modewelle, und nicht viel anders als ein reiner Machttrip. So etwas habe ich auch mal bei einer Veranstaltung in Rostock erlebt. Nach dem Vortrag kam ein Ehepaar zu mir nach vorne ans Rednerpult. Die Frau hatte einen festen, kalten Gesichtsausdruck, ihr Mann stand still lächelnd und in sich ruhend hinter ihr. Und die Frau fragte mich doch allen Ernstes: »Herr Grundl, gehen Sie eigentlich einen spirituellen Weg? Und wie sieht der bitteschön aus?« Da war es wieder: *kennen* oder *können*. Wie ich, wann ich und wo ich einen spirituellen Weg gehe, hat meiner Meinung nach nichts damit zu tun, wie viel ich darüber rede. Klar, in diesem Kapitel hier rede ich ausschließlich davon, aber vor allem, um den Unterschied zwischen Glauben und einem frömmelnden Egotrip klarzumachen. Bei dieser Frau merkte ich genau, dass sie das nicht begriffen hatte. Deshalb antwortete ich ihr: »Gute Frau, gehen Sie Ihren Weg einfach und reden Sie so wenig wie möglich darüber! Ich halte das für gewöhnlich auch so!« Sie guckte mich an, als hätte sie gerade in eine Zitrone gebissen, drehte sich um und ging. Ihr Mann folgte ihr – lächelnd.

Sie guckte mich an, als hätte sie gerade in eine Zitrone gebissen.

Was also tun, wenn man erfolgreich ist? Was tun, damit man sich erfüllt fühlt? Die Antwort steckt in der Einfachheit jenseits der Komplexität. Machen Sie eine Zeitreise mit mir, dann erkläre ich es Ihnen noch ein bisschen genauer: Stellen Sie sich vor, Sie sind wieder ein Kind. Alles wird für Sie geregelt. Ihr Elternhaus ist ein sicherer Kokon, in dem Sie wachsen können. Dann kommen Sie in die Pubertät. Ihre Hormone spielen verrückt. Sie experimentieren, probieren sich aus, vergleichen sich mit anderen, stellen alles auf die Probe, um herauszufinden, wie und wer Sie mal werden wollen. Kurz: Sie wachsen zu einem eigenständigen Individuum heran. Ganz schön anstrengend, aber da müssen wir alle durch! Schließlich, gegen Ende der Pubertät, ziehen Sie zu Hause aus, und spätestens ab dem Zeitpunkt erscheint Ihnen das Leben verdammt kompliziert. Sie müssen sich selbst versorgen, Geld verdienen, wählen gehen, gesellschaftlichen Verpflichtungen nachkommen. Ihre Beziehung, die Sie inzwischen vielleicht haben, und auch Ihre Freundschaften scheinen sich immer komplexer zu gestalten, je älter Sie werden. Da passiert es ganz schnell, dass Sie denken: So ein Mist, ich muss allem gerecht werden. Wie schaffe ich das bloß? Sie versuchen, der ideale Gutmensch zu sein, eine Eier legende Wollmilchsau, und allen Anforderungen zu entsprechen – und bluten aus. Ein Horrorszenario!

Aber inzwischen wissen Sie ja, Sie müssen nicht gleichzeitig Löwe und Schaf, Schlange und Adler sein. Jeder darf das sein, was er am besten kann beziehungsweise wozu er oder sie bestimmt wurde. Sie sind einzigartig. Das reicht völlig! Und zugleich sind Sie auch immer genau der Gegenpart, nach dem gerade jemand sucht. So entsteht in der Gemeinschaft eine unglaubliche Vielfalt. Komplex, aber für jeden Einzelnen so befreiend einfach! Sie müssen für sich selbst nur klären, wozu Sie hier sind, was Ihre Aufgabe ist. Sind Sie Ziege oder Schwein, Igel oder vielleicht ein Maulwurf mit leichten Libellenanteilen? Was ist Ihre Aufgabe im großen Ganzen? Das finden Sie heraus, indem Sie sich selbst noch mehr zurücknehmen, so dass Sie sich selbst nur noch wahrnehmen, wie eine Welle im Ozean. Klein und unbedeutend, aber gleichzeitig auch groß und kraftvoll. Sehen Sie? Es geht darum, in Ihrem Bewusstsein sogenannte Gegensätze aufzulösen. Was auf einer bestimmten Ebene ein Gegensatz ist, ist auf einer höheren Ebene eine Einheit. Dann verstehen Sie mein Geheimnis einer entspannten Hartnäckigkeit, einer liebevollen Härte, einem zupackenden Loslassen, einem disziplinierten Entspannen und einem selbstsicheren Zweifel. Dann finden Sie die Antwort auf die Frage der Fragen. Wofür bin ich hier? Und wenn Sie das herausgefunden haben und es annehmen können, wenn Sie erkannt haben, dass Sie nicht alles allein tragen müssen, aber einen kleinen Teil des Ganzen ausfüllen dürfen, dann erreichen Sie die Einfachheit jenseits der Komplexität. Dann wird alles einfacher, und Sie dürfen sich dem Einfachen nur noch hingeben. Dein Wille geschehe …

Was dieses Buch zu beschreiben versucht, ist der Satz, den jeder *kennt* und kaum einer *kann*: Der Weg ist das Ziel. Und wenn Sie jetzt denken, lieber Leser, ich habe all das aufgeschrieben, weil ich meine, ich *könnte* es schon, dann irren Sie sich gewaltig. Wir sitzen alle in einem Boot. Auch ich übe. Und ich werde immer weiter üben bis an mein Lebensende und darüber hinaus – in Dankbarkeit und Demut. So gut ich es eben hinkriege. Wir alle ringen immer um die nächste Stufe der Erkenntnis. Das macht uns zu Schwestern und Brüdern im Geiste. Haben Sie Respekt für das Ringen des anderen. Und nur weil ich gerade auf einer bestimmten Stufe stehe, weiß ich doch nie, wie es weitergeht. Kann ich denn sicher sein, dass mir die nächste Erkenntnis nicht von einem Kind geschenkt wird – einfach so im Vorbeilaufen? Wir Menschen brauchen einander, um die nächste Einsicht zu erlangen. Um aneinander zu wachsen. Alles, was ich Ihnen mit meiner Geschichte sagen wollte, ist: Es lohnt sich. Und: Die Welt meint es gut mit dir.

Nachwort:
Mein Aufprall ins Leben

Ich stehe auf der Klippe und höre, wie der Wasserfall in die Tiefe rauscht. Ich blicke hinab. Unter mir liegt die Lagune ausgebreitet wie ein türkisfarbener Spiegel. Dann stoße ich mich ab. Meine Füße lösen sich vom Untergrund. Ich spüre einen kühlen Luftzug um mich herum. Bei den vorherigen Sprüngen war ich vorbereitet auf das Eintauchen ins Wasser. Mein ganzer Körper war angespannt. Diesmal ist es anders. Ich falle mehr, als dass ich springe. Keine Konzentration. Keine Körperspannung. Ich denke: Eigentlich wolltest du nicht noch einmal springen. Was soll's, wird schon gutgehen. Lass es einfach geschehen. Ich falle weiter und werde immer schneller. Die Zeit dagegen scheint sich auszudehnen. Und ich denke: Du bist ein echter Grenzgänger! Fallschirmspringen, Tauchen, Marathon, Klippenspringen. Du spürst dich nur noch, wenn du an deine Grenzen stößt. Dann, nach einer gefühlten Ewigkeit, der Aufprall! Ich tauche in das Wasser der Lagune ein. Es ist herrlich kühl. Ich sinke. Ich komme wieder an die Oberfläche. Ich spüre alles um mich herum ganz intensiv. Ich sinke wieder. Ich schwebe. Alles ist gut!

Lieber Leser,
entscheidend ist nicht, was dir im Leben passiert oder zustößt, entscheidend ist nicht, wo du herkommst, was du mitbekommen hast oder wie deine Lebensumstände aussehen. Entscheidend ist nur, was du daraus machst.
    Steh auf! … und werde der Beste, der du sein kannst!

Danke!

Als Erstes möchte ich Ihnen danken, liebe Leserin und lieber Leser, für Ihr Interesse und für Ihre Zeit. Ich hoffe, sich mit diesem Buch zu beschäftigen hat Ihnen die erhofften Erkenntnisse und Impulse gebracht.

Danken möchte ich weiterhin Jürgen Diessl und Silvie Horch vom Econ Verlag für die Entschlossenheit, dieses Buch zu realisieren. Es tut gut, wenn Menschen an einen glauben und dies auch klar zeigen.

Dann gilt mein Dank dem Team von der Agentur Gorus – Oliver Gorus, Jörg Achim Zoll und Dr. Catharina Oerke. Das professionelle, zielstrebige Arbeiten mit Herz und Verstand war mir eine besondere Freude und Inspiration. Ohne ihr intensives Fordern hätte ich mich nie so weit geöffnet.

Vor allem möchte ich aber meiner Familie danken. Sie ist mir Nest und Heimat, sie fängt mich immer wieder auf und gibt mir Kraft: meiner Frau Silke und unseren Kindern Vivien und Dennis. Meinen Eltern Evelin und Hans-Jürgen Grundl.

»Geliebt wirst du dort, wo schwach du dich zeigen kannst, ohne Stärke zu provozieren.« (Theodor Adorno)

Schließlich geht mein Dank an die vielen Menschen, von denen ich immer wieder lernen darf. Damit meine ich genauso ganz zufällige Begegnungen wie das Feedback von Seminarteilnehmern, Mentoren oder Trainees. Es ist dieser Austausch, der mir hilft, das Leben immer besser zu verstehen. Danke!

Provokante Ideen für das Management der Zukunft

Gary Hamel · **Das Ende des Managements**
Unternehmensführung im 21. Jahrhundert
378 Seiten · Hardcover (mit Schutzumschlag)
€ [D] 24,90 · € [A] 25,60
ISBN 978-3-430-20046-2

Wirtschaft und Technik haben in den letzten Jahrzehnten rasante Fortschritte gemacht. Auch die Märkte und das Kundenverhalten haben sich dramatisch verändert. Die gängigen Managementmethoden dagegen stammen aus der Steinzeit. Manager müssen sich den neuen Entwicklungen anpassen – sonst werden sie untergehen wie einst die Dinosaurier. Gary Hamel entwickelt frische Ideen für vorwärtsgewandte Führungskräfte, die das Management revolutionieren wollen.

»Gary Hamel ist der weltweit bedeutendste Strategie-Guru.«
The Economist

Strategisch zum Erfolg

Ingmar P. Brunken · **Die 6 Meister der Strategie**
und wie Sie beruflich und privat von ihnen profitieren können
260 Seiten · gebunden mit Schutzumschlag
€ [D] 19,95 · € [A] 20,60
ISBN 978-3-430-11573-5

Die Klassiker der Erfolgsstrategien sind auch heute noch ein wertvoller Schatz. Doch wer hat die Zeit, sie im Original zu lesen? Erstmals stellt Ingmar P. Brunken die wichtigsten »Lebensstrategen« aus Ost und West in einem Band vor: ihre Stärken und Schwächen, anschaulich mit lebendigen Beispielen, für jedermann anwendbar. Clausewitz, Hagakure, Macchiavelli, Musahi, Seneca und Sun-Tsu: ein Muss für alle, die wissen wollen, welches der für sie passende Weg zum beruflichen und privaten Erfolg ist.

Econ

Ein Spionagebericht unter die Oberfläche der Macht

Moritz Freiherr Knigge / Claudia Cornelsen · **Zeichen der Macht**
Die geheime Sprache der Statussymbole
238 Seiten, gebunden mit Schutzumschlag
€ [D] 19,95 · € [A] 20,60
ISBN 978-430-11848-4

Die Chefbüros sind kleiner geworden, die Hierarchien flacher und die Rolex ist nur noch ein Klischee. Trotzdem steht unser Status jeden Tag auf dem Prüfstand: Gehen Sie im Büro selbst ans Telefon? Haben Sie Kinder und wenn ja wie viele? Träumen Sie von einem Sabbatical oder von einer Festanstellung?
Die Klingen im Machtkampf sind fein, und die Zeichen, mit denen Alphatiere sich abgrenzen, werden immer subtiler. Claudia Cornelsen und Moritz Freiherr Knigge zeigen, wie Sie die geheimen Zeichen so interpretieren und anwenden können, dass diese Sie zum Erfolg führen.